股價、棉花與尼羅河密碼

藏在金融圖表裡的風險

A Fractal View of Risk, Ruin and Reward

THE (MIS)BEHAVIOR OF MARKETS

BENOIT MANDELBROT & RICHARD L. HUDSON

本華・曼德博、理查・哈德森——著

何信慧——譯

物體有三態——固態、液態、氣態，這大家老早就知道了。同樣的，碎形幾何裡頭也有「隨機三態」——溫和狀態、慢速狀態以及紊亂狀態。傳統財務金融理論認為，價格變化的隨機模式屬於溫和狀態，就像擲銅板遊戲一樣，每次上漲或下跌機率相當，且每回都互不相關。

但本書的碎形幾何告訴我們，若依傳統財務金融理論的標準來衡量，價格變化實在「很不守規矩」。多重碎形模型反而更能正確地描述價格變動的紊亂狀態，因此也提供了更可靠的新金融理論。

了解湍流、電流的雜訊、股價與債券價格等事物「碎形紊亂」的隨機性質，並不會為您帶來財富。但放眼望去，也唯有碎形模型能夠解釋，為什麼股價大起大落的可能性其實很高。

本書透過許多圖表、圖形，協助讀者理解，書中也沒有艱澀的數學公式，而是以平易通俗的風格說明這個道理。

目次

編輯筆記。覺醒在這集體瘋金融的年代。沈雲驄 —— 006

導讀。跟著他，走一趟金融圖像之旅。理查．哈德森 —— 009

第1部　過去式

第1章。巨浪滔天，你的船安全嗎？ —— 023

原來，我們一直低估了風險……／交易所裡的財富，跟河流裡的漩渦沒兩樣／我們可以預測原因，降低風險……才怪！／價格無法預知，但是機率可以計算／股價，是有長期記憶的／你繼續誤導學生，我就能在市場上賺更多錢／猜猜看，哪一張走勢圖是假的？／筆記下來，可以幫你少賠很多錢／書店請注意：別把這本書跟「致富祕笈」放一起，謝謝！

第2章。走出溫和，迎向狂野 —— 051

股價上漲，是因為訂單增加……really？／給我好電腦、好資料、好薪水，我就告訴你買哪支股票／在分析師的檔案夾裡，偷放一張擲硬幣圖／如果讓喝醉酒的天文台助理，測量行星的軌道……／賭場裡輸贏的機率、阿兵哥們的身高分布／仔細看「失誤」，裡頭有沙粒、鵝卵石、大圓石和山丘……／金融業者，阻擋了你的狂野想像

第3章。沙堆上的房子 —— 073

在法國學術殿堂談投機，你頭殼壞了嗎？／很有原創性，只可惜當時的人不欣賞／上帝玩的，不是機率遊戲／隨機漫步就是醉鬼走路，最後回到原點／你可以領先市場一步——真的嗎？

第4章。一個超級賭場的誕生 —— 091

我不必為海上的貨物擔憂心傷，因為我的財產並不在一艘船上／風險被分散了，輸贏互相抵銷，真好／小道消息、炒股靈感，現在成了……金融工程／夏普：當大家都是馬可維茲，就會只有一種投資組合／夏普：把三九〇萬，變成二八〇一的天才／可以預測股價，就不必當苦哈哈的經濟學家了／實際操作結果——輸到脫褲子／從此，一個超級大賭場誕生了

第5章。漫步交易大廳 — 115

我在花旗辦公室看到的三個謬誤／老師有在說，你……千萬不要聽！／第一次圖解就上手：如何破解線圖／不只股票，期貨、外匯、國際股市，全都是如此！／好啦，理論不成立，但那又如何？／醒醒吧，別再逃避現實了

第2部 新道路

第6章。答案啊，在茫茫的風裡 — 149

金融市場，在茫茫的風裡／那些年，我們目睹的股市風暴／請跟著以下圖解，走進碎形理論的世界／財富如同凶猛的河水，會淹沒廣大的平原

第7章。雲的形狀，蘇格蘭的海岸線 — 163

不規則中暗藏規則，無形中看見有形……／在一隻跳蚤身上，看見更多小跳蚤／如何測量蘇格蘭的海岸線與科羅拉多河？／電腦軟體用碎形理論創作音樂，你聽得出來嗎？

第8章。棉花．賭徒．上班族 — 189

富人與窮人的所得分配，竟然跟棉花價格的起伏一樣？／你平常最

常用哪些字？／所得分配，並不是一個平整的金字塔／社會就像人體，不排毒就會死／他早就算出來，只有極少人能如此富有／這位數學家，猶如外太空來的訪客／把線圖邊的日期擦掉，鬼才知道那是什麼東西／這傢伙，哪冒出來的？／經濟學與自然界之間，有著奇妙的關聯

第9章。記憶沒了，風暴來了 —— 221

在每天的股票線圖裡，發現尼羅河密碼／要嘛連續發生水災，要嘛不斷遇上旱災……／全世界的水壩都超高，這就是原因！／我們的「現在」，受「過去」的影響有多大？／記住：天底下，沒有任何人是一座孤島／有記憶的老一輩淡出了，金融危機捲土重來了／H值，下一個被華爾街奉為圭臬的指數？／虛有其表的理論，最終都會死在真實數據的劍鋒下／長相關的卡通圖

第10章。地球人太扯了！ —— 249

一個外星人的地球人金融市場之旅／「諾亞效應」與「約瑟效應」／投機泡沫是異常現象，是貪婪的投機客造成的？才怪！

第11章。未來的碎形金融大樹 —— 261

在金融市場上，看見微妙且漂亮的多重碎形／越簡單越好！第一次看懂碎形金融分析／報告老闆，美元兌換馬克的匯率未來會這樣……／金融市場怎麼老喜歡化簡為繁……

第3部 未來式

第12章。市場危險、危險、危險極了！ —— 283

曼氏異論一：金融市場就像湍流，你要有想像力才行／曼氏異論二：市場危險、危險、危險極了，危險到專家們想都不敢想！／曼氏異論三：「時機」很重要，大漲或大跌都集中於小段時間內／曼氏異論四：記住，股價漲跌是用「跳」的，不是用「滑」的！／曼氏異論五：時間是有彈性的／曼氏異論六：古往今來，市場長得都一樣／曼氏異論七：市場注定動盪，泡沫鐵定發生！／曼氏異論八：市場天天都在騙人！／曼氏異論九：天曉得未來股價多少，但你可以預測波動的機率／曼氏異論十：金融市場上的「價值」，其實沒什麼價值

第13章。車子快解體了，你還在高速公路上衝？ —— 315

當年，他們已經用電腦分析投資客戶的行為／金融交易就像個小型爆炸場，全球經濟隨時會心臟病發！／股價漲多少不是重點，避險才是！／當前金融理論的四個嚴肅問題／市場一定有風暴，進場前要做好準備

| 編輯筆記‧沈雲驄 |

覺醒在這集體瘋金融的年代

重挫，大漲，重挫，大漲。回想一下，今天財經版上這樣的字眼有多麼熟悉。我們多少會這樣想：安啦，短期的漲跌難免，但只要用對方法，還是可以獲利的。

才怪。知名數學大師曼德博（Benoit Mandelbrot），早在多年前——用今天的話來說——「踢爆」了這個假象。他用科學方法證明了：無論是股票或外匯，不管是短線還是長期，從來不像業者們所說的那麼安全，相反的，投資失敗的風險遠超過你的想像。

曼德博一九二四年出生於波蘭華沙，十二歲跟著父母逃難到法國，隱姓埋名住在鄉下。二戰後取得巴黎大學博士學位的他，不願留在巴黎教書而轉赴美國。先後到過麻省理工等多所學校，並曾進入普林斯頓高等研究所，拜師已故數學泰斗馮諾曼（John von Neumann）門下。

然而，身為馮諾曼所收的最後一位博士研究生，曼德博畢業後卻沒有留在學術界，反而到ＩＢＭ的研究中心擔任研究員，也就是在那裡，曼德博同時接觸了數學與金融，外加有ＩＢＭ電腦輔助，開啟了他日後對金融理論的驚人研究。

曼德博後來還是離開IBM到學術界，任教於哈佛、耶魯等多所名校，並成為當代最令人敬重的數學大師，終身孜孜不倦地研究、寫作與演講。他於二〇一〇年過世前幾個月，還接受TED的演講邀請，當時高齡八十五歲的他，全程坐著侃侃而談，博得全場熱烈掌聲。

曼德博最廣為人知的成就，是發明了「碎形幾何」，指出很多看似不規則的現象（例如海岸線、花椰菜、河流），其實自有一套「碎形」規則，而不是像人們所以為的那樣雜亂無章。這套理論後來被廣為運用到許多不同的領域，也讓曼德博有「碎形理論之父」稱號。

但很多人並不知道，曼德博也是一位金融理論先驅。早在一九六〇年代初期，他就著手研究金融市場上價格的變動，並先後建立過多套價格變動模型。他的理論後來被美國的商品交易市場，拿來做為計算選擇權價格的基礎；銀行業也用過他的理論，來估算資產風險。

不過，曼德博本人卻沒有因此而學以致「富」，利用自己的數學知識，到市場上撈錢。相反的，他抨擊金融市場濫用了數學，並且對金融圈廣為散布的所謂「投資理論」，以及業者們利用數學為基礎所建立的「金融工程」大加撻伐，針對多項主流理論提出強而有力的反駁證據。

比方說，大家都以為金融市場上的漲跌，是呈「常態」分布的——也就是，大部分時候小漲小跌，很少大漲，也很少大跌。如果用線圖來表示，就是一個「鐘形」：中間隆起部分是一般的漲跌幅，而平伏的兩端是次數很少的大漲或大跌。

錯了，才不是這樣。根據曼德博所蒐集的長達數十年資料顯示，從股市到匯市，從棉花價格到

ＩＢＭ股價，實際上不是動輒大漲，就是忽然大跌，頻率遠超過「理論」上的假設。比方說，倘若按照傳統理論的模型，其實類似一九九八年八月底那樣的股市崩盤，機率約為兩千萬分之一，就算美股天天開盤，十萬年也碰不到一次。實際上呢？股市沒多久就上演相似戲碼，就在本書初版於二〇〇七年上市後的隔年，甚至引爆全球性的金融大危機。

類似的金融理論很多，他說，這些理論「就像蓋在沙上的房子」，「一點也不牢靠。」問題是，這些錯誤的理論今天卻是市場主流。數以萬計的投資人將自己的退休金、棺材本，全都託付給那些「一點也不牢靠」的投資工具。儘管聰明的業者也不是省油的燈，只要理論有破綻，就會開始設法修改，或是推出新的理論來轉移焦點，但照曼德博看來，都只是在補破網，而不是面對現實。

當金融專家們走上的是錯誤的不歸路，他提醒投資者們：不該跟隨，都該覺醒。

覺醒在這集體瘋金融的年代，當然不容易。一來，賺大錢的承諾，有誰不愛？二來，大家都在投資，自己豈能自外於潮流？何況曼德博挑戰了金融理論，卻也惹來業者們的曲解與抹黑，何苦呢？

這正是為什麼，共同完成本書的《華爾街日報》主編哈德森說，曼德博具有一種「了不起的美德」——獨立思考。長期以來，曼德博無論在生涯選擇或學術主張上，都不會人云亦云，而是堅持做自己相信對的事，即便別人不認同。不管做什麼事——套句一位曼德博數學界好友的話——「都跟別人垂直」。

面對金融市場與人生，我們何妨學學曼博德，「跟別人垂直」一下呢？

|導讀|

跟著他，走一趟金融圖像之旅

理查．哈德森 Richard L. Hudson

獨立是一種美德。

為了說明這個道理，本華．曼德博（Benoit Mandelbrot）講了一個他父親在二次大戰德軍占領法國期間死裡逃生的故事。有一天，一群反抗分子襲擊他父親所在的戰俘集中營。他們制伏守衛，然後叫戰俘在德國後援來到之前趕快逃跑。戰俘們既驚喜又不知所措，就這樣成群結隊上了大馬路，往鄰近的城鎮利摩日（Limoges）前進。走了半公里，老曼德博覺得不太保險，決定自尋生路，於是離開夥伴，抄濃密的森林小徑回家。不久之後，他聽說德軍的斯圖卡式俯衝轟炸機（Stuka dive-bomber）瘋狂掃射他那些走大馬路的同伴。他因為獨自在森林裡，逃過了一劫。

「我父親終其一生都是這樣，是個很獨立的人，」曼德博說：「我也是。」

二次大戰時還是個少年的曼德博，如今已赫赫有名。他在巴黎取得博士學位，然後跟許多歐洲科學家一樣，漂洋過海來到美國，展開長期的科學研究，也獲得了無數榮譽。曼德博發明新的數學理論——碎形幾何（fractal geometry），將它應用在十多種不同的領域，並因此獲頒許多獎項。但是，父親的戰時經驗深深影響了他的選擇，使得他總是走與眾不同的路。雖然引起不少爭議，但多年來他仍堅持不懈。他說自己是個特立獨行的人，只做自己認為對的事，即便身邊所有人都不贊成也在所不惜。

他說：「我向來特立獨行，這麼久下來，早就習慣了。」一位喜愛數學的朋友形容，曼德博不管做什麼事，其行徑都「跟別人垂直」。

要跟曼德博碰面之前，我們最好了解這些重要的事蹟，讀這本書也是。他的理論不同於哈佛、倫敦、楓丹白露，也和他任教的耶魯大學不同。他總是走在別人前面、特立獨行並引起議論，包括統計學、物理學、宇宙學、氣象學、水文學、地形學、解剖學、分類學、神經學、語言學、資訊科技、電腦繪圖以及數學。

尤其在經濟學領域，他的研究更引發高度爭議。一九六〇年代，曼德博首次在這個領域嶄露頭角時，就掀起一陣旋風。當時麻省理工學院（ＭＩＴ）著名的經濟學家保羅．庫納（Paul H. Cootner），一方面讚譽曼德博的研究是一九〇〇年以來「股票價格理論史上最具革命性的突破」，隨即又批評他的研究細節以及那副「以救世主自居」的口氣。外界對他，一直是如此愛恨交織。經濟學者都知道曼德博這號人物，也心不甘情不願地採納了很多他的論點，但往往不肯大方承認他的貢獻。在財務理論方面，曼德博一直是重要的改革推手，只是主流學術界總是對他一知半解。

這本書，是他最關鍵的論述，希望能讓世界上更多人看懂曼德博的理論，讓它不再只是麻州劍橋或英國劍橋少數學術菁英的專利。對所有金融從業人員、股市投資人以及想要了解多變的金融市場的社會大眾而言，曼德博的理論不僅重要，而且切身相關。

飛亂的白髮，改變了世界對自然界的理解

打從一開始，曼德博便是以科學家的姿態面對金融市場，同時具備實驗科學及理論科學的精神。愛因斯坦有一句名言：「科學的最終目的，在於以最少的假說和公理來推論、解釋最多的自然或人為現象。」曼德博也抱持著同樣的目標。

對他而言，股票交易是個黑盒子，複雜、多變，且令人捉摸不定，必須用以物理為基礎的數學概念和工具加以研究。自曼德博於一九六〇年代開始研究以來，人們對股市的了解有了大幅的改變。曼德博所提供的科學觀點，是人們在傳統股市投資、金融市場或經濟相關書籍中看不到的。我跟曼德博合著的這本書，不會教你怎麼賺大錢，但是它可以讓你變得更有智慧，從而逃出賠錢的命運。

第一次見到曼德博，是一九九七年我擔任《華爾街日報》歐洲版主編的時候。他來到我位於布魯塞爾的辦公室，想要改變我們對股市的看法。當時他看起來，就是一副「瘋狂科學家」的樣子，

飛亂的白髮、很有頭腦、極具說服力，講起話來常常離題，也喜歡跟人辯論。儘管如此，我跟當時的上司，也是總編輯暨發行人費爾．瑞富辛（Phil Revzin），還是很有禮貌地傾聽。有什麼大不了的？就把他說的登出來，看看讀者有什麼反應。

過了一年，我在為報社策畫座談活動時，就想到邀請他來以風險為題做專題演講。沒想到，他大受歡迎。所有與會之人，包括著名的金融界人士、企業家、執行長，雖然剛開始聽得一頭霧水，但曼德博畢竟不同於一般演講者，不消多久，大家就被他奇特的演講內容給吸引了。演說結束後，聽眾在意見調查中給曼德博的評價最高，跟微軟（Microsoft）當時的執行長史帝夫．巴默（Steve Ballmer）並列最佳演講者。

做為科學家，曼德博因碎形幾何的發明及其廣泛的應用而聞名。所謂碎形（曼德博以拉丁文中的「破碎」一詞命名），是指可以分解成小塊的幾何圖形，而每一小塊都和原來的整體形似。樹的分枝、花椰菜的小花、河流的分支等，都是自然界裡碎形的明顯例子。碎形幾何不同於我們在學校學過的希臘古典幾何的直線與平面，但它的應用層面卻廣泛得令人驚訝；所有不規則的，都屬於碎形幾何。換句話說，它幾乎無所不在。

而「不規則」，正是曼德博研究的重點所在。人類很早就有了精準的度量衡，針對冷熱、聲音、顏色和物體的運動也發明了複雜的物理理論。可是，在曼德博出現以前，人們似乎對周遭常見的不規則物體興趣缺缺，一直沒有相關的完整理論。「不規則」可見於金屬斷裂面、英國曲折的海岸線、電話中的雜音、一陣一陣的狂風，以及變化不定的股價指數與匯率。如曼德博所言：「不規則是人生中不可控制的一部分。」

經過多年的研究，曼德博發現碎形並非如其他人所認為的是雜亂無章。他的突破性著作《自然界的碎形幾何》（*The Fractal Geometry of Nature*）於一九八二年出版，立刻成為科學類的暢銷書。不久，大家開始將他最著名的碎形幾何圖——球根狀的「曼德博集合」（Mandelbrot Set）放在T恤和海報上。他的理論也很快地被另一股科學潮流「混沌理論」所吸收。從此，「碎形」和「混沌」成為通俗辭典中常見的字彙。一九九三年，曼德博獲得著名的沃爾夫物理學獎（Wolf Prize for Physics），該獎讚譽他「改變了人們對自然的看法」。

老師你不必計算啊，答案是……

曼德博一生的故事充滿了崎嶇與不規則，以及他所謂「意想不到」的機運。一九二四年，他生於波蘭華沙，叔叔是他的私人老師。他叔叔十分排斥填鴨式教育，曼德博表示，直到今天，英文字母和九九乘法表他還不是記得很熟。他把大多數時間花在下棋、看地圖以及探索周遭的世界萬象。

戰爭的殘酷很快就降臨在他身上。猶太家庭向來對災難有很敏銳的嗅覺，一九三六年曼德博一家搬到巴黎；他的另一個叔叔左倫・曼德博（Szolem Mandelbrojt，因顛沛流離，家人姓氏的拼法也不太一樣）早他們一步到達，在此擔任數學教授。戰爭爆發後，年少的曼德博被送到法國鄉間，曾經替人看顧馬群、修理工具。有一次，他差點因外套而送命。他父親給了他一件橘色仿蘇格蘭格子圖案的毛大衣，任誰看了都覺得難看，但很保暖，戰時也頗流行。有一天，警察將他和弟弟攔下。原來有個身材高大、穿著同樣大衣的男子，不久前從法國反抗分子攻擊德國總部的現場逃離。有人指著曼德博說：「就是他！」其實是認錯了人。曼德博後來獲釋，但他不敢掉以輕心，找到機會後仍悄悄搬離鎮上。

曼德博第一次發現自己頗有成為數學家的天賦，是一九四四年到了里昂之後。善心人士把他藏在學校裡，用的是假身分證和動過手腳的糧票。學校教職員則睜一隻眼閉一隻眼；曼德博說他們是「消極的反抗」。第一個禮拜，他坐在教室裡聽課，完全不懂黑板上密密麻麻的數字與符號。後來教授開始長篇大論地講解代數。這時候曼德博突然舉起手來，他說：「老師，你不必計算啊，答案很明顯。」接著他解釋，用幾何的方法解題更簡單、更快。別人看到方程式，曼德博看到的卻是圖案。教授起初不相信他講的話，驗證之後發現是正確的。就這樣，曼德博一次又一次地在課堂上舉出別人沒想到的解法。他回憶道：

> 事情發生得太快了，我自己都沒察覺。我心想：「這個結構太難看了，應該改好看一點。改成互相對稱。這裡更突出一些，那裡嵌入一點。」這些抽象的想法在我眼前都變成立體的畫面，

不管是直線、平面或複雜的形狀，都是如此。

從此，圖像成為他從事發明與進行溝通的重要工具。他最重要的發明有一部分不是來自複雜的數學推演，而是突然靈光一現，「看到」截然不同的圖形之間有某種關聯，例如收入分布圖與棉花價格圖，以及風力發電圖與某個金融圖表，它們竟然頗為相似。碎形幾何在科學發明方面的重要性，就在於結合理論與現實。碎形圖案一看就明白，這使得碎形幾何成為耶魯等各大學的課程之一，也是許多高中數學課程的一部分。

然而，曼德博的研究基礎當初卻受到「純粹」數學家的批評。他們批評曼德博的研究不夠扎實，眼睛看到的不一定是真相。曼德博則反駁，他觀察後所得到的推論往往連最厲害的數學家都招架不住，很多問題到現在還無解。無論如何，他表示，當科學發明還在萌芽的階段，圖像是不可或缺的。舉凡近代解剖學之父維薩里（Andreas Vesalius）的人體解剖圖、達文西的機械結構素描以及牛頓的光學圖解，都是如此。只是到了十九世紀，代數的發展到達極致，圖像才被冠上「不精確」的污名。

曼德博認為，在這個日趨複雜的世界，科學家需要影像也需要數字；幾何圖形與數字分析同等重要，兩者應該是相輔相成的。幾何圖形好比經驗老到的醫生觀察病人的面色、看X光圖；數字分析好比醫療檢驗取得的數字，例如血壓和化學計量。他說：「好醫生兩者兼顧，看圖像也看數字。

科學家也應該如此。」

曼德博的職業生涯就像他的理論，是曲曲折折的碎形。一九四五年，他自法國最高學府高等師範學校（École Normale Supérieure）退學，隔天進入綜合理工學院（École Polytechnique），後者名氣雖然不如高等師範學校，卻比較適合他。隨後他進入美國加州理工學院（Caltech）；接著在巴黎獲得博士學位之後又前往麻省理工學院，然後進入普林斯頓高等研究院（Advanced Study in Princeton），成為當代偉大的匈牙利裔數學家約翰．馮諾曼（John von Neumann, 1903-1957）收的最後一個博士後研究生；之後，他分別在日內瓦和巴黎待過一段時間。

拿到學位之後，到ＩＢＭ研究股市

不同於當時的科學家，曼德博完成學業之後並沒有到大學教書，而是進入位於紐約哈德遜河附近的ＩＢＭ研究中心工作。當時ＩＢＭ的主事者吸收了許多聰明、與眾不同的人才到該研究中心及其分部工作，深信這些人將為ＩＢＭ帶來非凡的貢獻。當時ＩＢＭ的這項做法非常明智，就科學研究成果而言，該研究中心培養出五位諾貝爾獎得主。可惜一九九〇年代ＩＢＭ面臨經營危機，研究中心無以為繼。

曼德博在ＩＢＭ的研究，包括電腦通信的錯誤模式、電腦分析的應用，有一次甚至替公司總裁研究股市行為。一九八〇年代，他首創的曼德博集合一再被拿來實地示範，並且成為ＩＢＭ當時首先推出的個人電腦最佳代言。曼德博的科學成就與名聲，遠超過他在ＩＢＭ研究中心的貢獻。

對曼德博來說，經濟學是靈感的來源，也是麻煩的開始。他在一九六〇年代研究金融圖表，直接促成後來七〇、八〇年代碎形幾何的發明。他曾經在哈佛大學教過一年經濟學，於一九六二年首次就經濟議題發表的重要論文，是關於棉花價格的研究（隨後在一九六三及其後數年加以擴充、修改）。在該篇論文中，曼德博以有力的證據反駁後來被稱為「現代金融理論」的基本假設。當時，該金融理論剛開始在大學的經濟系占有一席之地，不久後還成為華爾街奉為圭臬的信條。

曼德博繼續碎形幾何的研究，卻也不忘重拾經濟學。每一次他都深入研究市場運作的方式，思索如何建立有效的經濟模型，以及如何避免投資失敗。如今，曼德博的部分理論已經被接納為正統學說。本書最後一章將會提到，這些理論已成為銀行及證券交易商所使用的複雜數學模型的一部分；此外，不論在美國華爾街或在英國倫敦，數學博士們也都以此為訂定新奇選擇權（exotic options）價格或評估投資組合風險的重要工具。

此外，曼德博是第一位認真研究所謂「冪次法則」（power law）分布的學者。一九六二年，他提出價格變動分布常具有「厚尾」（fat tail）現象，與常態分布相去甚遠，這個理論現今已廣為經濟學家所接受。（科學的專有名詞常常令人無所適從。經濟學中「機率分布」就有好幾個名稱，包括 L-stable、穩定帕雷托〔stable Paretian〕、李維〔Levy〕或李維—曼德博〔Levy-Mandelbrot〕。）

另外，曼德博被廣為接受的理論還包括：價格本來就會突然大幅上漲或下跌，而不只是小幅度變動；一九六五年他還提出，今日的價格變動會受到很久以前的歷史所影響。

這都是曼德博早年所建立的金融研究成果，儘管與當時逐漸占有一席之地的金融理論相違背，他仍然堅持不懈。同時，在許多目前被廣泛研究的經濟領域，曼德博當初都是先驅人物。一九六五年起，他開始發表所謂的「分數布朗運動」（fractional Brownian motion），以及近來成為經濟學中一項重要工具的部分整合（fractional integration）基礎理論。一九七二年，曼德博發表具有「長尾」（long tail）和「長相關」（long dependence）特質的多重碎形模型。他在一九六〇年代發表的論文，成為「經濟物理學」（econophysics）的重要支柱。一九六六年，他建立數學模型來解釋何以理性的市場機制會產生價格泡沫。最後，他將一九六七年與泰勒（H. M. Taylor）共同提出的次交易時間（subordinated trading time）加以延伸，後來成為金融界重用的工具之一——雖然，它就像曼德博某些其他理論一樣，都是後來的學者沾了光。

以我一個金融新聞記者的角度來看，曼德博分析市場行為的命中率之高，足以讓他名列經濟學名人堂。光看他輝煌的研究成果就知道，本書實在值得一讀。

但是，曼德博還有很多經濟理論仍頗具爭議，例如同為本書探討重點的市場時間表、多重碎形分析以及長期相關（long-term dependence）等。從麻省理工學院經濟學家庫納的訪談，可以看出其中一個原因。庫納是這樣評論曼德博早年才剛起步的經濟科學研究之關鍵性：

曼德博，就像英國前首相邱吉爾，他呈現給我們的不是美好的理想國，而是殘酷的血汗、苦難與淚水。假如他是對的，那麼幾乎所有現存的統計工具都是廢物，例如最小平方（least squares）、光譜分析（spectral analysis）、最大似然法（maximum-likelihood solutions），所有既有的樣本理論（sample theory）、封閉式分布（closed distributions）等。過去所有的經濟學理論幾乎無一能倖免。

二〇〇四年，曼德博已年屆八十，但他仍繼續掀起風浪。他跟過去一樣辛勤工作，連週末都不例外。他繼續發表新的研究論文與著作，在耶魯大學教書，一樣飛到世界各地參與科學會議、推廣他的理論。有什麼理由不繼續下去呢？畢竟，就像他說的，法國古典悲劇大師拉辛（Racine）的巨作《阿達麗》（*Athalie*）、威爾第（Verdi）的歌劇《法斯塔夫》（*Falstaff*）以及華格納（Wagner）的《指環》（*Ring Cycle*），都是晚年的創作成果，是藝術家累積多年經驗和試驗才能有的極致表現。

本書可以說像一齣歌劇，由聲音、戲劇和布景交織而成。貫穿全書的主要聲音，來自曼德博，書中充滿他的創新發明，而發明的戲劇性過程，則是本書的精華所在。布景不僅多樣且華麗，這些影像和圖表有助於讀者充分了解書中論述。如同最好的歌劇，本書不但內涵引人入勝，且以一般大眾為目標讀者。也歡迎所有讀者到本書的網站繼續閱讀相關資訊：www.misbehaviorofmarkets.com。這個網站的起源，是曼德博在耶魯大學的同事麥克・傅瑞姆（Michael Frame）教授所設計的碎形幾何課程輔助教學網站：http://classes.yale.edu/fractals/index.html，是他為大學部非科學本科的學生所設計的，很棒。

動盪不安的十年來，我們歷經了多頭市場、金融危機、空頭市場，以及一再重演的榮景與破滅，曼德博的啟示在現今的社會是再恰當不過了。金融市場的風險極大。迄今，我們對市場的了解僅止於複雜的數學理論或傳統的財務理論，而其中有許多錯誤的假設、缺乏依據的算式和誤導大眾的結論。金融市場並不單純，不過也沒有必要將它過分複雜化。

再強調一次：科學的目的是化繁為簡。本書的目的，也是如此。

第1部　過去式

這是曼德博在 1982 年研究碎形幾何時，
用錯誤的電腦程式創造出來的畫作，
取名為《唱詩班》。
這張畫作提醒我們：
藝術、金融和生命，
充滿著令人意想不到的隨機創造力。

第1章

巨浪滔天，你的船安全嗎？

風險、失敗與報酬

一九九八年夏天，不太可能發生的事發生了。

在華爾街，九〇年代創下歷史紀錄的多頭市場顯得疲軟不振。沒有明顯、單一的原因，而是由一連串的市場憂慮所造成：日本經濟衰退、中國人民幣可能貶值，以及美國總統面臨彈劾窘境。接著，先前還是全球最熱門新興市場的俄羅斯，居然傳出財務危機，西方國家銀行及債券交易商陸續受到波及，有些業者還差點因此關門大吉。然後，八月四日道瓊工業平均指數下跌三．五％。三個星期後，隨著莫斯科的情況惡化，股市再跌四．四％，八月三十一日又往下跌了六．八％。

其他金融市場也好不到哪去，相對於政府公債，銀行債券的價值重挫三分之一。金融市場的重創來得太過突然，投資人完全不知所措；「簡直跌到了谷底，」一位分析師對《華爾街日報》表示；「投資人的損失，」另一位分析師則說：「可能一輩子也賺不回來。」

原來，我們一直低估了風險……

才怪！事後我們看到，國際貨幣基金（International Monetary Fund）給俄羅斯打了一劑強心針，而美國聯準會也穩住華爾街的情勢，因此多頭市場又持續了幾年。事實上，照傳統金融理論來看，根本不可能有「一九九八年八月的金融風暴」。用金融界標準的操作方式，幾乎是絕不可能發生那種危機的。根據全球各地商學院校所教的標準理論，八月三十一日股市崩盤的機率，是兩千萬分之一，換句話說，就算每天進行交易，十萬年也碰不到一次。一個月內股市大幅下跌三次的機率，更是微乎其微——僅僅五千億分之一。看來，八月是「衰」到了極限，才會發生這等「天有不測風雲」的大災難。用統計學的術語來說，這就是所謂的「離群點」（outlier），與正常的股市交易離得很遠、很遠。

但，真的只有那年八月衰到極限嗎？

不是。這類「不可能發生的事」，其實在金融市場經常發生。金融風暴發生的前一年，道瓊指數一天內下降七．七%（機率：五百億分之一）。二〇〇二年七月，道瓊指數七天內連續大幅下跌了三次（機率：四兆分之一）。一九八七年十月十九日，道瓊指數大跌二九．二%；那天是一個世紀以來股市最淒慘的一天。按照傳統金融理論的標準說法，這種事情發生的機率是十的五十次方分之一，換句話說，機率小到不能再小，幾乎不具意義。這個機率小到超出自然界所能測量的範圍。即使將宇宙萬物中最小的次原子粒子*以十的n次方擴展到整個宇宙那麼大，也不及這個數目。

大家都曉得，金融市場有風險，但是要徹底研究「風險」這個概念。一個多世紀以來，金融專家和經濟學家們殫精竭慮地分析資本市場的風險，企圖加以解釋、量化，以期提高獲利機會。但在我看來，大多數專家都走上了錯誤的不歸路：他們大大低估了全球自由經濟市場的風險。

一般人常說「市場風險高」，這種「偏見」其實是「正確」的，反倒是金融「專家」們卻沒有那麼「明智」。過去一個世紀，他們為了計算風險，設計出各種錯綜複雜的數學模型。一九七〇年代，華爾街全盤接受了這套模式。美林（Merrill Lynch）、高盛（Goldman Sachs）和摩根士丹利（Morgan Stanley）等投資銀行，就將它用進其複雜的投資策略中。他們根據風險與報酬來調整投資組合，就像在調收音機的頻道一樣自然。一九八〇、九〇年代，金融市場命運之坎坷，讓許多金融專家和經濟學家不得不重新思索這種做法。一九八七年的黑色星期一、一九九七年的亞洲金融風暴、一九九八年夏天的俄羅斯危機，乃至於二〇〇一到二〇〇三年的空頭市場，這麼多波折終於讓許多人意識到事有蹊蹺。若說報酬與風險成正比，那麼，傳統的金融算式顯然是錯的。扮演「分

---

* subatomic particle，指組成原子的基本粒子，通常指質子、中子和電子，其他如光子、夸克等也是。

母」的「風險」，遠比我們想像的來得大，因此結果必然令人失望。我的研究，就是為了更正確地評估風險、更進一步了解風險對市場的影響。

交易所裡的財富，跟河流裡的漩渦沒兩樣

我這一生，和風險息息相關。第二次世界大戰期間，我從波蘭逃到法國，隱姓埋名躲在鄉下，化身為以糧票餬口的單純鄉村少年，那時，我親身體會到何謂「風險」。我的職業生涯也是如此，辭去了安穩的法國教職，我來到較為開放自由的美國，在工業科學領域闖蕩。身為科學家，我畢生的研究總在人類經驗的兩個極端之間擺盪：一端是有秩序、有計畫的「決定論」，一端則是不規則、不可測的「隨機論」。我最主要的貢獻，是發明一支新的數學理論，在看似無秩序的混亂裡找出秩序，在看似無計畫的事物中理出計畫，在不規律、粗糙的大自然中尋出規則。

我發明的理論叫做「碎形幾何」，對自然科學的影響很大。碎形幾何學被應用於研究氣象、河流水患，以及分析腦波、地震微震和銀河系的分布。一九八〇年代，混沌理論*很快採用了碎形幾何，成為其中不可或缺的一套數學工具。目前，碎形幾何被廣泛運用在人為結構上，例如測量網際網路的流量、壓縮電腦檔案、製作電影等。電影《星艦迷航記2：星際大怒吼》（*Star Trek II: The Wrath of Khan*）裡頭的電腦動畫，就是用碎形幾何創造出來的。

我相信，碎形幾何也能對金融研究有很大的貢獻。四十年來，基於我本身的興趣、機緣及同事間的相互切磋，碎形幾何一直斷斷續續地跟我在金融市場與經濟體系方面的研究互有影響。我不是以經濟學家或金融專家的身分從事研究，而是從數學家、實驗科學家的角度著手。對我來說，紐約證券交易所或倫敦貨幣買賣中心的權力與財富，不過是抽象的東西，跟太陽黑子的循環波動和河流裡的漩渦沒什麼兩樣。股市可以用現存的科學工具加以分析，如果有需要、有能力，我也會運用新的工具。我利用這些工具分析社會財富分布的情形、股市泡沫形成與破滅的原因、企業規模和產業密度分布的狀況，以及金融商品價格的波動（包括棉花價格、小麥價格、鐵路與藍籌股價、美元對日幣的匯率等）。在價格的變動中，我看出了變化的規則——要強調的是，我不是指「讓人致富的規則」。我同意傳統經濟學家的看法——預測股價恐怕沒有大家想像的那麼容易。不過，風險的確有規則可循，可以在電腦上用數學模型模擬出來。因此，我的研究可望讓投資人別再過於一廂情願地低估風險，讓他們損失少一點。若將股市視為一個科學系統，我想，將有助於建立更穩固的金融產業，並訂立更健全的遊戲規則。

我得把醜話說在前頭：過去十年，我的論點有一部分已經被經濟學領域吸收，成為該領域正統的法則，不過其他部分仍有爭議，甚至遭到嘲笑、抹黑。跟其他科學家一樣，我也在學術期刊上發

---

* Chaos Theory，一種科學研究，在看似混亂無章的漩渦或颶風中歸納出秩序。

表論文；我的論文往往引發不少爭論。我總會聽取他人的意見，重新闡明自己的論點，重新思考研究結果，然後回到電腦上再做分析，創造更完善、更正確的模型。結果是：不斷地進步。但無可避免的副作用則是：研究的複雜度增加。確實，我不是只建立一個價格變動的模型，而是好幾個。自一九六三年及一九六五年起，我分別建立了兩個獨立而互不相容的模型，最後終於在一九七二年成功地將它們整合起來。我在其他科學領域摸索了很久，一九九七年才又回頭研究金融市場。這本書，將帶領讀者走一趟我所經歷的曲折的科學探索之旅，我的目標是：讓你更了解金融市場。

我最早也最廣為證實的理論，現在被交易商用來訂定選擇權的價格，也被銀行拿來評估風險。我研究股市的科學方法，也被自稱「經濟物理學家」的新一代所模仿。此外，不論在蘇黎世、巴黎、倫敦、波士頓或紐約，我最新的模型也成為一小群數學家、經濟學家及金融專家學習的目標——這群人的數量正逐漸增加。他們的成敗跟我沒什麼關係，畢竟我只是個科學家，不是商人。但我祝福他們成功。

我們可以預測原因，降低風險……才怪！

不管你同不同意我的說法，我希望你們都能暫時拋開問「為什麼」的衝動。我希望各位讀完這本書後，對金融市場「如何」運作有更深入的認識，並深刻體認：將大筆金錢投入動向不明的財富

／命運（fortune）旋風中，風險是很大的。

分析風險的方式很多，金融界中最由來已久、也最簡單的方法，是「基本面」分析。股價上漲時，研究該企業、產業或經濟環境，找出背後的原因。接著進一步深入研究，預測該股未來的動向。通常，分析師關注的焦點是「原因」，他們相信股票、債券與金融衍生商品的價格變動、匯率變動，都是「因為」受到市場外所發生的種種事件影響，例如全球小麥價格之所以上漲，是「因為」產地美國堪薩斯州或烏克蘭遭受熱浪侵襲，美元下跌是「因為」隨著戰爭可能爆發的石油價格上漲。

這些都是大家耳熟能詳的「常識」。財經媒體就是靠著報導這類新聞、分析各種原因來賺錢，金融服務業也因此而大行其道，例如分析師研究金融市場，有人專攻總體經濟，有人負責個別產業等。政府則制定相關法令，規範企業必須向投資人公開哪些資訊。這一切，背後隱含著一個假設，就是：如果了解原因，我們就可以預測未來、降低風險。

真有那麼簡單就好了。

在現實情況中，「原因」通常很難界定。首先，關鍵資訊往往不明確或不得而知，俄羅斯在一九九八年八月爆發的經濟危機，就是個例子。其次，資訊可能遭隱瞞或扭曲，例如安隆集團（Enron）與帕瑪拉食品（Parmalat）的企業醜聞。此外，資訊也可能被錯誤解讀，舉例來說，「戰爭可能爆發，會造成美元下跌」與「戰爭可能爆發，會造成美元上漲」這兩句話，到底何者會發生？分析師往往在事後自圓其說，並總是解釋得頭頭是道，但事件發生前，兩種情況發生的機率好像一半一半。那麼，我們憑什麼認定自己的研判正確，並將整個投資策略及投資風險，押在這個仍有疑慮的假設上？

為了回應這個問題，金融業者發展出其他工具。繼基本面分析之後，歷史第二悠久的是「技術面」分析。所謂技術面分析，就是在眾多的價格、交易量、圖表當中，尋找足以決定買賣的蛛絲馬跡（不論是真是假）。技術面分析充滿了各種專業術語，例如頭肩（head and shoulders）、旗形（flags）、三角旗形（pennants）、三角形（等腰三角、上升三角、下降三角）。這些術語在一九八〇年代還不是很流行，但到了九〇年代，隨著數以千計的新手在網路上買賣股票、交換心得而大為流行。

技術面分析在貨幣市場最受歡迎，貨幣交易是全球最大、變化也最快的金融市場，所有大型外匯交易公司，都雇用技術分析師來研究「支撐點」（support points）、箱形區（trading ranges）及其他分分秒秒都在變動的資料圖形。在變化莫測如哈哈鏡的金融市場，分析師有時會矇到正確答案，例如英鎊對美元，的確可能如分析師所預測的，上升到一定水準後像撞到牆壁般反彈回來，或是繼續勇往直前地往上直衝。但這不過是心理作用罷了，大家都知道其他人也算出「支撐點」，所以每個人都按照這樣的認知來下注。很多人相信，光靠這種金融占星術就可以獲利致富。但事實上，也許一次、兩次還可以，我們不可能以此建立有效的全球風險管理系統。

價格無法預知，但是機率可以計算

繼「技術面」分析之後，應運而生的就是現在商學院所謂的「現代」金融分析（modern finance）。現代金融分析是從數學中的「機率」和「統計」發展出來的。其基本概念是：價格無法預測，但價格的變動可以用機率統計來表示。因此，風險是可測量、可控制的。

就某種程度而言，我贊同這個看法。財務統計始於一九〇〇年，在正統數學家不碰錢的那個年代，年輕的法國天才數學家路易・巴舍利耶（Louis Bachelier, 1870-1946）初生之犢不畏虎，率先開始研究金融市場。早在十七世紀，同為法國數學家的帕斯卡（Blaise Pascal, 1623-1662）與費馬（Pierre de Fermat, 1601-1665）為了協助好賭的貴族，發明了機率理論（費馬著名的「最後定理」〔last theorem〕，在三百五十年後才被解開）。

一九〇〇年，巴舍利耶略過基本面分析，也不畫圖製表，直接投入機率理論裡相當有發展潛力的領域，首先拿來研究法國政府公債。巴舍利耶最重要的數學發明，叫做「隨機漫步」（Random Walk），跟帕斯卡與費馬的理論有很密切的關聯。巴舍利耶假設，價格上漲與下跌的機率各半，就像擲硬幣一樣，正面與反面出現的機率相同。假如很快地一個硬幣接著一個硬幣丟擲，好比股價變化非常快速，這快速的變化有如調收音機頻道時所聽到的頻道與頻道間單調的雜音。價格變動的幅度是量得出來的，有高達六八％的變動幅度屬於小規模變動，都在一個標準差（standard deviation，數學中用來衡量數值相對於平均值的分布狀況）之內。九五％的數值應分布在距離平均值二個標準差之內的範圍，九八％的數值應分布在距離平均值三個標準差之內的範圍。此外，很重要的一點是，只有極少數變動屬於大規模變動。假如將所有價格變化畫成圖形，柱狀圖（histogram）會呈現鐘形分布，眾多小規模變動會集中在鐘形的中央，而少數大規模變動則散布於兩側。

鐘形分布對數學家而言再熟悉不過了，因此它也被稱為「常態分布」；換句話說，其他形狀是「非常態」的。這個極為熱門的機率統計領域，後來以德國數學家高斯（Carl Friedrich Gauss, 1777-1855）的名字命名。舉例來說，美國成年男性的平均身高大約是七十英寸，標準差為二英寸。也就是說，六八％的美國男性身高介於六十八至七十二英寸之間；九五％介於六十六至七十四英寸之間；九八％介於六十四至七十六英寸之間。在鐘形分布之下，還是有可能出現身高十二英尺（相當於三百六十五公分）的巨人或身高為負數的情形，至少理論上是如此。總之，這兩個極端的出現機率非常渺茫，現實生活中根本不可能發生。

許多看似差異很大的統計數字，都屬於鐘形分布，例如軍校學生的身高、智力測驗的分數，以及巴舍利耶當初引用的簡單例子——擲硬幣賭輸贏的結果。當然，有時會出現一面倒的情形，比如擲硬幣時接連出現正面，或軍隊中一整班身高不是很高、就是很矮。但是，長期下來我們可以觀察到平均值，例如平均身高、平均智商、擲硬幣的結果不輸也不贏。我不是說基本因素不重要，營養不良有可能會導致軍人個頭矮小，通貨膨脹也可能造成債券價格下跌。但是，若我們還無法有效評估這些外在因素的影響，唯一比較可靠的預測方法，還是機率統計。

股價，是有長期記憶的

不管在哪個地方，不管是什麼時代，人們往往有眼不識天才。巴舍利耶的博士論文在當時並沒有引起注意。直到一九六四年，他的研究被翻譯成英文出版，才逐漸發展成偉大的現代經濟與金融理論（並獲得五項諾貝爾經濟學獎）。巴舍利耶的學說有另一個較廣義的名稱，也就是我的學生——芝加哥大學教授尤金·法瑪（Eugene F. Fama）所謂的「效率市場假說」（Efficient Market Hypothesis）。根據這個假說，在理想的市場中，證券的價格已經充分反映了當時所有相關資訊。昨日的變化並不會影響今天的價格，今天的變化也不會牽動明日的價格；每一次價格變化都是單一事件，跟前一次沒有關聯。

有了這些理論，經濟學家發展出複雜的市場分析工具，計算各種證券的變異數（variance）與β值，並且按照風險高低，將投資組合予以分門別類。根據該理論，基金經理人可以針對特定投資報酬率及風險，量身定做有效的投資組合。簡直跟煉金術一樣神奇。想要在差不多的風險範圍內多賺一些嗎？那就用現代金融分析工具，來改變不穩定股與穩定股的持有比例，或者改變股票、債券及現金的持有比例。想要以低成本的方式獎勵員工？可以透過金融分析，設計員工股票選擇權的辦法，藉由精心設計來提高員工獲利的機會。是沒錯啦，要不是因為巴舍利耶及後來的人繼續他的研究，高階主管們也不會拿到天文數字般的股票選擇權，搞不好也就不會有網際網路泡沫了。

可惜的是，上述金融理論聽來是頭頭是道，實際上卻有漏洞，那些歷經一九九〇年代股市榮景與蕭條的所有人，我相信現在都能夠體會了。傳統的金融法則，植基於巴舍利耶學說的兩大基本假設：就統計上而言，價格變動是「獨立事件」，且呈「常態分布」。早在一九六〇年代，我就強烈指出這跟事實不符，現在，許多經濟學家也認同了。

首先，價格變動並非獨立事件。過去幾十年，我和後來其他學者的研究都顯示，很多金融價格是有「記憶」的。今日的變動，的確會影響明天的價格。如果今天價格大幅上漲或者下跌，明天就很可能像今天一樣，也劇烈地變動。變動的軌跡沒有經濟學家認為的那樣容易預測——不像教科書上寫的「標準景氣循環」那樣規規矩矩地上升、下降。這類簡單的型態（過去價格與未來價格間的週期關聯）在很多地方都看得到，例如小麥期貨價格隨著作物成熟而有季節性波動，又比如外匯交易會隨著全球各地交易日的不同，每天或每週的交易量跟著有所變化。

我的看法不同，我認為價格變化有碎形的統計關係，有長期的記憶。這是很微妙的一點，後面我將闢一個專章說明。在這裡我們姑且這樣想：不同類型的價格變動，具有不同的記憶型態。有的價格變動記憶力強，有的記憶力弱。至於為什麼會這樣，原因很難說，我們只能猜測。企業今日的行為，例如合併、分裂、推出重要產品等，將會決定它十年後是否成功。同樣的，該企業今天的股價變化，也會影響明日價格的波動。有人說，市場吸收資訊並將資訊完全反映在價格上得花很長的時間。負面消息傳出時，有些反應快的投資人總是立刻採取行動，而有些人可能因為投資目的不同或投資期間較長，或許一年半載都沒有動作。不論原因是什麼，這種現象不但存在，而且跟「隨機漫步」理論衝突。

第二，價格變動與傳統理論所言完全相反，根本不是鐘形的常態分布。倘若真是鐘形分布，當我們把股價輸入電腦、分析價格變動，應該可以看到巴舍利耶隨機漫步理論中所謂常態分布的形成，也就是大多數的數值集中在平均值附近。但事實上，實際狀況跟鐘形分布相差甚遠。若將一九一六年到二〇〇三年每日的道瓊工業平均指數畫成圖表，根本看不出什麼單純的鐘形。理應低平的兩端卻太高，變動幅度很大。根據傳統理論，道瓊指數變動超過三．四個百分點的日子應該只有五十八天，但事實上卻是一千零一天。根據預測，變動超過四．五個百分點的日子應該有六天，實際上則高達三百六十六天。同樣的，每日變動超過七個百分點的機率應該是三十萬年一次，但實際上光二十世紀就發生四十八次。還真是多災多難的世紀，著實讓大家跌破眼鏡。還是說，搞不好傳統的假設根本是錯的。

仔細觀察過去的價格會發現，數值分布的型態跟鐘形不一樣，左右兩端並沒有漸漸變細小，而是呈「冪次分布」。這是自然界常見的現象。正方形的面積等於邊長的平方；若正方形邊長變二倍，面積就變成四倍；如果邊長變三倍，面積就變成九倍。地心引力的大小與距離的平方成反比；

如果太空船離地球的距離變三倍，地心引力對太空船的作用力就變成四分之一。經濟學上一個典型的冪次關係，則是義大利經濟學家維爾福列多．帕雷托（Vilfredo Pareto）於一個世紀前發明的。帕雷托用它來說明社會上層階級的收入分布型態。鐘形分布中，收入會集中於平均值附近，帕雷托的冪次分布則不一樣，它顯示出社會財富集中在少數人手上。

講到這裡，就逐漸進入我的重點研究成果了。冪次分布也可以應用在許多金融產品正向或負向的價格變動上。比起鐘形分布，冪次分布有較多的空間讓價格大幅變動。冪次分布也跟許多不同種類的價格變動紀錄不謀而合。一九六二年，在簡短的論文當中，我首次提出相關的研究報告數據。報告中的圖表顯示，過去一個世紀以來，棉花的價格變化兩端呈冪次分布；其大幅度的價格變動太多，不符合鐘形分布型態。同一個報告中，我也提出小麥價格、各種利率、鐵路股價——換句話說，圖書館裡找得到的所有資料，我都用上了。後來，我發現許多其他類型的金融價格也都呈現類似的冪次分布。

你繼續誤導學生，我就能在市場上賺更多錢

就跟其他科學領域一樣，經濟學也會趕流行。每一個時期有該時期流行的共識，主流的共識決定對錯，也決定哪些研究值得博士生投入心力。

我的研究生涯，大部分時間是逆流而行的。一九六〇年代，多數理論經濟學家以巴舍利耶和其傳人為尊。七〇年代，華爾街也全盤接受了他的理論。這些理論成為股市指數基金、選擇權交易、經理人股票選擇權、企業財務預算、銀行風險分析及全球無數金融機構奉為圭臬的準則。在這期間，我不是沒有發出質疑，只是孤掌難鳴。

但是，到了一九八〇、九〇年代，漸漸有人加入我的行列。金融市場的混亂，使得許多從業人員不禁懷疑到底是哪個環節出了差錯。著名的投資大師暨企業家華倫．巴菲特（Warren E. Buffett）就曾開玩笑說，他要捐錢給大學，讓教授們傳授效率市場假說，繼續培養受誤導的金融從業人員，這樣他才能繼續賺大錢。巴菲特說，傳統理論愚笨而且錯得徹底，然而，「不論誤導了多少學生，卻沒有一個人承認自己的錯誤。顯然，拒絕承認錯誤、故作神祕並不是神學家的專利。」

儘管大學教授們仍固執己見，但務實的華爾街分析師終究還是敞開心胸，接納了新觀點。數以百計的經濟學家和分析師現在不僅同意我的看法（即：價格變動既不是鐘形分布，也不是獨立事件），更以白紙黑字來佐證我的論點。但奇怪的是，雖然越來越多人了解問題的癥結，人們仍無法擺脫傳統的理論。巴舍利耶及其傳人的古典理論（被用來建立投資組合、計算新工廠的財務價值、評估股票風險），不僅仍存在於全球各地商學院的課堂，同時也是許多年輕交易員、銀行員趨之若鶩的美國特許財務分析師（Chartered Financial Analyst）證照考試內容的一部分。他們的理論，也仍然是華爾街金融界根深柢固的傳統。

舉例來說，布雷克—休斯（Black-Scholes）選擇權評價模型早已成為業界評估美林證券或通用汽車經理人股票選擇權的不二法則；直到二〇〇四年，美國相關單位才正式公開其他定價方式。為什麼人們不願意改變？因為傳統方法既簡單又方便。有人說，它在大多數市場都適用，只在市場偶爾出現劇烈波動時才失效；天有不測風雲，誰能預見企業破產、惡意併購或其他金融危機？對於在股市中慘遭滑鐵盧的傷心人來說，這種鴕鳥說法還是省省吧。

不過，金融業是極其務實的。他們儘管遵從傳統理論，卻也不忘投注金錢從事新研究。正因為如此，華爾街不斷推出新名堂，例如新奇選擇權、保證收益（guaranteed-return）基金、風險值（value-at-risk）分析等等。中央銀行體系同樣非常實際，多年來一直使用傳統方法的中央銀行體系，從一九九八年起，也開始推行更合乎實際的新數學模型，要求各銀行用來評估風險。所謂的「新巴塞爾資本協定」（Basle II），將迫使許多銀行改變原有的自有資本計算方式（為防財務危機，按規定銀行放款做得越大，就得準備越多的自有資本）。因此，經濟學家也不得不跟著採納新觀念與新模型。

許多應運而生的模型，只是將舊理論稍加修改，例如有著古怪名字的 GARCH 模型及 FIGARCH 模型。另外，有些則是摒棄傳統理論，一切從頭開始。行為經濟學家研究金融市場，就好比著名的心理學家史基納（B. F. Skinner）研究人類行為：有機體（包括市場和人體）會吸收外來資訊後做出反應，至於資訊與反應之間的關聯，正是學者要研究的。事實上，有學者甚至利用科學儀器，來測量專業交易員的皮膚電阻、腦波型態及脈搏，希望找出下達「買入」指令的生理現象呢。此外，還有些財務分析極度仰賴電腦。華爾街向來是電腦產業的大客戶，之所以大力鼓吹基因演算法、類神經網路和其他電腦計算方式，就是希望有朝一日電腦能夠發現人腦所不察的規則。「後現代」金融理論還未取得真正的成功。到目前為止，尚無人拔得頭籌。

猜猜看，哪一張走勢圖是假的？

那麼，套用列寧的革命宣言：怎麼做才會成功？

進入正題之前，我們來玩個遊戲。下頁的四張圖，是大家常看到的價格走勢圖，只不過，其中只有兩張，是貨真價實的價格變化紀錄（在此不列出該金融商品的名稱），另外兩張則完全是以不同的市場理論模型虛構出來的。請你不必理會整體價格走勢是上升或下降，只要注意價格瞬間變化的型態，然後猜猜看，哪兩張圖是真的、哪兩張是假的？假的圖又是根據哪個理論模型畫的？

多數讀者一定會覺得，這四張圖看起來都差不多。確實，去掉標題、座標名稱和其他資料之後，絕大多數財經刊物所謂的「線圖」長得都很像。

不過，圖表可是比文字還會騙人。

正確答案請看第四十二頁的四張圖。這四張圖顯示的不是價格，而是價格瞬間上漲或下跌的幅

猜猜看，哪兩張是真的？

圖表真的會騙人

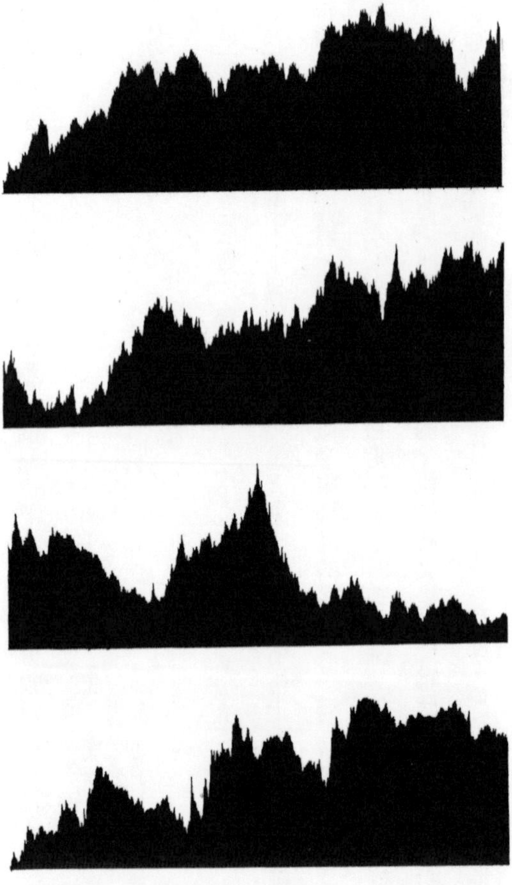

度。這麼一來，我想你就可以看出價格變化的規則了。我們的眼睛，其實比我們想像中還要敏銳，能輕易看出變化的規律。

就像犯人在警局裡往往難逃警方法眼一樣，最明顯的冒牌貨，其實很容易辨識，就是價格變動十分規矩的第二張圖。這張圖是以典型的「隨機漫步模型」創造出來的，整張圖的價格變化，大都局限在固定的狹小範圍內，也就是前面所提過的鐘形分布的平均值附近。這張圖雖然也有幅度較大的波動（即離群點），但跟多數相比，實在微不足道，好比一片大草坪上，只有一、兩撮長得比較高的小草。

真實的走勢圖，是第一及第三張。第一張，是一九五九年到九六年間ＩＢＭ的股價變化，第三張則是美元對德國馬克的匯率變化。我們可以從這兩張圖（以及其他許多實際的金融市場圖）看見：價格變動，是非常不穩定的。大幅度的波動不但多，而且往往聚集在一起。用「草坪」來比喻不太恰當了，應該說是一座「樹木參差不齊，且摻雜著超級巨樹的森林」。我們也可以用恆星來做比喻，恆星並不是平均分布在宇宙中，而是聚集成星系，星系又聚集成星系團，混亂中帶有秩序，股價走勢圖的道理正是如此。

至於第四張圖，是較難判斷的一張。這是用我最新發明的金融市場模型，虛擬的價格變化圖。這個模型確實模擬出實際價格劇烈的變動幅度，不管是金融分析或天氣預測，模型是否正確，從結果就看得出來。以前的模型預測都僅有幾個數字或簡單的圖形，我首創以獨特的電腦圖表顯示預測

再猜猜看，哪兩張是假的？

激烈的瞬間漲跌

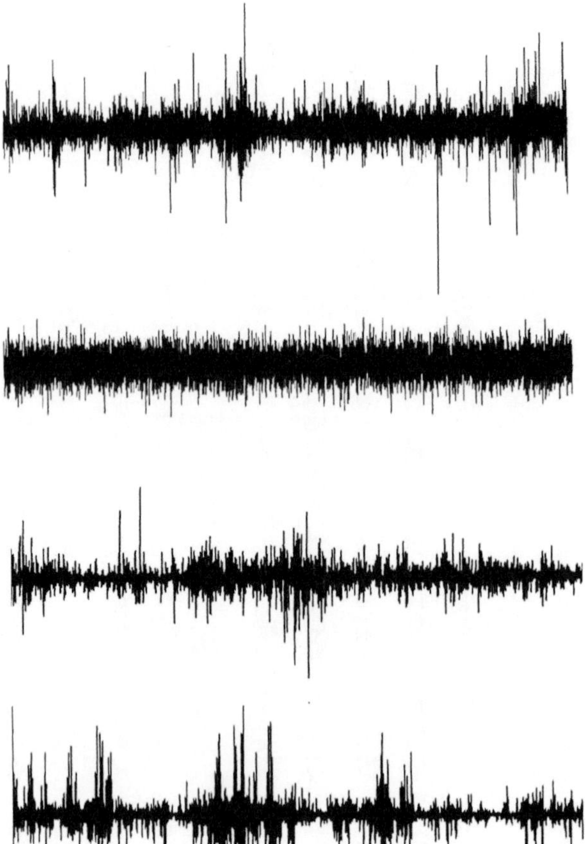

結果，也就是「虛擬現實」。這裡所用的模型，叫做「多重碎形時間的分數布朗運動」（fractional Brownian motion in multifractal time），乍聽之下很嚇人，不過後面幾章我將加以說明，到時各位就會了解，這個模型可以幫你少賠很多錢。

筆記下來，可以幫你少賠很多錢

模型如何預測未來？基礎理論是我所發明的碎形幾何，下面幾章會詳加解釋。這個模型還在發展階段。目前我所得到的成果，還不足以用來挑選股票、買賣衍生性商品或訂定選擇權的價格；要達成這個目標，唯有時間及其他研究者戮力配合才可能。不過，能夠虛擬現實就是成功的第一步，因此，多重碎形模型可說是了解金融市場的重要工具。套用大眾財經刊物慣用的做法，我將金融市場的行為特徵分成五大要點。若讀者對它們有充分的了解，並且實際應用在生活中，相信有助於降低投資的風險。

特徵一：市場，是危險的

價格劇烈震盪是金融市場中的正常現象，而非偶然的脫序。價格變動不像現代金融分析所認為的是鐘形分布，而是遠比鐘形分布要劇烈得多了，簡直像是搭雲霄飛車。訂定買賣策略或投資組合時，應該將這個殘酷的現實列入考慮，才合邏輯。至於實際操作面，則要看個人的資源、才能以及勇氣，畢竟每個人對市場的看法不同，這是無可避免的。光是能了解到「市場變化多端」這件事，就很有幫助了。

我們可以用電腦模擬來「測試」投資組合的可行性，在實際投入資金前，先做各種假設性的實況模擬（事實上已經有人這麼做了）。投資人用這種方式建立的投資組合，會比用傳統方法建立的投資組合更安全。膽子大的投資人面對市場劇烈變動時，也比較有心理準備。管理金融市場的相關單位，也會因此比較注意突發的緊急狀況，從而避免金融危機或總體經濟的傷害。有些評論家呼籲，股市應比照地震，也建立一個類似「芮氏規模」的度量衡，來表示市場波動的幅度，這麼做將有助於相關單位評估問題的嚴重性。所謂有備無患，就是這個道理。

特徵二：市場，總是禍不單行

市場波動往往成群出現。經驗老到的交易員一定注意到這個現象了。全球各地的交易所都一樣，每天早上，開市頭十五分鐘是最重要的。老經驗的交易員會緊盯著螢幕，十五分鐘就可以預知當天市場動向。交易員都知道，如果市場一開始就起伏不定，接下來一整天很可能都是如此。他們也知道，若星期二市場很不穩定，星期三泰半也不平靜。他們很清楚，市場劇烈變動時（也就是次數不多，但卻一再發生的金融風暴），投資人不是大贏，就是大輸。這是交易員第一手獲得的實務經驗，不需要經濟學家教他們。他們的直覺和經驗，在傳統的效率市場假說中找不到，卻與我的多重碎形模型完全相符。

特徵三：市場，是有「個性」的

價格並非只受到實際發生的事件、新聞或人的影響。投資人、投機者、企業家和銀行家一塊進駐市場時，會產生一種特別的互動關係，其力量遠比單純的「相加」效果還要驚人。套用經濟學家的話來說，價格，主要是市場內部運作的內生因素所決定的，並非完全受外在環境的外生因素左右。此外，市場的內在機制非常堅固。戰爭開打、戰爭結束、經濟擴張、企業倒閉，這些此起彼落的事件，都會影響市場價格。但是，「市場價格受訊息刺激而變化」這樣的基本機制並沒有改變。按照數學家的說法，市場機制是不變的。這個看法跟若干隨機漫步模型改革者的論點恰恰相反。後者認為，市場波動之所以成群出現，是因為市場改變——定價機制改變，造成市場巨幅變動。大錯特錯！舉個很明顯的例子：我研究了過去一個世紀以來的棉花價格發現，二十世紀初價格尚未管制時，變動就已經很劇烈了，其幅度跟一九三〇年代價格管制時期不相上下。

特徵四：市場，是會騙人的

投資人常將各種圖形奉為圭臬，視為賺錢寶典，殊不知，其實光靠運氣，就足以創造出「看來頗像一回事」的圖形或景氣循環模型，讓投資人趨之若騖。金融市場尤其充滿類似的統計幻象。利用隨機程式，我發明的數學模型可以畫出惟妙惟肖的趨勢圖和循環圖，連專門畫股價走勢圖的人都難以辨別真假。同樣的，大起與大落也是金融市場的特色，人們為了在亂無章法的市場硬是找出章法，往往刻意強調大起大落的現象。

特徵五：市場上，時間是相對的

我們姑且稱之為「金融市場的時間相對論」。早期還在發展多重碎形模型時，我就認為，市場有自己一套「交易時間」，跟一般人所謂的時間並不同步。市場波動較劇烈時，交易時間加快；市場比較平穩時，交易時間則變得緩慢。兩個時期之間時間快慢的關係，可用數學算式來表達，而且可以利用這個算式畫出現實生活中常見的起起伏伏的市場價格變化圖。前面四個圖中的假圖就是這樣製作出來的。交易所牆上除了東京時間、倫敦時間、紐約時間之外，應該再加上第四個——「格林威治市場時間」（Greenwich Market Time）。

最後這一點，也凸顯了這本書的重點之一：這道理其實金融市場從業人員早就發現，只是他們自己還沒弄明白。例如專業交易員經常提到「快市」（fast market）和「慢市」（slow market），指的便是價格變動的快慢，因此我相信他們會很快就理解上述的時間相對論。同樣的，市場上大家都知道有此一說：所有圖看起來都大同小異，去掉標題和相關文字，根本無法分辨該價格變化圖涵蓋的範圍是十八分鐘、十八個月，還是十八年。由此可見，市場有自己的時間表。就算是財經出版品，也有不同的週期，有年報、季報、每月通訊、週刊、日報、數分鐘更新一次的新聞快報，以及即時的網路資訊等。

書店請注意：別把這本書跟「致富祕笈」放一起，謝謝！

在金融市場，當我們套用多重碎形模型，也意味著我們的投資組合理論需要被重新思考，選擇權價格需要重新訂定，交易策略也需要重新檢討才行。

舉例來說，我認為目前市場上常見的停損掛單（stop-loss orders）策略，就沒法幫投資者真正停損。很多交易員會先設定好一個價位，一旦價格跌到設定點就賣出，以減少損失，但我相信很多人都有類似的慘痛經驗：股價變化之快，往往迅雷不及掩耳，即使股票營業員手腳再快，賣出時往往仍為時已晚。結果呢？損失常常比投資人預估的還大。

再舉一個例子，多重碎形模型的數學算式可望提供新方法，讓投資人計算風險與價格變化。它不用傳統的「標準差」和「β值」，而是本書後面幾章將加以解釋的兩個係數：測量價格獨立性的「H指數」，以及測量價格變化幅度的「α係數」。少數基金經理人試用過這個概念，雖然他們稱之為「混沌理論」，但嚴格來說那不過是人們賦予最新科學潮流的行銷名詞，其實並不正確。實際上，多重碎形模型的數學結構還不成熟，研究才剛起步，要發展出可靠的應用方式，恐怕還得花一段時間。

因此，讀者請注意：這本書不保證你賺大錢。書店也請小心：千萬別將這書跟「股市致富祕笈」之流排在一起。若真要分類，本書算是「科普類」。這本書旨在帶給讀者新的世界觀，特別是分析金融市場的革命性新方式。我用淺顯易懂的文字闡述，盡可能少用方程式或數學術語，若非用不可，也會加以解釋。因為我希望藉此激發更多關於金融市場分析的回響和討論。在此之前，參與討論的人若不是研究經濟的數學家，就是對數學有興趣的經濟學家，總之範圍很小。一九六〇及七〇年代，我首次發表相關論文時，還沒有幾個主流經濟學者願意聽，坦白說，艱澀難懂的數學是主要原因之一。現在，二十世紀末異常混亂的市場狀況，卻使得很多從前漠不關心的人豎起了耳朵。

這個領域的研究還有很長一段路要走，巴舍利耶的論文出現之後，經濟學家花了六十年才完成效率市場假說，又過了十個年頭，才將它實際應用在零息債券（zero coupons）和買權（call options）上。碎形理論的出現不過是短短幾十年的事，然而，卻已對金融和經濟領域產生不小的影響。而其中最重要的，要算是對「風險」的重新認識。

我們一直低估了風險。

越是了解危險，越能做好萬全準備。幾個世紀以來，造船的人都知道要怎麼設計船身、船帆才安全。多數時候大海是平靜的，但颱風、颶風來臨時，海上景況就迥然不同了。造船人不能只考慮那九五%風平浪靜的日子，要想到另外五%的狂風巨浪才是對船隻真正的考驗。現在的金融業者和投資大眾，就像忽略那五%考驗的造船人，完全無視於風雨來襲的可能性。這本書，便是要提醒投資大眾重新看待風險。

| 第2章 |

走出溫和，迎向狂野

擲硬幣與射箭理論告訴我們的真相

大多數人對「機率」一詞並不陌生，但用到這詞的時候，卻很少仔細思考其中真正的意思，以致常把不同的事情扯在一起。比方說，人們會說「中樂透的機率」、「墜機的機率」，對說的人而言，「機率」只是個數字，指某件事情發生的可能性。「機率」，有時也被用來指那些不在計畫與意料中的事。

在投資時，「機率」則有另一層含意，例如「賠錢的機率」，指的是威脅，或是風險。「機率」會打亂投資計畫，會讓本來想變有錢的人變窮。我們試著評估風險，選擇要投資股票、債券，還是房地產、公債。但實際上大多數人往往都不知道該怎麼樣有系統地做數字分析，只能乖乖地任由「風險」宰割。這就難怪投資失敗的人往往歸咎於風險和運氣，而不是怪罪自己。

那麼，「機率」除了跟個人投資有關，是否也能用來解釋「整體」金融市場的行為呢？

股價上漲，是因為訂單增加……really？

「鬼扯！」有些人會說。我們生活在有營業員、投資者、真金白銀的真實世界裡，而不是抽象的機率理論中。ＩＢＭ股價上漲一美元，是因為ＩＢＭ宣布跟他們簽約的客戶遠比預期的多，因此會有五千兩百一十八個人或出於精打細算，或出於魯莽衝動，或貪心或小心，紛紛下單購買了一千二百五十四萬二千三百股ＩＢＭ的股票，總值達七十六億八百零一萬六千七百三十三美元。他們說，這是再清楚不過的因果關係，跟「機率」沒半點關係。當然，我們不太可能追溯是誰做了什麼或說了什麼才導致股價上漲，更無法預測股價是否會上漲（所以我們才需要營業員），但不能因此就說，ＩＢＭ股票上漲，靠的是「機率」。擲骰子講機率，轉輪盤也看機率，但ＩＢＭ股價、歐元匯率和小麥價格的漲跌，跟機率可沒有關係。

確實沒關係，但卻可以被說得好像真有關係。過去一百年來，把股價的漲跌說得好像真的跟「機率」有關，一直是金融理論的主流。整個現代全球金融產業，都是建立在這個基礎上的。從投資組合、交易理論到企業財務管理等等，都是植基於一代又一代的經濟學者和數學家，從似非而是的機率說當中衍生出來的假說與理論。

當然，我是「機率」的信徒。我不但在經濟學、物理學、資訊理論、冶金學、氣象學、神經學、解剖學、分類學及其他許多意想不到的領域中跟機率交手過，更實際應用過機率。五十多年前，我還是巴黎大學的研究生，那時我的博士論文主題就跟機率有關。而我認為，金融市場的確有不可預知的機率，而且可以分為幾個不同的型態或類型。我所反對的，是目前金融學者在課堂上傳授或在期刊上發表的機率計算方式。你也許會覺得這不過是學術上的見解不同，但你很快就會了解，機率上「小幅」與「巨幅」變動之間的差異，可不是什麼見解不同而已，而是像液體與固體那樣天差地遠，也攸關我們的財富得失。

為了讓讀者充分了解這一點（也是這本書最重要的精髓），讓我們從基礎談起。本章將介紹兩種截然不同的機率計算方式，下一章則要介紹現代金融理論是怎麼形成的。接著，我們將仔細探討該理論的架構。最後，我會提出補救之道。你將會明白，我不是什麼激進的改革者，我期許自己像古時候的荷蘭人道主義者伊拉斯謨斯（Erasmus），透過學習、理性與幽默，傳達我的理念。我的目標是：改變人們思考的方式，讓改革從而持續下去。

給我好電腦、好資料、好薪水，我就告訴你買哪支股票

我們為什麼要花時間，來談金融市場的機率？因為它與整個社會、與我們的經濟與金融活動息息相關。我們先來從兩個不同的世界觀談起：一個認為世界是伊甸園，一個認為世界是黑盒子。

前者屬於因果論，或說決定論。在這個觀念下，宇宙中每個粒子、每片葉子、所有生物都適得

其所，只要我們可以如上帝般全知全能，就能理解並預測所有事物。科學家一度這麼相信，兩個世紀前，新式望遠鏡和數學理論的發明，開啟了近代天文學的研究，當時偉大的法國數學家拉普拉斯（Marquis Pierre-Simon de Laplace）表示，只要能知道宇宙中所有粒子現在的位置和速率，他就可以預測宇宙之後怎麼變化。這樣的觀念也被現代金融分析師和經濟學家用在金融市場上，他們號稱可以預測通貨膨脹、利率下降，或告訴你該買賣哪一支股票——只要你給他們夠多的資料、夠好的電腦以及夠高的薪水。

真是夠了。這可能嗎？人類根本不可能全知全能。二十世紀量子理論和混沌理論發明之後，物理學家就不再做這種白日夢了。他們轉而擁抱第二種世界觀，認為世界有如黑盒子。我們知道進去的是什麼，也知道出來的是什麼，但不知道中間的過程為何，只能盡可能推測「輸入A後產生Z」的機率。藉由機率理論分析大自然，是數學家所謂的隨機觀點（stochastic view）。stochastic（隨機）一詞來自希臘文的stochastes（預言者），而stochastes一詞則來自stokhos，意指「弓箭手練習用的標靶」。例如我們雖然無法追蹤天然氣中所有分子的運行軌跡，卻可以推測其平均能量及可能的作用，據此設計極為有效的管線，將天然氣輸送到每個城市，供應數以百萬計的居民所需。

物理世界都這麼難以預測了，更何況是金融市場？金融市場可說是外頭罩著一層面紗的黑盒子，我們不但對於裡頭的作用過程無從得知，連輸入什麼，也因為經濟數據素質不佳、相關新聞報導彼此衝突或造假而更加混沌不明。營業員基於自己的利益所提供的交易情報，我們該用什麼校正係數（coefficient of correction）來加以修正？還有，投資人的「預期心理」也難以捉摸，有時候一家公司的股價上漲，不是因為真有什麼利多消息，而是有很多投資人預期股價會持續上揚，進而買進該股，結果股價就真的上漲了。這是經濟學領域的獨特現象，屬於心理學範疇，比似非而是的量子力學還要難懂，還要難以捉摸。

然而，經濟學界照樣效法拉普拉斯的學者，提出一篇又一篇的論文，試圖解開經濟市場的所有奧祕。他們分析大量的價格與產出數據，猜測人類的行徑，在儲蓄率、利率與眾多經濟因素之間，建立假設性的微妙連結。他們企圖在剎那間，捕捉複雜世界的真相。

相較於微觀的決定論，宏觀的隨機論其實更有趣。以磁性理論為例，當溫度高達某個程度（科學家稱之為居禮點〔Curie point〕），金屬的磁性便會消失。一旦溫度降到居禮點以下，其磁性又恢復。其間的變化相當迅速，僅十億分之一秒。原因何在？經過兩個世紀的研究，箇中原因還是不很清楚，不過科學家倒是發展出一套宏觀理論。一九六八年諾貝爾化學獎得主，同時也是數學家和物理學家的昂薩格（Lars Onsager），從單純的磁鐵中，獲得極重要的研究發現。想像一下，磁鐵的次原子粒子個個排列整齊，有如紐約市區路口的紅綠燈，每個燈可能處於下列兩種狀態：「往上」或「往下」旋轉。如果這些燈的狀態大約一致，磁性就強；如果狀態不同，磁性就消失；當溫度上升，多出的能量將次原子粒子的排列交換，打亂了旋轉的狀態。當溫度下降，紅綠燈又逐漸恢復原先的排列與狀態。其中的數學算式很簡單，但實際上複雜極了。幸好，每個粒子之間的互動如何、原因何在並沒那麼重要，重要的是我們可以利用磁性理論來設計發電機、磁碟片以及其他有用的設備。

儘管如此，金融市場的隨機論仍然是非常難以理解的，也許正是因為牽涉其中的並非磁鐵粒子或天然氣分子，而是成千上萬在市場上買賣股票的「人」——如此熟悉，卻又如此複雜。然而，股價走勢圖雖然是隨機的結果，並不意味著價格的走勢就是非理性或雜亂無章的，我要強調的是：價格是無法預測的。

讓我們追溯一下字源，或許能幫助我們更理解。英文片語「at random」（任意地），源自中古世紀的法文 à randon，表示一匹馬狂躁、任性跑動，讓騎乘者無法預測其行為或控制牠。再舉一個例子，巴斯克語（Basque）的「機率」是 zoria，其字源是 zhar（鳥）。就像野馬亂竄，鳥兒飛翔的軌跡，也是人們無法預測或控制的。

金融商品的價格也是如此，不可預測，也無法掌控。在這種情況下，我們只能估計機率，例如某股今年上漲某個幅度的機率、選擇權獲利的機率，或者下一季度匯率持平的機率。以機率看待金融市場，並非意味著全球商業與金融完全受運氣控制。當然，事後只要有心、有時間，要拼湊出差強人意的因果關係以解釋價格變動，並不是件難事，但又能怎樣？錢都賠（或賺）了。在市場變化迅速、動機不明、結果難料的現實世界，「事前」的機率，才是我們唯一的依靠。

在分析師的檔案夾裡，偷放一張擲硬幣圖

也許你要問，機率怎麼能解釋千變萬化的股價走勢圖呢？

首先，「隨機」不見得就簡單。除了簡單的擲骰子、丟硬幣，機率也可以變得很複雜。在數學家手裡，連最微不足道的隨機過程（例如丟硬幣），都可以演變出令人意想不到、各式各樣複雜的細節與高度規則的行為。現代機率的創始人之一、已故的俄國數學家安德列．柯莫果洛夫（Andrei Nikolaevitch Kolmogorov）曾經寫道：「機率理論的知識價值，在於隨機現象若從宏觀來看，會呈現出某種非隨機的規律。」規律的模式，有時明顯得令人讚嘆，有時卻奇異而畸形。

以由來已久的擲硬幣遊戲為例。從數學家白努利兄弟（Bernoulli brothers，白努利家族世居瑞士，是數學史及科學史上最傑出的家族之一，十七、十八世紀以來，共出現了多位極為了不起的數學家和科學家）那個時代以來，擲硬幣遊戲在理論家之間就很風行：若硬幣正面朝上，哈利贏得瑞士法郎一元，反面朝上的話則是湯姆贏（過去的數學家都是用彼得與保羅，不過我老是搞混），每次擲硬幣的結果，都取決於運氣。然而經過三個世紀，在丟擲硬幣幾百萬次後，我們已知哈利與湯姆兩兄弟贏的機率各占一半。

這，就是宏觀——大量結果——得出的法則，不僅是眾人皆知的常識，更已被數學家證明成立：假如一再重複隨機實驗，次數夠多的話，會發現結果趨近於期望值。以擲硬幣來說，正面與反

面出現的機率各半；以擲骰子來說，各點數出現的機率是六分之一。這就是柯莫果洛夫所說的「機率的價值」。

但其實擲硬幣遊戲的結果，並不是那麼單純。就某個時間點而言，兄弟中的一方可能壓倒性地贏過另一方，下圖擲硬幣一萬次的模擬結果就是很好的例子。這個實驗是跟我很熟的著名數學家威利．費勒（Willy Feller）設計的，他在一九五〇年寫的機率學教科書在當時很受歡迎，費勒逐次記錄下哈利的累計勝負，結果發現，出現很明顯的不規則變化：在逐漸上升或下降的長條曲

丟一萬次硬幣，你贏的機率是……？

「隨機」跟你想的不一樣

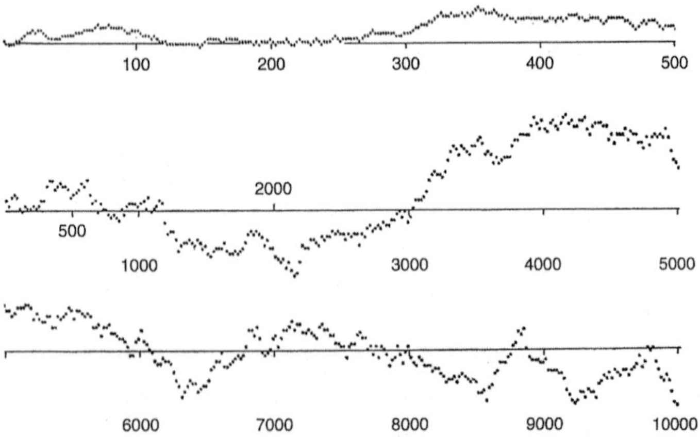

由上圖可見，累計勝負可能遠超過或低於平均期望值「零」（即圖中的水平線）。最上圖是前五百次的結果，下面兩圖合起來則是全部一萬次的結果。由此可知，即使是最簡單的隨機過程，也可能產生極複雜的變化。（圖片來源：W. Feller, *An Introduction to Probability Theory and Its Applications*, 1950）

線中，尚有細微的小幅變動。當哈利或湯姆其中任一位的輸贏次數相當、錢包歸零（也就是零值交越」〔zero-crossings〕）的次數，並非平均分布，而是群集在一起——這也是不規則結構的一種。

多年前，這個實驗結果剛發表時，沒有多少人注意，我為了研究其變化規則及背後的玄機，花了許多時間檢驗，甚至連做夢都夢到。乍看之下，是不是很像股價變化圖？股市分析師每天花時間研究金融圖表、分析頭肩的型態、下壓點和支撐點，並據此建議客戶進行交易。如果我在分析師的檔案夾裡偷偷放一張擲硬幣的結果圖，不知道他們會不會發現？搞不好分析師會打電話來，建議我下單買賣哩。

如果讓喝醉酒的天文台助理，測量行星的軌道……

我的研究中相當重要的一點是：隨機過程不是只有一種狀態，在金融市場中，價格的變化會因狀態不同而有差異。其中，最常見也最可控制的，我稱為「溫和狀態」。擲硬幣的隨機過程及收音機收訊不良時的雜訊，就屬於這種狀態，以數學來說，即是所謂的鐘形或常態分布（因長期以來被認為是自然界的正常狀態，故稱常態分布）。一般認為，溫度、壓力及其他自然界現象的變化幅度，都在一定範圍內，跟平均值相差不大。

與溫和狀態完全相反的另一極端，我稱之為「狂野狀態」。狂野狀態十分不規則且難以預測，好比英格蘭西南部康瓦爾（Cornwall）地區的海岸線，由張牙舞爪的海岬、嶙峋的岩石和偶然乍現的平緩海灣所組成，其變化的落差之大，出乎人的意料。

而介於溫和與狂野之間的第三種狀態，則是我所謂的「慢速狀態」。隨機過程的這三種狀態——溫和、慢速與狂野，彷彿各自成一個世界，自有獨特的物理法則。溫和的隨機過程，就像物理三態中的固態：能量低、形狀固定、體積容易測量，也不會亂竄。狂野的隨機過程，則像氣態：能量高、沒有特定形狀，也沒有一定的體積；飄飛不定的氣體難以捉摸，不知道它會往哪兒去。至於慢速的隨機過程，則是介於這兩者之間的液態。一九六四年，國際邏輯暨科學哲學國際研討會（International Congress of Logic and Philosophy of Science）於耶路撒冷舉行，我首次就隨機過程的議題發表看法。自此以後，我又將相關理論加以擴充，若要充分了解金融市場，這個理論是不可或缺的。主流金融理論主張，市場的變化屬於溫和隨機過程，但證據卻在在顯示：金融市場的變化，一點也不溫和。

這三種機率型態中，最為人熟悉的莫過於兩個世紀前崛起的鐘形分布／常態分布。打從一開始，常態分布的理論就十分有影響力且頗具爭議。確實，常態分布的發明還有一段為人津津樂道的故事，那就是法國數學家勒讓德（Adrien-Marie Legendre, 1752-1833）和史上最有名的數學家高斯之間的爭論。十九世紀初，計算天體運行軌道是當時數學研究中走在尖端的一個領域。日新月異的望遠鏡為科學家帶來更多天體的新資訊，而牛頓的地心引力定律，更是科學家用以分析觀測數據的利器。

不過，早在十六世紀末，著名丹麥天文學家第谷・布拉赫（Tycho Brahe, 1546-1601）所處的年代，人們就知道天文觀測很容易有誤差。首先，望遠鏡本身就有瑕疵：鏡片打磨效果不佳，而且底座不平。儀器方面的誤差還可以衡量、補救，但其他方面的狀況就很難控制了，例如大氣的狀態、地球的震動，以及喝醉酒的天文台助理。諸如此類無法控制的差錯，都會嚴重影響新彗星或行星運行軌道的測量。

就跟從前多數的數學家一樣，勒讓德和高斯在專業方面的興趣相當廣泛。在巴黎的勒讓德不但將歐幾里得著名的幾何學，重新編寫成該領域的標準教材，完成數論領域第一本專著*，並且於拿破崙主政時期協助精準測量出巴黎地區的地圖。身處德國北部漢諾瓦王國（漢諾瓦王朝曾經是好幾代的英國國王）的高斯則是個神童，工人子弟出身的他在牙牙學語之前就會算數了，十八歲便完成他第一個有名的幾何學證明。舉凡他碰過的領域，沒有一個不因而更加進步，例如質數、代數函數、無窮級數、機率及拓樸學**。高斯和同事共同設計了第一架電報機。跟勒讓德一樣，他也忙著勘測地圖。此外，高斯以極少的數據計算出數個新發現小行星的運行軌道。確實，高斯的運算速度恐怕鮮少有人比得上，他只花十個小時就計算出灶神星（Vesta）的軌道並加以驗證，換做是別

*數論（number theory）是研究整數性質的一個數學分支。

**拓樸學（topology）是近代數學的一支，研究的是一些圖形經類似拉長或壓縮後均不變的幾何性質。

人，可能要好幾天辛苦地計算、查證、核對。

這兩個人的衝突，就發生在天文學領域。一八〇六年，勒讓德發表一篇論文探討天體運行軌道的計算，其中包括名為「論最小平方法」（On the method of least squares）的附錄。該篇論文主要是探討常見的難題：如何用誤差重重的觀測值，計算出運行軌道或其他自然現象的正確值。方法很簡單，首先猜測軌道的正確值，計算該值與各個觀測值相差多少——這就是誤差。然後計算誤差的平方值，將之加總起來。接著，再猜測軌道的正確值，重複先前的步驟，看看誤差平方值之總和是否比上一次小。就這樣一再重複。最小平方法可以找出最小的誤差平方值總和，它就是最接近所有觀測值的數據。

這是很有效的方法，立刻被許多人採用，時至今日更被運用在各式物理研究上，從天文學到生物學無所不包。但是，高斯沒有將勒讓德放在眼裡，在勒讓德提出該論文三年之後，他也發表類似的計算方法。勒讓德當然提出抗議。高斯向來不屑跟其他數學家爭辯，總覺得浪費時間。他沒有直接回應，只對同事表示他在十八歲時就發明這個方法了，而且已經在天文計算上用過很多次。拉普拉斯試圖居中協調，但沒有成功。最後勒讓德和高斯兩人都被認可為最小平方法的發明人。後人企圖在高斯的手稿中尋找證明，結果雖仍有爭議，但比起勒讓德，高斯對最小平方法的了解顯然更為高段。

賭場裡輸贏的機率、阿兵哥們的身高分布

讓我們回到擲硬幣遊戲。假設哈利和湯姆將每次累計勝負與期望值零之間的差距記錄下來，如同前面費勒的圖表。然後像網球賽一樣，將擲硬幣遊戲分成數局，每一百萬次是一局，並且記錄哈利每局輸贏的次數。當然，累計勝負的變化一定很大，通常在零左右擺盪。但根據理論，常常是兄弟中某人居上風，比另一個人高出一千次。有時候則與期望值零的差距幅度頗大。如果兄弟兩人將結果繪成柱狀圖，每一根柱子代表累計勝負值出現的次數，柱狀圖會形成一個眼熟的形狀。接近期望值零的累計勝負值最多，在圖中央形成高高的突起。特別高（或低）的累計勝負值次數很少，分布在圖形兩端。若將所有柱子的頂端連成線，可以看出那是個鐘形（參下頁圖）。

如果我們像高斯一樣仔細地研究鐘形分布，會發現一些意想不到的特色。首先，假設有好幾個遊戲同時進行，哈利和湯姆擲硬幣的同時，他們的表兄弟在擲骰子，朋友在打撲克牌。每個遊戲的期望值不同，但累計勝負次數畫出來的圖卻同樣都是鐘形，只是有的鐘形比較矮胖，有的比較瘦高，每個鐘形都可以用同樣的數學公式表示，而且只需取決於兩個數值：平均值與標準差（標準差決定了鐘形的寬度）。

看起來真是再簡單不過了，幾乎比任何物理法則都要單純。只需這兩個變數，就能解釋絕大多數人的日常經驗，例如在賭場裡輸贏的機率、阿兵哥們的身高分布、國民平均智商等等。

說到智商，事實上常見的智商測驗正是特別設計成符合鐘形分布的。我們一般把「平均智商」定為一百，也就是鐘形的中央。六八%的人智商落在一個標準差之內（一個標準差是十），也就是介於九十到一一〇之間；九五%的人在兩個標準差之內，即介於八十到一二〇之間；九八%的人則在三個標準差之內（標準差可用希臘字母σ表示）。標準差越大，落在鐘形內的機率越接近百分之百，換句話說成為離群點的機率就越接近零，此機率可用方程式來計算。

不只這樣，假如我們將一個國家所有人（而不是全人類）的智商畫成圖表，仍然可以得出鐘形分布。假如語文和數學測驗成績都是鐘形分布且互不相關，兩者相

阿兵哥的身高，老百姓的智商

典型的鐘形分布

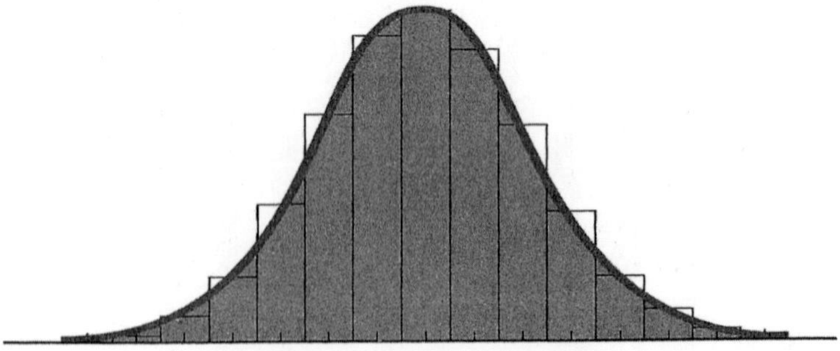

哈利賭硬幣正面朝上，每擲一百萬次就記錄累計勝負的次數。曲線的高度代表累計勝負值一共出現幾次。多數時候，他的累計勝負不多，因此集中在鐘形曲線的中央。偶爾他贏得特別多，這種情況會分布在鐘形曲線的尾端。這就是隨機過程中所謂的常態分布。

加的結果一定也是鐘形分布。當然，兩者合併的平均值與標準差會不同，但其鐘形曲線型態基本上是不變的。

總之，常態分布簡直無懈可擊。它可以說是數學領域的神奇煉金術，只要將許多互不相關的獨立事件集合在一起，即使每一個變化看起來是那麼的微不足道，但整體來看卻必定呈常態分布。對整體智商曲線而言，一個人的智商高低並沒有多大的影響；對哈利與湯姆的擲硬幣遊戲而言，一次勝負也沒有多大的影響。然而，長期累積下來或者數量一多，就會形成常態分布。每個數值，就好比海灘上的沙、大草坪上的一根草，或銅線裡移動的電子。

仔細看「失誤」，裡頭有沙粒、鵝卵石、大圓石和山丘……

用常態分布來解讀世事，真是太容易了，問題是：除了常態分布，有沒有別的解讀方法呢？當然有。十九世紀的法國數學家柯西（Augustin-Louis Cauchy, 1789-1857）晚年，就想出一個特別微妙的理論，我年輕時曾覺得不切實際，但我後來的研究卻落實了這個理論。

柯西的理論可以這樣比喻：一個弓箭手站在一堵左右無限延伸的牆壁前，牆上有個箭靶，蒙眼的弓箭手朝各個方向隨意射擊。當然，大多數時候他並未命中目標。事實上，半數以上連牆壁都沒碰到，不過我們暫且不記錄此類失誤。假設紀錄中弓箭手的失誤呈鐘形分布的溫和隨機狀態，那麼多數失誤會相當接近箭靶中心，只有少數會分布在離箭靶很遠的牆上。假設弓箭手射擊許多次，並將之分為數局（如前述的擲硬幣遊戲），我們可以計算每局的平均失誤及標準差，甚至據此計算出蒙眼弓箭手的射擊成績。然而，蒙眼弓箭手並非隸屬鐘形分布的世界，他的失誤一點也不是溫和隨機過程。蒙眼弓箭手的準頭很差，以致弓箭軌跡往往跟牆壁平行，最後落在數百碼甚至數英里之外（倘若他的臂力夠強的話）。

假如每射一箭，就統計平均成績。以高斯的理論來說，即使這一箭失手得離譜也不致影響整體平均。假設連續失手幾次，平均成績會下降到

從「柯西」到「鐘形」

三種曲線比較

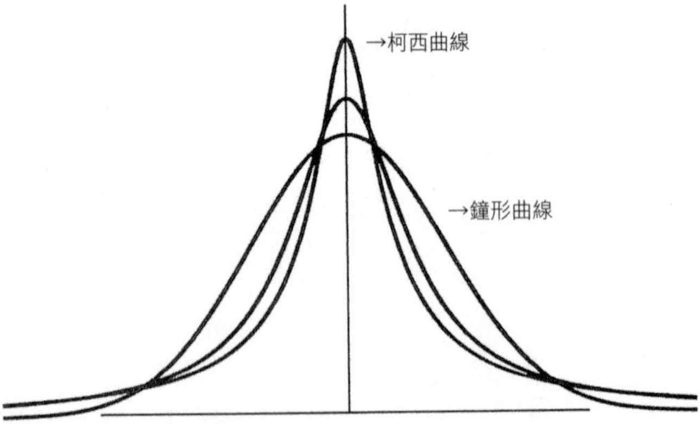

上圖結合了著名的鐘形曲線與其他兩種明顯不同的圖形。最矮胖的是鐘形曲線，兩端的尾巴非常扁平，如果不把水平軸截短的話根本看不出來。最瘦高的是柯西曲線，也就是蒙眼弓箭手的成績分布圖。介於兩者之間的曲線，我將在稍後用來解釋棉花價格的變化。

某個程度，但下次射擊的結果卻對該平均沒有明顯的影響。柯西的理論卻完全相反，誤差很大的一次射擊，可能抵銷先前所有射擊的總成績。假如弓箭手這一次誤差一英里，等於前面一百次各誤差數碼的成績都前功盡棄了。換句話說，蒙眼弓箭手的射擊結果，並沒有可預測的平均值或平穩一致的標準差。以機率的術語來說，弓箭手的失誤並未趨近於平均值。當期望值無限大，標準差也會跟著無限大。

柯西的世界觀跟高斯完全不同。在柯西的理論中，失誤並不像顆粒一致的沙粒般均勻分布，而是由沙粒、鵝卵石、大圓石和山丘等大小不一的物體所組成。柯西理論應用上的重要性直到我的研究發表才比較受人矚目，不過它由來已久了。一八五三年，法國科學學會（French Academy of Sciences）每週出版的會議紀錄中記載了柯西與另一位數學家拜勒米（Irénée-Jules Bienaymé, 1796-1878）之間就此議題的辯論。實際上，柯西表示，蒙眼弓箭手的理論對當時多數科學家所熟悉的高斯理論造成威脅。拜勒米反駁說，高斯的理論不僅好用，而且反映了機率的基本真相。他表示，柯西假想中的錯誤理論只不過是非自然的不正常現象，如果真的發生，科學家一定會馬上察覺。

> 你的見解連最不小心的觀察者都看得出破綻。如果數值大的失誤真有那麼高的發生機率，一開始就應該為人所察覺，就算不如其他失誤那樣常見，也應該有相當的比例。因此，你的觀察恐怕和事實不符。而且，你的論點無疑將不會被接受，如此謬誤的理論一定會遭受攻訐……像

〔柯西〕這樣的機率理論根本不該提出來討論。甚至無法想像竟然有人能想出這種理論。

一八五三年八月二十九日，法國科學學會會議紀錄

此後，大多數的數學家跟科學家都秉持相同的看法：高斯數學簡單且符合現實，至少表面看來是這樣。然而，隨著碎形幾何的發明，高斯理論顯得越來越「不正常」。常態分布之所以稱為常態分布，不過就是因為它比較早被發明罷了。科學界本來就是先挑簡單的問題下手，畢竟越簡單的越有機會成功。但高斯的論點與柯西的理論有如天壤之別，兩者分屬極為不同的世界觀：前者認為大型變化是許多小變化累積而成的，而後者則認為大型變化可能趨於無限大。若套用前述的隨機過程分類，高斯理論是「溫和」派，而柯西理論則屬「狂野」派。

類似的二元對立隨處可見。以歷史為例，現代派學者認為：人類歷史被無數不知名的小人物所造成的經濟與社會趨勢所影響，而歷史學家的任務就是發掘這些趨勢。對照之下，最近重新流行的傳統派則認為：歷史是由少數幾個大人物（例如凱撒大帝、拿破崙、牛頓、愛因斯坦）所塑造的。現代派的觀點比較溫和，認為個人的生死對人類整體歷史沒什麼影響；傳統派則較為狂野。

再舉一個例子：在顯微鏡下，鋒利的刀片邊緣看來有點參差不齊。雖然有些許凹凸不平，但大致上還算平整，你可以輕易看出整體趨勢，這是「溫和的」變化。相反的，想想法國西北部不列塔尼崎嶇的海岸線：它能算是平整的嗎——就如同前述的刀片邊緣一樣？恐怕只有從太空中的衛星往

下看才會如此，若從飛機或高塔上遠望，可以看見頭角崢嶸的海岬和海灣、嶙峋的岩石突起與凹陷，這海岸線是「狂野的」。再舉一個電子學方面的例子：假如我們將銅線通電，透過擴大器可以聽見平穩的電流發出規則而持續的雜音，這是電子受熱的關係。如果透過一條很長的電線傳輸電腦數據，會聽見不規則、斷斷續續的爆裂聲，工程師稱之為閃爍雜訊（1/f noise），是電腦通信的害蟲。它會造成傳輸錯誤，此害蟲無法預測也無從防範，只能用矯正錯誤的軟體加以補救，這是狂野變化的一種。

金融業者，阻擋了你的狂野想像

狂野隨機過程並不是容易讓人接受的觀念，其數學結構不但怪異而且尚有待研究、發展。況且，看似困難的狂野隨機過程，往往需要複雜的電腦模擬，不是按一下計算機就算得出來的。可惜，世界並非為數學家所設計，本來就複雜得多，尤其經濟領域中許多方面都屬於此類狂野隨機過程，也許是因為經濟不只是單純的小麥、天氣及收成，其中還包括麥農、中間商和消費者之間微妙的互動和無從計量的預期心理。

這給我們帶來了一個奇怪的難題：假設我們要計算軟體產業中企業的平均規模，很簡單，找出所有企業的名字，把每家的營業額加起來，再除以總企業數，就可得到答案。問題是，應該用多少企業做為樣本呢？前五十大公開上市公司？業界名錄中的所有企業？還是所有有報稅紀錄、自稱為軟體業的都用？很難講，因為每增加一家小型企業，平均值就變小。那微軟呢？它是產業龍頭，其他公司在它面前都相形失色，如果將微軟涵蓋在內，平均規模勢必會比一般認知的「標準」規模來得大。但如果將微軟排除在外，又遺漏了該產業的最大企業。總之，軟體業規模的分布，確實十分狂野。

現在回來看金融市場。假設你可以用電腦虛擬一個股市，你根據對經濟體運作的種種認知與假設，建立了一套複雜的經濟模型。輸入氣候、人口、通貨膨脹、經濟成長率、產業專長以及企業資訊等相關數據之後，電腦程式可以計算出一家公司照「基本分析」算出來的合理股價。然後，在這個股價中再加入其他較小的隨機因素，例如新聞報導的影響、投資人的偏好等，有的因素個別計算，有的則合併考量。

這時，你會用哪一種隨機型態？假如採取溫和型態，你所模擬出來的價格曲線會落在一定的範圍內，曲線的軌跡會由許多小變化所組成。如果你採取的是狂野型態，結果則完全不同，即使未必像柯西的曲線那般變化劇烈，但還是會跟溫和型態相距甚遠。假如採取的是狂野型態，那麼價格曲線會讓人看了心驚肉跳——小幅變動當中摻雜劇烈的起伏、很多日常新聞事件與少數聳動的頭條新聞同時並存、頻繁的小額交易夾雜著大筆的法人買賣，總之，無數小型變化中夾雜著偶然出現的巨幅變動。在這種變化激烈的假想世界裡，投資人的血汗錢，隨時會在一瞬間化為烏有。

目前為止，主流金融理論所採用的，是第一種，也就是比較溫和的隨機型態。為什麼我們會誤入這種歧途，又該如何將之導正？

第3章

沙堆上的房子

巴舍利耶的貢獻

一九〇〇年三月，巴黎大學，一場學術界的嚴峻考驗正在展開。

評審包括史上最偉大的數學家之一亨利．龐加萊（Henri Poincaré, 1854-1912）。他過人的天賦和無窮的精力，展現在數學以及其他科學領域：機率、函數論、拓樸學、幾何學、光學以及天體力學。學識廣博的龐加萊對於數學與科學的推廣卓有貢獻，他的著作至今還廣泛為人閱讀。

不過，他是個活在矛盾中的人，既是沉穩的數學大師，又是特立獨行的學術頑童。有同事認為他輕率無禮、不重視數學理論的細節，為了避免學生受他影響，後來他被要求只教幾門比較實用的數學。他經常想事情想到出神，朋友常笑說他可以左右開弓——兩隻手一樣笨拙。他的堂兄弟雷蒙．龐加萊（Raymond Poincaré）在第一次世界大戰時成為法國總統，一九二〇年代擔任首相。亨利要不是五十多歲就過世，很可能獲得諾貝爾物理學獎（諾貝爾沒有數學獎）。他很能欣賞數學的美，曾經表示：「值得敬佩的科學家（尤其是數學家）就像藝術家一樣，會被自己的作品感動；所感受到的愉悅，跟藝術家不相上下。」

一九〇〇年的那一天，站在龐加萊面前的是他博士班的學生巴舍利耶。當時，還很少有工作需要用到有博士學位的人，因此在法國，博士學位的授予也顯得很正式。年輕的巴舍利耶，功課還算可以，眼前他必須通過龐加萊以及學位「陪審團」這兩大考驗。首先，是比較簡單的口試，針對事前就選好的考古題。巴舍利耶選的題目是流體力學，考試的重點在測驗他的學識和口才——口語表達能力是當教授的基本條件。流體力學是考官之一喬瑟夫．布森涅斯克（Joseph Boussinesq）的專長，巴舍利耶要過關並不容易，不過根據考官們最後的評語，巴舍利耶在流體力學方面的造詣相當深厚。

在法國學術殿堂談投機，你頭殼壞了嗎？

接下來的重頭戲，是博士論文答辯。巴舍利耶並沒有為求過關而挑比較輕鬆的題目，他的論文是〈投機理論〉（Théorie de la Spéculation），並未著重在複數、函數理論、微分方程式或當時流行的其他題目，而且他所謂的投機理論，也不是就機率做哲學性的探索。

他的論文講的，是以錢滾錢的投機形式，也就是在巴黎交易所（Bourse）買賣政府公債。當時，交易所位於塞納河右岸以希臘神廟為藍本建造的資本中心，不論在地理上或智識上，都跟對岸著名的巴黎索邦大學（Sorbonne，即巴黎第四大學）扞格不入。

不管是以前還是現在，明目張膽的投機在法國都沒有好名聲，法國社會接受投資，卻不認同投機。回到當時，交易所裡的期貨交易是十五年前才合法的；至於放空——借股票來賣出，等股價下跌後買回，賺取差價——在當時更是想也別想。雖然一九〇〇年已經有幾本談金融市場的著作出版，但這方面的研究還無法在學術界登堂入室，尤其，對於想通過偉大的巴黎大學科學院教授們重重考驗的外地鄉下人來說，更不是個恰當的題目。

評審教授們對他的論文似乎不怎麼感興趣，龐加萊的評語是：「巴舍利耶先生選擇的題目跟其他博士候選人很不一樣。」他讚揚論文中有些原創性的觀點，並建議他進一步闡述其中最與眾不同的部分。但是，這種論文是無法獲得最高榮譽的，成績雖然不難看，但卻稱不上「優異」，無法讓巴舍利耶順利進入一流大學任教。因此，此後二十七年間，巴舍利耶只能繼續為爭取巴黎大學的認可與專任教職奮鬥。他在法國各地擔任高中教師，在巴黎靠近瑞士邊界的貝桑松（Besancon）、第戎（Dijon）和雷恩（Rennes）等地擔任助理講師。幸好後來他的論文上了重要的學術期刊，才沒有在歷史上消失。

而歷史，終究還是還給巴舍利耶應有的評價。雖然直到過世時，巴舍利耶仍舊沒沒無名，直到死後半個多世紀之後，他的論文才被人重新發掘並翻譯出版。他的論文為金融理論奠定了基礎，廣義而言，對連續時間下的機率理論有著深遠的影響。他首先提出「價格如何變動」等基本問題，並提供初步的解答。經濟學家根據他的學說建立了一套完整而複雜的市場、投資與金融理論，說明價格變動的形式、投資人思考的模式、如何管理財務及如何評估風險等等。

這套理論後來成為所謂「現代」金融理論的基本教義，華爾街的分析師趨之若鶩。而就像宗教教義一樣，總是違反的人多、奉行的人少，大多數金融從業人員和投資顧問，或憑經驗或憑直覺，都曾經因應需要而修正這個理論。不過，巴舍利耶所提出的大原則，基本上仍是金融界所奉行的主流理論的基礎。麻省理工學院的經濟學家保羅・庫特納（Paul H. Cootner）曾經寫道：「巴舍利耶對投機價格的研究成果實在太了不起了，以致金融市場理論一開始就受到眾人矚目。」我也認為巴舍利耶是科學史上非常重要的人物。打從很久以前，我就針對金融市場提出不同的見解，也一直不斷改進，好讓我的理論更加完善。身為科學家，熟悉發明創造史只有好處沒有壞處，因此我的著作中常常會有不小的篇幅，專門介紹自然科學或社會科學領域的科學家們生平的故事。

何況，要了解金融市場的主流理論為何漏洞百出，就得先了解這些主流理論，而理解理論最好的方式，莫過於了解理論背後最具影響力的學者了。這些人包括巴舍利耶、哈利・馬可維茲（Harry Markowitz，一九九〇年諾貝爾經濟學獎得主）、威廉・夏普（William Sharpe），以及發明選擇權估價模型的二人組費雪・布雷克（Fischer Black）和邁倫・休斯（Myron Scholes）。

本章的主角巴舍利耶獨來獨往，是個孤單的預言家，不畏旁人的批評和漠視，毅然地在金融理論研究的道途上踽踽獨行。其他幾位學者的貢獻有目共睹，他們的重要性在於繼續巴舍利耶未完成的畫布，為它添上最引人注目的幾筆；這幾位我們將在下一章加以介紹。另外還有許許多多的科學家，有些歷史學者認為他們的地位同樣重要，這一章，就讓我從巴舍利耶談起吧。

很有原創性，只可惜當時的人不欣賞

就像現在，一九〇〇年的法國學術界是個相當排外、自視甚高的圈子。任何外人、持反對意見或標新立異者，都不見容於此。打從一開始，巴舍利耶就注定是個外人。

一八七〇年三月十一日，巴舍利耶誕生於法國繁忙的海港勒哈佛爾（Le Havre）一個家境小康的商人家庭。他的父親艾爾方斯．巴舍利耶（Alphonse Bachelier）是頗有聲望的酒商，委內瑞拉政府甚至提名他為該海港的副領事，也就是使館代表。他的祖父是當地的銀行家，也是詩人。巴舍利耶年輕時是風度翩翩的美男子，根據軍隊的紀錄，他身高五尺九寸，金髮碧眼鷹鉤鼻。然而，早年優渥的生活在一八八九年雙親亡故後起了變化。那年巴舍利耶十九歲，他中斷學業，轉而幫忙家裡經營事業。不久之後，他被軍隊徵召。就因為這樣，他錯失了在法國學術界發展的優勢，沒能進入最頂尖的大學就讀，等於失去了接受相當於英國牛津、劍橋、美國長春藤等級的菁英教育的機會。

事實上，巴舍利耶一直到二十二歲才重回校園，他進入所有高中畢業生都可以申請的巴黎大學，成為數學系的學生。因為荒廢學業一段時間了，他的成績只能算中庸，其中有一科，還考了兩次才勉強及格。

巴舍利耶的職業生涯多所波折，他自己也要負部分責任。從他的著作及當時周遭人的說法可以知道，巴舍利耶不太好相處。「謙虛」顯然不是他的優點。一九二一年，他在一份應徵工作的履歷表中提到，自己淵博的著述（兩本書加上期刊論文）並非一般的學術論文，而是「復興原產於法國而後被德、英發揚光大的遺產」。他說，自己五百二十六頁的著作「超越拉普拉斯最偉大的專論」，還有他另一本著作，是「完全自創，沒有借用任何人的點子，是前所未有的創舉。不論構想、方法或結果，都是原創的。」

巴舍利耶的研究的確很有原創性，只可惜當時的人不欣賞。在課堂上，他必定對照筆記、確定黑板上的算式正確無誤，學生因而議論紛紛。還有一次，他告誡班上學生，一定要背熟希臘字母，結果自己卻忘了。一位教育部官員在一九二一年的信中說，巴舍利耶是「不滿現狀的人」，可能會帶來麻煩。他說巴舍利耶能得到第一個教職，是因為教育部感念他第一次世界大戰期間有功，才會不顧其他數學家的反對而聘請他。

當時，大學裡的數學教職一位難求，只要出缺總是擠破頭。一九二六年，巴舍利耶待過的第戎地區出現這麼一個缺額，巴舍利耶的競爭對手喬治·瑟夫（Georges Cerf）是個年輕有為的數學家，在巴黎有很好的關係，在第戎也有現任數學教授莫理斯．傑夫瑞（Maurice Gevrey）支持。傑夫瑞似乎對巴舍利耶頗有敵意，他仔細查看巴舍利耶的著作，很快就發現其中有個明顯的錯誤。當教務委員會開會決定教職人選時，傑夫瑞亮出了德高望重的法國機率專家保羅．李維（Paul Levy）的信，指出巴舍利耶的失誤。結果，就如李維多年後跟我通信時所說的──「巴舍利耶遭到排擠」。事後，李維相當後悔，他只看到傑夫瑞所指出的那一小段錯誤，而沒有讀完整本著作；如果當時有看完，就會發現巴舍利耶那個錯誤實在微不足道。李維後來跟巴舍利耶道歉，表示：「我不應該因為一個小小的錯誤，而忽視了十分有意思的一本書。」

不過，道歉為時已晚。巴舍利耶很快就做出激烈的反制，他發函痛陳自己的職業生涯遭人以齷齪而不公的手段打擊（有幾封信留存了下來）。他抨擊小他十八歲的對手：「他沒上過戰場，而我可是四十八歲時還在前線擔任軍官呢。」對於傑夫瑞偏袒對手的行為，巴舍利耶表示：「凡是了解他為人的人，就不會驚訝他這麼做。」巴舍利耶還揶揄另一位教育委員會成員說：「大家都知道他可以做到別人辦不到的事──他的物理課無聊透頂，以致學生根本不願意去聽課。」此外，他還用了四百多個尖酸刻薄的字眼批評李維，說李維對他的評語「蠻橫而不公」，完全無視他的整體創作。巴舍利耶抱怨，這位剛完成一本機率著作的巴黎學者，寫書前竟然沒有參考他的書。巴舍利耶以當時常見的含沙射影口吻，暗諷身為猶太人的李維：「毫無疑問，我簡直不能相信李維這麼不避嫌地偏袒教友。」

以巴舍利耶的脾氣，他最後能獲得貝桑松地區的正式教職，的確已屬難能可貴。不過，那也是他完成如今盛名遠播的博士論文二十七年後的事了。

上帝玩的，不是機率遊戲

繁忙的巴黎交易所，一度是全球的債券交易中心。法國大革命之後，法國政府發行支付固定票息、但永不償還本金也無到期日的永續債券（perpetual bonds），以發行所得的十億法郎，做為貴族的補償金。債券推出後大受歡迎，買賣的人十分踴躍。到了一九〇〇年，法國國內外共有七百億法郎的債券流通，遠超過政府預估的四十億法郎。跟美國國債和英國政府公債（U.K. Gilts）一樣，法國債券市場的發展也非常蓬勃，當時就有期貨、選擇權及其他衍生性金融商品的交易，也有買進、賣出、價差和交易延期費等特有術語。

巴舍利耶對這些金融交易的來龍去脈相當熟悉，在六十八頁的論文中他花了不少篇幅詳細說明。有些歷史學家甚至認為，他可能在交易所工作過一段時間。巴舍利耶的目的，在於建構公式來為複雜的衍生性商品訂定價格。為此，首先他必須了解債券價格變動的機制。他寫道：「類似的計算市場價格變動的公式，到目前為止還沒有人發表過。」而這，不是沒有原因的——

> 影響債券交易所的因素很多，不論目前或未來可能發生的事件，往往跟價格波動沒有明顯關係。除了天然的因素，價格變動還有人為的原因：交易所會受本身影響，一筆交易不僅是前次交易的函數（受前次交易影響），也為市場上其他交易所牽動。決定交易的因素多不勝數，因此不可能藉由數學來預測結果。對於種種因素，每個人的看法都不相同，面對同一筆交易，可能買方認為會上漲，但賣方認為會下跌。
>
> 無疑的，機率的計算方法不能應用在金融市場上，交易所的運作機制也絕不可能成為精確的科學。然而，的確有可能以數學方法研究任一時間點的市場狀況，也就是說，可用機率理論解釋該時間點的市場價格變動。雖然不能預測價格的走向，卻可以估計變化的機率；機率是可以用數學來計算的。
>
> 巴舍利耶的論文〈投機理論〉的開頭

在巴舍利耶之前，也有少數幾人嘗試以數學模型解釋金融市場。一八六三年，法國證券交易商朱爾斯·雷諾（Jules Regnault）發現，持有證券越久，獲利或賠錢的幅度就越大，他甚至設計出計算公式。不過，大多數股票或債券市場分析，都用傳統觀點看待價格變化：外在事件導致價格變動，即所謂的「因果關係」；事後找理由解釋不難，但要事前進行預測就不容易了。這樣的分析毫無助益，畢竟我們不可能全知全能。

巴舍利耶的方法，是推測價格變動的機率，這在當時是個創舉。他很巧妙地以熱能在物體內的擴散，來比喻債券價格的起伏，可說「古怪而令人意想不到」。在他看來，兩者都是我們無法準確預測的現象。若以物質中的粒子或金融市場中的個人這樣的層級來看，其中牽涉的細節太過複雜，很難釐清各個因素之間的互動關係，以及對熱能或價格變化的確實影響。但我們可以退一步，以宏觀的機率來檢視整個體系。在此，巴舍利耶將另一個領域的原理運用在金融市場上。

在這個模型中，巴舍利耶首先將債券市場視為他所謂的「公平遊戲」。還記得前面提過的擲硬幣遊戲吧？假如硬幣是「公平的」，沒有被動過手腳，正面和反面出現的機率應該各占一半。如果出現正面贏得一元、出現反面則賠一元，那麼一連串的擲硬幣結果，最後獲利期望值應該是零（贏賠各占一半，打平）。此外，不論「上次」的結果如何，接下來「每次」擲硬幣時正面和反面出現的機率，仍永遠是各占一半。換句話說，所謂「公平的硬幣」意指它「沒有記憶」，雖然有可能連續出現正面或連續出現反面，但每次擲硬幣時，正面和反面出現的機率是相等的。

上帝並未跟法國債券市場玩機率遊戲，但身陷其中的投資人卻看不清究竟什麼原因在左右行情，在他們看來，只有機率能夠解釋。數學模型可以解釋金融市場現象，甚至能預測市場未來的動向。這也是巴舍利耶另一個重要的主張，他抱持如今經濟學界很常見的「分裂式思考」，也就是以兩種截然不同的觀點看待同一事件——一種是事前（觀點），一種是事後（觀點）。價格發生波動後，人們會抽絲剝繭，試圖拼湊出所謂的因果關係，以解釋價格何以變動。比如說，債券價格下跌是「因為」新出爐的報告指出未來通貨膨脹將惡化，或是「因為」傳言指某債券大戶週轉不靈。然而，價格變動之前，根本很難預見這些事件的發生，更遑論預測市場的反應了。因此，投資人很可能天真地以為，眼前的債券價格已經反映所有市場資訊，是供需平衡下的合理價格。除非有新的資訊出現破壞供需均衡，否則投資人沒有理由認為價格會變動。價格下一步的動向，可能是上漲也可能是下跌，兩者發生的機會是均等的。

隨機漫步就是醉鬼走路，最後回到原點

巴舍利耶的傳人以生動的比喻來形容價格變動的型態——隨機漫步。「隨機漫步」一詞來自機率理論中比較奇特難解的部分。假設有個酒醉的盲人跌跌撞撞地在空地上行走，你猜過一會兒他會走到哪裡？很可能是往左走兩步，往右走三步，往後退四步，諸如此類漫無目的、毫無規則可言的步伐。以平均值而言，他將會留在原地，就像前面提過的擲硬幣遊戲一樣。如果只看平均值，隨機漫步的盲人將永遠停留在原地，也就是說，假如要我們預測未來任一時間點盲人的位置，最好的答案恐怕是原地。

同樣的道理，可以套用在債券價格上：假設沒有足以影響供需平衡的新資訊出現，明天最可能的價格預測是多少？沒錯，價格固然可能上漲也可能下跌，但在沒有新資訊左右它的情況下，一般

來說，價格會停留在原點附近。因此，明天的價格最有可能就是今日的價格。此外，每次價格變動都跟上一次無關，同樣是神祕的市場機制造成的。以統計的語言來說，就是：價格波動是一連串隨機分布的獨立事件。

事實上，巴舍利耶認為，還可以再加以簡化。假如將一年或一個月內的債券價格變化幅度繪成圖表，會形成常見的鐘形分布：中央是許多小幅度變化聚集而成的高峰，扁平的兩旁則是少數的大幅度變化。這個模型正好用到了前面提過的高斯常態分布，拜巴舍利耶推波助瀾之賜，高斯的常態分布成了分析金融市場的重要工具。

不過，巴舍利耶也走入了新的數學領域。早巴舍利耶一個世紀的著名法國數學家傅立葉（Jean Baptiste Joseph Fourier）發明了熱傳導方程式，在物理課學到熱傳導理論的巴舍利耶，就借用它來計算債券價格變動的機率，並稱之為「機率傳導」（radiation of probability）。很奇怪的，竟然行得通。後來我們知道，許多科學家都因緣際會地投入這條研究的行列。在巴舍利耶之前，顯微鏡的發明，讓科學家有機會觀察到花粉粒在水中快速而不規則的移動。蘇格蘭植物學家勞伯・布朗（Robert Brown）研究此運動路徑，認為這不是生物體的行為，而是物理現象。或許有些名不副實，但他因此被認為是發明者，而把這種運動稱為「布朗運動」（Brownian motion）。一九〇五年，愛因斯坦完成類似巴舍利耶所寫的債券價格機率公式，兩者都跟布朗運動有關。無論如何，證券價格的變化、物理分子的運動和熱能的傳導竟然可以用同樣的數學公式來解釋，不得不令人感到驚奇。後面我們將看到自然界中，更多類似的奇妙例子。

巴舍利耶並非只是紙上談兵，他甚至以實際的選擇權價格來驗算此數學公式，事實證明與理論相符。舉例來說，他計算出若以半法郎買下四十五天的選擇權，則有四〇％的機會獲利。其結果驚人地接近事實：查證過去的交易數據，巴舍利耶發現，同類選擇權中，的確有三九％賺錢。他寫道：「金融市場冥冥之中遵循著一個法則，那就是機率。」

你可以領先市場一步——真的嗎？

可惜，巴舍利耶的經濟理論有很長一段時間都沒有受到注意。在當時的社會，金融理論本身就是個矛盾的字眼；金融是被人看不起的行業，學者不屑浪費時間研究。直到一九二九年股市大崩盤，情況才有了改變。從那以後，較多的經濟學家開始研究金融市場。有些沒有受巴舍利耶影響的人也開始研究隨機漫步。富有的投資人亞弗雷・考爾斯（Alfred Cowles III）因投資情報不正確而心灰意冷，他因此創立專門收集和分析市場數據的基金會＊。

＊編按：即一九三二年成立的考爾斯經濟研究會（Cowles Commission of Research in Economics），該協會對股市專家能否預測股價走勢進行了詳盡的研究；協會的口號是：「科學即測量。」

一九三三年，考爾斯在發表的報告中指出：二十四個股市預測家當中，沒有一個有真材實料的（巴舍利耶恐怕也同意他的說法），並認為這些人所言，幾乎是憑空捏造的。二十年後，英國統計學家莫理斯．肯德爾（Maurice G. Kendall）將焦點放在倫敦股市、紐約棉花和芝加哥小麥價格上，他研究一個多世紀以來的數據，試圖找出足以讓投資人輕鬆獲利的模式。在一頁又一頁徒勞無功的回歸分析（regression analysis）之後，他寫道：「總的來看，我認為這個實驗徹底失敗了……要預測金融價格波動是不可能的。」

直到一九五六年，巴舍利耶的名字才出現在經濟學界。這一次，麻省理工學院經濟學家保羅．薩繆森（Paul A. Samuelson）的學生在以選擇權價格為題的論文中，將他奉為該領域的先鋒。巴舍利耶的「公平遊戲」概念開始流行，經濟學家也認可用機率和布朗運動來解釋金融市場的實用性。到了一九六〇和七〇年代，尤金．法瑪進一步將之發揚光大。當時還就讀於芝加哥大學的法瑪，透過IBM及哈佛大學聯絡上我，我也成了他的論文指導教授，透過電話、信件以及多次會面，指導他的專題研究。他的論文是研究我對市場機制的觀點（稍後會加以說明），但是，我們卻常常討論巴舍利耶在獨立增量（independent increments）以外的創見，此後數年，法瑪將這些見解進一步擴展，成為如今所謂的「效率市場假說」。這，就是目前主流金融理論的知識基礎。

簡言之，效率市場假說就是：在理想的金融市場中，證券價格完全反映了所有相關資訊。金融市場是買賣雙方供需均衡的公平遊戲，因此在任一時間點，價格必定是「合理的」。賣方與買方也許意見不同，一方可能認為空頭，另一方則認為多頭，但雙方都同意這個價格，否則買賣就不可能成立。同樣的道理，在每天交易量以百萬計的繁忙金融市場，整體市場的價格必然也是「合理的」，也就是說，公開的價格充分反映了市場的期望及相關資訊。問題是（這可能是投資人最難以接受的事實）：如果這是真的，投資人永遠不可能領先市場一步。

讓我們想像以下三種情況。第一，假設有個聰明的人研究股市價格變化，以為自己從歷史紀錄中發現了有跡可循的模式，例如每年一月股價總是上揚。他能夠因此（藉由「十二月買進股票、一月賣出」）而賺大錢嗎？恐怕不行。因為，如果市場夠大且資訊流通很有效率，其他人也會發現這個模式，或者至少會發現這個人的交易行為，用不了多久，就會有越來越多的投資人期待著一月行情上漲，有越來越多的人會在十二月買進股票——然後，就會有越來越多的人擔心十二月買不到股票，而搶先一步在十一月就買。最後，投資人購買股票的時間越來越提前，一窩蜂的情況就被稀釋了。規則被發現的時候，正是它消亡的開始。

事實上，一九七六年若干經濟學家發現，某些小型企業的股票一月總是上漲。許多投資人會在年終時賣出虧損的股票，以便報稅時可以申報扣除額，而新的一年當投資人再度開始買進股票時，市場行情就上漲了。這種情形在小型股比較明顯，因為小型股對小額資金的流動比較敏感。如果你現在才想趁機撈一筆，為時晚矣！規則一旦被發現，它就不再起作用了。經學者這麼大書特書，現在的股價圖已經看不出這股趨勢了。

第二種情況：假設財務分析師看過法國電信的年報，再跟銀行談過之後，認為法國電信的負債比重過高。若要持續償還債務，法國電信勢必得減少股息支出、借更多的錢還債或者出售資產。有了這個情報，分析師就能大撈一筆嗎？在效率市場內，是不可能的。因為，其他分析師也會很快發現同樣的問題，並且建議客戶賣掉法國電信的股票。不然，銀行也會有所警覺，他們會擔心法國電信到時還不了債而開始加收利息。效率市場很快就會察覺到變化，因此造成股票下跌。再一次，股價迅速反映了市場的資訊。

第三種，也是最後一種情況：假設法國電信執行長知道公司負債過高可能影響股價，於是開始大量賣出手上持有的股票選擇權。他能夠靠內線消息獲利多久？在有效的市場中，這甜頭不會維持太久。投資大眾很快就會注意到公司高官準備棄船了，進而意識到事有蹊蹺。結果，投資人跟著拋售股票，於是股價下跌。

這就是效率市場假說的理論。以上所舉的三個例子，不論是研究股價圖、分析上市公司資訊或是內線交易，市場很快都會吸收新的資訊並反映在股價上。股價或上漲或下跌，達到新的供需平衡。至於股價的下一步動向，上升或下降的機率同樣各占一半。這不表示投資人永遠不可能獲利，投資人輸贏的機率各半，如果對股票特別有研究，甚至可以趕在別人之前進場獲利。

但難就難在，你無法確定自己是否比別人快，也無法確定自己的判斷是否正確，畢竟市場上多的是跟我們一樣聰明的人。因此，簡單地講，花那麼多時間和金錢收集情報，恐怕並不值得。相反的，搭市場的便車既保險又便宜。購買指數型基金，不必提心吊膽，不用每天追著行情跑。再不然，就如麻省理工學院的薩繆森所說的：「股市會善待有耐心長期持股的人。」以下是他的建議：

眼前的證據讓我不得不相信大多數股票營業員都該辭職——要改行做水電工、教希臘文或擔任企業主管都好，至少還有助於增加國民生產總值（GNP）。雖然要他們辭職不幹是我誠心的忠告，但可以想見沒有人會樂於遵從。若不是有人在背後推一把，很少人自願斷送性命的。

摘自一九七四年《投資組合管理期刊》（*The Journal of Portfolio Management*）

相當陰鬱、消極的一段話。不過，如果華爾街承受不了的話，它就不叫華爾街了，這段話並沒有成為華爾街的墓誌銘，反而刺激它重新振作。巴舍利耶的理論被發展為解釋價格變動與市場機制的成熟理論，一九七〇及八〇年代，它成為現代金融分析中許多標準工具的理論基礎。而現代金融分析仍是當前的主流，不但是各地商學院的教材，更被包裝成各式金融應用軟體，用來訂定證券價格、建立投資組合、評估財務表現，以及判斷財務專案的績效與可行性。讀者很快就會看到它的基礎有多麼不牢靠，就像蓋在沙子上的房子。

第4章

一個超級賭場的誕生

認識現代金融理論

一九九九年，美國杜克大學（Duke University）的兩位經濟學家，展開了乍看之下極為繁瑣費時的研究——他們對美國大型企業的財務長進行問卷調查，了解他們如何做重大決策，如何決定哪些工廠、併購案或投資計畫值得投入資金，而哪些不值得？怎麼判斷發行股票、債券或向銀行借款這三者當中，哪一種比較划算？

這份問卷足足有三頁長，得花大概十七分鐘才做得完。十七分鐘對精打細算、公務繁忙的大公司財務長來說，可是相當寶貴的，不過有高達三百九十二位財務長完成了問卷。

調查的結果顯示：遇上要計算資金成本（cost of capital，財務決策中的關鍵因素）時，資本資產定價模型（Capital Asset Pricing Model，簡稱CAPM）是眾家財務長最廣泛援用的方法。所有接受調查的財務長當中，有七三．五％的人都表示，他們使用

CAPM。

不只是美國財星五百大企業。二〇〇一年，十六個歐洲國家的財務長也接受了類似的調查，其中七七%使用CAPM。CAPM也成了一種政治流行語，二〇〇一年，中央哈德遜天然氣電力公司（Central Hudson Gas & Electric Corp.）企圖提高紐約州電費的時候，就曾搬出CAPM這個專有名詞來杜悠悠眾口。北愛爾蘭的能源主管單位想降低電費時，也曾請出CAPM。顯然，CAPM就像水一樣，可載舟，亦可覆舟。

CAPM這個由首字母構成的奇特專有名詞，究竟是什麼玩意？為什麼可以左右眾多財務決策，影響了價格、就業機會和企業併購？更重要的問題是：這些決定是正確的嗎？審閱問卷的教授酸溜溜地說，這些財務長用的方法不對，至少跟商學院裡教的不一樣。大多數的財務長也用其他工具。教授還表示：「就算CAPM適用，也不足以證明它是個很好的方法。」

但人們仍繼續使用CAPM，而且，廣泛運用。

CAPM的起源，可追溯到巴舍利耶，是巴舍利耶理論被應用在金融實務的例子之一。這個模型後來由美國經濟學家威廉·夏普於一九六〇年代發明，是評估資產價值的簡單方法，可用來評估要不要買股票或值不值得建工廠。另一個受到巴舍利耶理論啟發而問世的，是現代投資組合理論（Modern Portfolio Theory，簡稱MPT），由芝加哥大學博士馬可維茲於一九七〇年代發明。第三個則是布雷克—休斯選擇權評價模型，這個用來評估選擇權合約及風險的工具，是由兩位美國東岸的學者費雪・布雷克和邁倫・休斯於一九七〇年代早期發明的。其他例子不勝枚舉，有些是晚近才出現。

我不必為海上的貨物擔憂心傷，因為我的財產並不在一艘船上

以上三者——CAPM、現代投資組合理論以及布雷克—休斯選擇權評價模型，都是主流金融財務理論中最重要的，也是全球所有MBA學生必修的基本課程。若要成為美國金融界合格的財務顧問，都得通過包含這些項目的考試。這三項財務工具被運用的程度究竟如何，我們無從得知，當然想必因企業而異。許多學者嘗試修正其中的瑕疵，或者添加新成分。不過，此三項工具仍舊是現代金融財務理論的基石，同時也都以一個世紀之前巴舍利耶的理論為基礎。

我認為，就像在修補任何建築物之前，都必須先重新奠定基礎一樣，要了解這樣做的重要性，我們必須先理解當前的金融理論結構。

最早大舉應用巴舍利耶理論的，是芝加哥一位雜貨商之子馬可維茲。馬可維茲的家境不錯，或許沒有巴舍利耶好，但他曾經說過：「我們住在很舒適的公寓，食物不虞匱乏，我也有自己的房間。我從來沒有感覺到有什麼經濟大蕭條*。」但是，到芝加哥大學就讀經濟系之後，經濟的不穩定性卻是馬可維茲最感興趣的題目。如果無法事先得知結果，我們怎麼能決定是否應該投資建工

廠，或是要不要買某支股票呢？

當時股市投資人普遍的看法是：要會選股票，不然就找會選的人幫你。不管是因為經驗、內線消息、長期的研究或是精密計算，就是有人特別會選股。

當然，市面上也有許多股市教戰工具書，教我們如何分析企業的現金收益、預估企業獲利、了解企業借貸的金額，並根據這些數據推測每股應有的價值。假如市場價格比應有價值低，這支股票就值得買，如果其他人的看法也一樣，股價最終會上漲，事先買了股票的人便會獲利。要是覺得風險太高，沒關係，挑選數支股票來分散風險。如果你操作得當，投資組合的獲利就會高過損失。

理論上是這樣。

一九五〇年，馬可維茲在大學圖書館念書時，念著念著靈感就來了。這位年輕的經濟學家在構思博士論文的題目期間，正好跟一位證券經理人不期而遇，於是決定研究股票市場。後來他回憶道：「在那之前，我沒有修過任何財務金融課程，也沒有買賣過股票。」他讀過一些相關書籍，包括一九三四年班傑明・葛拉漢（Benjamin Graham）以及大衛・陶德（David L. Dodd）合著的經典《證券分析》（*Security Analysis*）。

當時他正在圖書館讀約翰・威廉斯（John Burr Williams）的《投資價值理論》（*Theory of Investment Value*）。威廉斯主張，要計算股票價格，得先預估未來的股息，然後再以預期的通貨膨脹率、機會成本利率及其他不確定因素來修正。

非常簡單明瞭的法則。只不過馬可維茲心想，現實世界的投資人可不這麼想，他們不會只看將來的獲利，否則大家買一支股票就好啦，買「最好」的那一股，然後等著利潤滾滾而來。

相反的，投資人會評估股票的風險、會看股價波動的程度，也會在風險與報酬、恐懼與貪婪之間做抉擇。投資人不是只買一支股票，而是很多支股票。他們建立投資組合，所謂「不要把蛋都放在同一個籃子裡」，這句話的歷史就跟「投資」這事一樣悠久。馬可維茲後來說，就連莎士比亞都曉得這個道理：

> ……我為此感謝上蒼，
> 我的事業不是只在一艘船上，
> 或一個地方；我的財產也不是
> 只靠今年的運氣；
> 因此，我並不為那海上的貨物擔憂心傷。
>
> 《威尼斯商人》（*Merchant of Venice*）第一幕第一場

---

* Great Depression，一九二九年開始，發生於北美洲、歐洲和世界其他工業化地區的經濟衰退，大約持續到一九三九年。

風險被分散了，輸贏互相抵銷，真好

於是，馬可維茲心想：要怎麼將「風險」與「報酬」這兩個概念，融入實用的公式呢？投資人所預期的「未來最可能的股價」，決定了他們預期的利潤。若以鐘形分布來解釋，所謂「最可能」的股價，就是賣出股票前所有價格的平均值。

「風險」比較難定義。馬可維茲認為，風險可能跟股價相對於平均值的變動幅度有密切關係；換句話說，也就是投資人猜錯最終價格的機率。再以鐘形分布來說，最常用來表示變化幅度的是變異數和標準差（後者是前者的平方根）。於是馬可維茲從書架上找來一九三七年出版的教科書《數學機率導論》（*Introduction to Mathematical Probability*），作者是吳本斯基（J. V. Uspensky）。

白紙黑字，相關的數學式子早已存在，馬可維茲說：「看到兩者的關聯躍然紙上……我非常興奮。」最後他把自己的構想發展成一篇論文。當然，一如巴舍利耶，馬可維茲也受到一些攻擊。他回憶說，論文答辯的時候，芝加哥大學最著名的經濟學教授米爾頓．傅利曼（Milton Friedman）甚至表示「不能頒給我經濟學博士學位，因為論文偏離了經濟學」。馬可維茲接著說，他心想傅利曼應該只是「半開玩笑」，因為他的博士學位還是順利到手。

馬可維茲的理論很快就傳了開來。他的理論看起來相當具有實用價值，根據他的說法，每一支股票的報酬和風險，都可以用兩個數值來表示：一是將來賣出股票時，股價期望值的平均值，二是變異數。

第一個數值（即期望賣價平均值），可以用一般股票分析師常用的方法來推測，也就是預估企業收益、股息成長率——或者直接跟企業總裁的調酒師探聽消息。舉例來說，投資人預估通用汽車的股票一年內將上漲一〇％，因為他們預期通用的收益將增加一〇％。第二個數值（即變異數）可以比照鐘形分布，根據股價的歷史紀錄來計算：例如，過去一年有三分之二的日子，通用汽車的股價變動低於標準差的一七％，所以今年很可能也是如此。結論是：投資人預期通用汽車股票會帶來一〇％的獲利，有二比一比率的投資人判斷誤差不會高於一七％；也就是說，投資人損失七％或獲利二七％的機率非常小。

看起來相當精確——至少表面上是如此。根據這個理論，投資人可以有系統地比較股票，例如將通用汽車與福特相比，或者將ＩＢＭ與奇異公司（ＧＥ）相比。將所有股票的數值放在同一張圖上，這些平均值與變異數、獲利與風險各據一方，可以看出高風險低獲利的股票聚集在一個角落，而低風險高獲利的股票則聚集在另一個角落。

最後一個步驟，就是建立股票投資組合。

要如何建立股票投資組合呢？每個投資組合都有不同的整體報酬率與風險，不是簡單地把所有股票的數值加總起來就行。投資組合的風險要複雜得多：整體報酬率或風險可能比所有股票的加總高，也可能比較低。股票價格的變化經常是「集體行動」。景氣衰退時，市場上多數股票常同時下跌；股票的漲跌或多或少互有關聯。馬可維茲將之比喻為擲硬幣遊戲。擲一百次硬幣，如果每次的結果獨立而互不相關，最後應該是不輸不贏，因為正面出現的次數和反面出現的次數不相上下。也就是說，風險被分散了，輸贏互相抵銷。

然而，假如每次的結果互有關聯，情況就大不相同了。馬可維茲說，這好比硬幣們「商量好跟著第一個硬幣行動，如果它是正面，大家就翻出正面」。於是，在硬幣決定下一步動向的同時，擲硬幣者的輸贏早就已經注定，不是大輸，就是大贏。

股票也是一樣，每支股票跟產業內或同性質的其他股票或多或少互有牽連。馬可維茲的投資組合理論是：如果將翻反面的股票與翻正面的股票組合在一起，就可以降低整體投資組合的風險。選得好的話，獲利的機會就高。通用汽車的股價跟消費者的荷包關係很大，景氣好的時候股價通常上漲，景氣差的時候則下跌。

小道消息、炒股靈感，現在成了……金融工程

接下來，則是在不同的投資組合中加入更多更多的股票，以組成馬可維茲所謂的「效率」投資組合。

「效率」這個詞頗振奮人心，滿好用的。就像幫浦，能以最少的能量輸送大量的水，所以被認

為有效率。如果投資組合能以最小的風險帶來最高的利潤，當然有效率。根據馬可維茲的理論，投資人可以按照不同的風險目標，組成獲利最大的效率投資組合。同樣的，也可以依不同的獲利目標組成風險最低的效率投資組合。如果將這些投資組合畫在同一張圖上，會形成平滑的上升曲線：活潑、高風險的投資組合分布在上方，而平穩、安全的投資組合位於下方。

那麼，該選擇哪一種投資組合？這跟投資人禁得起多大的風險有關。如果你的野心和膽子比較大，可以買位於圖上方、高風險的組合。反之，如果你膽子小，可以選擇圖下方、低風險的組合。還有整體經濟環境，尤其是其他投資商品的競爭力（例如低風險的國庫券），也會影響投資人的選擇。假如利率很高，國庫券的獲利不錯，除非股票的獲利率更高，否則投資人沒有理由購買股票，因為股票的利潤雖高，相對的風險也比較大。相反的，假如利率很低，或許就可以考慮低風險的股票投資組合。

經濟學家詹姆士．托賓（James Tobin, 1918-2002，一九八一年諾貝爾經濟學獎得主）認為，建立投資組合有兩個階段。首先，建立符合當時經濟環境與市場氣候的最佳效率投資組合，然後決定自己要擔多大的風險。不大能承受什麼大風險的人，最好將大部分積蓄存進銀行，只取小部分投資股市。一般投資人可以撥一半以上的存款投入股票投資組合，剩餘的錢則存在銀行。如果你揮金如土且可望繼承大筆遺產，就算把所有錢都拿來買股票——甚至借錢來買——都行。

就這樣，「股市投資」這檔事經由馬可維茲等人這麼一經手，從聽明牌、碰運氣，搖身一變成為平均值、變異數和風險承受指數的方程式，「金融工程」（financial engineering）這個詞從此也在華爾街流行起來。

問題是，要照著這些理論投資，也沒那麼容易。第一，如馬可維茲所說，鐘形分布不盡然是衡量股市風險最好的模型；理論簡單沒錯，但不等於保證賺錢。第二，要建立效率投資組合，首先必須妥當預估收益、股價和股價波動，否則也只是垃圾進、垃圾出（garbage in, garbage out）。最後，還必須計算每支股票與其他股票的「共變異數」（covariance），也就是與其他股票的相對變化幅度。

以包括三十支股票的投資組合來說，總共要做四百九十五次平均值、變異數及共變異數的計算（效率投資組合效果要好的話，至少要三十支股票）。以整個紐約證券交易所來說，需要做三百九十萬次的計算。此外，隨著股價波動，必須一再重新計算。雖然一九六〇年代起華爾街開始使用ＩＢＭ新推出的昂貴大型電腦主機，但時時更新眾多數值，仍是一大挑戰。

夏普：當大家都是馬可維茲，就會只有一種投資組合

有一個人，想要克服以上難題，他就是一九六〇年某一天，前去敲馬可維茲大門的年輕經濟學家——威廉．夏普。

夏普對經濟的不穩定性有很深刻體認。他出生於波士頓，父親是哈佛大學就業輔導組長，第二

次世界大戰爆發後，他們全家因父親的軍職調動頻繁而住過許多城市。夏普也曾經轉學、更改主修，他從加州大學柏克萊分校轉到洛杉磯分校，從醫學系轉到商學系再轉到經濟系。夏普以「移轉定價」（transfer pricing）為題的論文遇到了瓶頸，教授甚至建議他改找別的題目。另一位教授則建議他去找馬可維茲，當時馬可維茲已經離開了芝加哥，在加州大學洛杉磯分校附近著名的智庫蘭德公司（RAND Corp.）工作。夏普回憶道：「我向他自我介紹，並表示十分景仰他的學術研究。」馬可維茲成為夏普的非正式指導教授，而當然啦，他給了個不錯的論文題目：簡化投資組合模型。

針對這一點，夏普提出一個疑問：如果每個投資人都按照馬可維茲的遊戲規則來玩，怎麼辦？答案相當令人驚訝：效率投資組合的數目不但不會像投資人數那麼多，甚至會減少到只有一種！假如股價變化導致第二種更好的投資組合出現，投資人會紛紛捨棄第一種組合，改採第二種。很快的，市場又恢復只有一種投資組合的狀況，稱為「市場投資組合」（market portfolio）。

因此，市場本身就以馬可維茲的模型在運算。市場等於是功能最強大的電腦，分分秒秒都在計算最佳投資組合。這就是股票指數基金的由來：成千上萬的投資人集資，購買與整個市場實際分配比例相當的股票。當然，模型背後的細節還是頗為複雜。首先，要決定所謂「市場」指的是什麼，是道瓊指數包含的三十支股票？還是英國富時一百指數（FTSE 100）中的那一百檔股票？債券和其他風險性高的資產（例如房屋淨值），是否包括在內？不論「市場」定義為何，都要隨時依照市場變化調整基金組合，但如果你買賣太多或時機不對，照樣會賠錢。

不只這樣。假如所有投資人都採用「市場投資組合」，那麼個股的價值就完全取決於它對整體市場的相對表現。當然，市場整體表現是跟著經濟潮流走的，相較於美國國庫券安全而穩定（一九二六年以來的平均利息是三．八％，無論景氣是好是壞，風險都一樣低），股市就顯得非常活絡，同時期的標準普爾五百指數（Standard & Poor's 500）平均上漲一三％，不過風險也高，期間股市歷經榮景與蕭條、崩盤與高潮，股價擺動的幅度非常大。股市與國庫券平均獲利的落差，就是經濟學家所謂的「股票風險溢酬」（equity risk premium），我們可以這樣解釋這個名詞：為誘使投資人把錢從銀行拿出來或從政府公債轉出來買股票，股市所需付出的代價。

夏普：把三九〇萬，變成二八〇一的天才

接下來，我們來談談個股。

理論上，與市場同步（即完全相關）的個股，報酬率會跟整個市場一樣。例如，當市場下跌二％，某檔股票若下跌四％，那它就欠缺吸引力，因為這樣的股票變化幅度比市場大一倍，除非景氣好時報酬率高達兩倍，否則投資人沒有理由買風險這麼高的股票。同樣的道理，當市場下跌二％，而某檔股票只下跌一％（甚至不跌反升），這股票一定比較搶手，因為其風險只有整體市場的一半，投資人願意付較多的成本購買這支股票，雖然獲利較低，卻比較穩當。

這種個股受整體市場影響的程度，就是該股的貝塔值，通常以數學算式常見的希臘字母β表示。簡單來說，投資人買股票，是因為股票獲利比保守的國庫券要高，這多出來的利潤跟個股與市場同步的程度有關。舉例來說，哈德科技公司（Hot TechCo）股票的β值是一．五，表示它跟整體市場和經濟息息相關。若將該股的數值套入夏普的公式：國庫券利息是二%，加上β值一．五乘以市場對國庫券的風險溢酬九%，那麼哈德科技股票的獲利期望值是多少？答案是：2%+（1.5×9%）=15.5%。以一年來說，這是很高的報酬率，不過倘若投資人認為市場低估了軟體股，軟體股遲早有翻身的一天，高報酬率也不是不可能的。

道理很簡單：投資人冒的風險越大，預期的獲利就越高。根據這個理論，投資股市最主要的風險是經濟景氣，它反映在整體股市表現上。一遇經濟衰退就奄奄一息的股票，理性的投資人通常不會買，除非景氣好時的獲利足以彌補景氣差時的損失。

就實用層面而言，夏普的公式的確簡單許多，也是它在金融界大受歡迎的原因。馬可維茲複雜的投資組合算式，被簡化成短短幾條——首先，預估整體市場表現，接著，計算個股的β值。從馬可維茲三十支股票投資組合的四百九十五個運算，簡化到夏普的三十一個運算（後來被稱為CAPM），若以紐約證交所為例，馬可維茲需要計算三百九十萬次，而夏普將之簡化為二千八百零一次。不需要大型電腦主機或統計專家，基金經理人和一般投資人只要桌上有電腦，都可以辦到。

夏普的公式當時並沒有立刻造成轟動，連他自己也沒有料到日後的發展。論文完成後，他將主要的研究結果發表在專業期刊上。其過程充滿不確定性、政治因素和種種挫敗，相信所有學者都遇到過。夏普後來回憶道：

> 當時我不知道它（資本資產定價模型論文）之後會多麼舉足輕重，只覺得這大概是我所能做的最了不得的事了。一九六二年一月，我在芝加哥大學發表這篇論文，反應很好。他們給了我一個工作。這是個好兆頭。同年我將論文投稿到《金融期刊》（*Journal of Finance*），結果被退稿了。我要求換個人審稿，於是他們把編輯換掉。論文在一九六四年刊出。出版以後，我心想這下ＯＫ了。然後我就等。我坐在電話旁。電話沒響。幾個星期過去，幾個月過去，於是我心想：「怎麼可能！這恐怕是我這輩子所能寫出來最好的論文了，結果居然沒人注意。」我覺得有點失望。其實當時我沒意識到人們得花多少時間消化論文，所以要過了一陣子才有回應。
>
> 取自一九九八年《道瓊資產經理人》（*Dow Jones Asset Manager*）的訪談

或許是上天的安排，研究類似題目的不是只有夏普，還包括哈佛大學教授約翰・林特納（John Lintner）、挪威經濟學家楊・莫辛（Jan Mossin）以及理特管理顧問公司（Arthur D. Little Inc.）的顧問傑克・崔納（Jack Treynor）。今天，經濟學界將夏普、林特納和莫辛並列為ＣＡＰＭ的發明者，幾乎全球所有的商學院都教ＣＡＰＭ，而且不只用在計算股票價格。

前面提過，CAPM也是評估企業專案的利器。假設你是電子公司的財務長，要研判興建新半導體工廠的可行性，用CAPM，等於是以投資人的角度來考慮是否值得把你這家工廠納入投資組合中。公司股票的β值也許是一．一，不算高，但如果整個半導體產業的β值是一．七，興建新廠房就可能提高股票的風險，在這種情況下，如果要興建廠房，你必須證明：新廠房能為企業帶來更多的利潤。簡單來說，CAPM可以計算出新廠房利潤期望值的最低門檻。假如期望值超過最低門檻，表示可以興建新廠房；假如不及最低門檻，建廠計畫就該束諸高閣。

規範水電能源的主管機關在訂定費率時，也使用類似的模型。電力公司希望提供投資人一定的獲利，而確實的數目與β值密切相關。假設電力公司的預期獲利不夠高，主管機關可能批准提高電費，好讓電力公司達到股票市場的期望。假如獲利太高，則可能要求降低電費。當然，那不過是理論，實際上資本資產定價模型牽涉的因素很多，因此看似客觀的計算結果，最後可能跟政治一樣，變得非常主觀。

可以預測股價，就不必當苦哈哈的經濟學家了

現代金融分析的下一步進展，發生在芝加哥期貨交易所裡一間狹小、沒有窗戶的吸菸室*。一個多世紀以來，芝加哥期貨交易所一直是美國期貨（包括小麥、豬腹脅肉、玉米、黃豆、牛隻及大

麥）的交易中心。不過，打從一九七三年四月二十六日起，有人開始買賣股票選擇權。

選擇權由來已久，巴舍利耶的論文主要就是討論選擇權。所謂選擇權，是以特定價格買賣的權利契約。許多企業利用股票選擇權（即買賣股票的權利），做為提供給經理人的福利，但到了股市投機客手裡，成了炒作股票的工具。

舉個例子來說，一九七三年四月，芝加哥期貨交易所首次提供買賣的選擇權是這樣的：投資人有權在三個月內，以每股一百六十美元的價格，購買一百股全錄公司（Xerox）的股票，外加買方要支付每股五．五〇美元的權利金。當時，共有三十九筆交易，而那天全錄的股票是一百四十九美元，也就是說，買進一百六十美元買權的投資人，預期全錄股價很快會上漲。假如三個月內股價漲到一百七十美元，擁有買權的人可以用一百六十美元買入，再以一百七十美元賣出，投資人的淨利，等於十美元扣掉佣金、稅金以及購買選擇權的成本五．五〇美元。相反的，假如全錄股票沒有上漲（或者下跌），契約到期前投資人都沒有行使選擇權，那麼他就損失了五．五〇美元的權利金。事實上，一九七三年四月那批全錄股票選擇權的下場正是如此：由於股價上漲幅度不夠大，投資人最後並未行使選擇權。

在這之前，選擇權只是小規模、高成本的店頭交易（over-the-counter），由經紀人之間直接以電話或電報進行。芝加哥期貨交易所讓選擇權的買賣攤開來了，不但價格公開，佣金也降低。對投機客而言，全錄的選擇權無疑是賭全錄股票的廉價新手法。只要付五．五〇美元，就有機會贏一把——若是在紐約股市，口袋沒有一百四十九美元，你是買不了全錄股票的。此外，選擇權也比較安全，就算全錄股票跌落谷底，選擇權持有人的損失了不起就五．五〇美元。不過，選擇權的價格究竟如何訂定？如同任何傳統市場，價格不是一個人說了就算，而是買賣雙方同意的結果。那麼，訂定「合理」的選擇權價格，有沒有一個有系統的方式？

答案，不是來自繁忙喧擾的芝加哥期貨交易所，而是遠在麻州劍橋的學者。

布雷克的學術背景中規中矩，哈佛大學物理系畢業，隨後獲得應用數學博士學位。他的身材高瘦，話不多。他說自己記憶力不好，因此習慣一有靈感就馬上記在紙上，不論何時何地。講課的時候，有時他會在句子講到一半時停下來，不說一句話，然後開始記筆記。一九六五年，布雷克離開哈佛，到同樣位於劍橋、著名的理特管理顧問公司工作。他後來提到，那是因為他想要解決比較務實的問題並獲得「立即的報酬」。他在理特遇到了崔納，也就是同樣發明ＣＡＰＭ卻被夏普搶先一步發表的那位。布雷克開始研究崔納的ＣＡＰＭ，一研究便欲罷不能。他說：「高風險資產市場的供需平衡問題深深吸引著我。」布雷克嘗試將這個模型應用在股票以外的投資工具，例如債券及現金，最後則用在選擇權的近親——認股權證（warrants）。

在布雷克之前，很多能人智士都企圖找出訂定認股權證或選擇權價格的方法，其中包括巴舍利

---

*芝加哥期貨交易所目前已被芝加哥商業交易所（Chicago Mercantile Exchange, CME）併購。

耶和麻省理工學院的經濟學家薩繆森。常見的問題是：他們認為，要計算出選擇權或認股權證的價格，就得知道到期日的股價；換句話說，必須知道「價內」（in the money，以買權而言即履約價低於到期日股價）或「價外」（out of the money，即履約價高於到期日股價）的價差有多大。如果可以預測未來的股價，就不必當個苦哈哈的年輕經濟學家了。

但這無異是緣木求魚，布雷克思考這個問題時，他心想，也許不知道最終的股價仍可以算出選擇權的價格。他想出一個複雜的微分方程式來表示其構想，可是卻解不出來。這種類型的數學並不是他擅長的領域。布雷克後來回憶道：「所以我把這個問題晾在一邊，研究其他東西。」

實際操作結果——輸到脫褲子

大概就這時候，年輕的加拿大經濟學家休斯來到麻省理工學院，在史隆管理學院（Sloan School of Management）教財務金融。休斯出生於安大略省北部的金礦區提蒙斯（Timmons）。他的父親在經濟大蕭條時期搬到那裡開牙科診所，母親在他十六歲時死於癌症，之後他因為眼角膜產生疤痕組織而有閱讀障礙，一直到十年後才經由手術解決。休斯後來表示：「出於需要，我成了個好聽眾。」他還說：「我學會抽象思考，並且將解決方案具象化。」

他在芝加哥大學取得經濟學博士學位，畢業後獲得麻省理工學院的教職。在麻省理工學院，幾個聰明的年輕經濟學家跟隨在薩繆森、弗蘭克．莫迪里亞尼和保羅．庫納等知名經濟學家身邊＊。每星期二晚上，他們會聚在一起討論新出現的財務金融問題。休斯和布雷克就是這樣結識的，兩人重拾布雷克先前擱置一旁的研究。這是個怪異的組合——一個是沉默寡言、嚴峻的哈佛人，一個是喜怒無常、好辯的加拿大人。

他們研究的重點，是布雷克與直覺背道而馳的看法：計算選擇權價格不需要預測最後的結果（也就是到期日的股價），只要知道投資人所掌握的資訊、選擇權契約的細節（例如履約價格〔strike price〕及到期日）與股票波動的程度即可。假如股票相當平穩、漲跌幅度不大，履約價高於市價的買權，不會有人青睞，因為這樣的股票大幅上漲的機率不高，投資人行使選擇權的機率很低。相對的，假如股票風險高、股價漲跌幅度很大，選擇權的價值就比較高，因為履約價低於市價的機率相對增加，投資人可望大賺一筆。此外，隨著選擇權到期日逼近及股價變動，選擇權的市場價格也會調整。在布雷克—休斯選擇權評價模型之下，選擇權價格是可隨市場變化而調整計算的。布雷克後來表示，為了避免太過繁瑣，不得不「簡化許多複雜的因素」。舉例來說，他們也和馬可維茲、夏普及巴舍利耶一樣，假設股票風險是呈現鐘形分布的。

＊弗蘭克．莫迪里亞尼（Franco Modigliani）是在義大利出生的美國經濟學家，一九八五年獲得諾貝爾經濟學獎。

布雷克與休斯開始跟當時麻省理工學院的同事羅伯特．默頓（Robert C. Merton，一九九七年諾貝爾經濟學獎得主）討論自己的研究。默頓在大學時代念的是哥倫比亞大學工程科系，之後於加州理工學院取得應用數學碩士，然後在麻省理工學院獲得經濟學博士。他曾在金融市場吃過大虧，當研究生的時候，默頓習慣早起到附近的證券公司看開盤並下注，幾個小時之後才去上課。到了麻省理工學院，成為薩繆森的助理之後，默頓也研究選擇權，他在數學上提供布雷克與休斯不少有用的建議。不過對默頓而言，這兩位既是同事也是競爭對手，所以他們的合作並不是全面的。布雷克與休斯第一次正式發表選擇權評價模型時，默頓缺席了。他睡過頭。

布雷克和休斯並不是光紙上談兵，他們也實際驗證。一開始是以認股權證為實驗對象，藉由評價模型，他們發現市場上有幾支股票價格過低。當中最理想的是一家叫做國際通用（National General）的公司。

> 休斯、默頓、我（布雷克）和其他人立刻進場買了不少認股權證。有好一陣子，我們覺得真是買對了。然後，一家叫美國金融（American Financial）的公司宣布要收購國際通用……結果認股權證的價值大幅下跌。
>
> 布雷克〈選擇權評價模型的發明經過〉，一九八九年

換句話說，布雷克等人輸到脫褲子！不過他們沒有放在心上。雖然市場情報不夠靈通，但成功找出低價認股權證，就表示他們的評價模型是正確的。因此，一九七〇年十月，布雷克和休斯投稿到《政治經濟期刊》（*Journal of Political Economy*）。「退稿！主題太窄了，」該期刊表示。他們又試了另一個學術期刊，結果是：「退稿！本刊的篇幅有限。」布雷克懷疑，是學術界的象牙塔心態作祟，他後來抱怨說：「這些期刊沒有認真看待該文章的一個原因，是我的回郵地址並非學術機關。」最後，文章經過修改後，終於登上《政治經濟期刊》，不過還是在芝加哥大學的法瑪和莫頓．米勒（Merton Miller）遊說下，期刊總編輯才願意再給一次機會的。

從此，一個超級大賭場誕生了

一九七三年，布雷克與休斯的文章在芝加哥選擇權交易所（Chicago Board Options Exchange）開幕之後不久出版，正好遇上選擇權的熱潮。不出幾年，原本深奧的術語，例如 Delta 值及隱含波動率（implied volatilities）*，就已經成為選擇權交易商琅琅上口的必備詞彙了。德州儀器公司（Texas Instruments）為剛推出的計算機所打的廣告，甚至強調具備布雷克—休斯選擇權評價模型快

* Delta 值也稱避險比率，是指當現貨變動一單位時，選擇權價格隨之變動的單位量。

速計算功能。

整個產業迅速興起。有了布雷克—休斯選擇權評價模型推波助瀾，企業財務管理人員現在不僅買股票，更常購買各種保險及避險商品，以避免市場變化帶來的意外風險。舉例來說，奇異公司簽約將渦輪機賣給英國電力公司時，同時會買英鎊的賣權（put options）。若英鎊下跌，賣權的價值會上升。同樣的，基金經理人也可以買投資組合保險，也就是購買波動方向正好和該投資組合相反的股票選擇權。當然，保險和避險的投資工具往往所費不貲，但總比眼看著投資組合付諸流水要好得多。

保險和避險其實還不是布雷克—休斯選擇權評價模型應用的大宗，無數企業經理人的酬勞也跟它息息相關：企業經常用布雷克—休斯選擇權評價模型，來計算股票選擇權該用什麼價格賣給員工。選擇權是全新的交易型態，交易標的不是股票或貨幣本身，而是股票或貨幣「波動的程度」。交易商可以依照自己的意思設計選擇權，例如以價格波動特別劇烈（而不是設定特定價格）做為輸贏的標準。也可以正好相反，以價格維持平穩做為輸贏的基準。就這點來看，布雷克—休斯選擇權評價模型增加了價格的風險。

布雷克等人的理論當時已被金融界奉為圭臬，他們滿足了金融界的需要。有一段時間，布雷克又回到學術界，在麻省理工學院史隆管理學院教財務金融。他開了一門頗受歡迎、主題單純的課程，內容主要是五十個財金問題。可惜很多自以為有經驗的金融從業人員或經濟學家後來都不再去上課，一來學術界的理論生澀難懂，而且還說投資人不可能戰勝市場，二來他們有更難伺候的華爾街顧客。

至此，華爾街成為現代金融理論的忠誠信徒。美林證券甚至將CAPM發展成產業，定期推出β值手冊（β Book），提供想要自己動手運算的證券經紀人和顧客參考。全球各地的證券公司開始為顧客建立效率投資組合，歷經幾次失敗後，最佳的消極投資工具——「指數型基金」也應運而生。

金融市場已今非昔比。今日的金融市場充分應用規模經濟，如果只有一套市場投資組合而且適用於每個投資人，那麼一檔基金、一位分析師就可以滿足所有顧客。企業藉由合併來省錢，規模越大就越好。學者們也從不被人放在眼裡的書呆子搖身一變，成為頗具身價的華爾街成員。不少學者投入金融界，成為大型證券公司的顧問。有些則獲得諾貝爾獎，例如夏普、馬可維茲、休斯及默頓。

假設巴舍利耶及其傳人的理論沒有錯，這一切看來非常完美。假設價格波動符合鐘形分布，根據馬可維茲的說法，變異數和標準差是衡量市場風險很好的標準。假設巴舍利耶和馬可維茲的說法正確，夏普的β值與資金成本等計算方法也有道理。假設價格波動具連續性且符合鐘形分布，布雷克—休斯選擇權評價模型也沒有錯。整體看來，這是非常精巧複雜而了不起的發明。

問題是：只要其中一環出錯，全盤皆錯。

一九八七年十月十九日的股市崩盤，許多人始料未及。那一天，道瓊指數下跌二九．二％。這很不尋常，根據學術理論，這麼劇烈的股市震盪不應該發生，因為發生的機率幾百萬年才一次。專家精心設計的投資組合就這樣泡湯了，以選擇權為主的投資組合保險工具也失去效用，甚至因為基金經理人紛紛加碼買保險，而致使價格下跌更多。其後一九九〇年代的金融風暴，更加印證了現代金融理論的缺失。

俗話說，傻人留不住錢。華爾街的證券商比較喜歡拿人家的錢，不習慣錢被拿走。因此他們趕緊尋找新出路——至今還在尋找。傳統的現代金融理論仍活躍於商學院課堂，繼續被改良、販售、使用，但地位已不像過去那樣至高無上。

稍後各位就會了解，這樣其實也不錯。

第5章
漫步交易大廳
金融理論與實務的鴻溝

如果金錢是人們膜拜的偶像，那麼，「金錢教」最大的廟堂，莫過於離倫敦市中心僅數英里遠、坐落在泰晤士河畔的新金融區。

素有「倫敦華爾街」之稱的金絲雀碼頭區（Canary Wharf），聳立著十八座有玻璃帷幕的鋼骨大樓，每天有五萬五千人在這個地方為國際金融市場賣命。這些人繼承了巴舍利耶、馬可維茲、夏普、布雷克和休斯等人的傳統，基金經理人在風險與報酬之間尋求平衡，銀行家計算違約風險，貨幣交易商買賣精心設計的選擇權。管它是人腦還是電腦，這些事所匯集的「腦力」總之令人咋舌。做為一種產業，金融業購買的電腦數量無可匹敵。金融產業每年也雇用許多剛出社會的新科數學家和經濟學家。金融界就像超大型計算機，自動算出所有金融商品、服務、企業，甚至國家的價格。在這裡，什麼學術理論都不重要，重要的是：怎樣能賺錢？

我在花旗辦公室看到的三個謬誤

可惜，沒有簡單的答案。「很多研究都聲稱自己找到了聖杯，但我不認為聖杯真的存在，」花旗銀行主管李察・摩爾（Richard Moore）說：「我比較相信的是……叫什麼來著……對了，海森堡測不準原理（Heisenberg Uncertainty Principle）——每當你發現一件事，你的『發現』本身就已經改變了這件事。金融市場每一年都在變，每一季都在變。」

其實，看看他在花旗銀行二樓的辦公室，你將發現許多標準學術理論派不上用場的地方。這裡是個錢滾錢的機器，與商學院理論相差十萬八千里。

花旗外匯交易部門的規模，是金絲雀碼頭金融區數一數二的，有數以百計的電腦，挑高的天花板與明亮的燈光，一百三十位外匯交易員和業務員坐在成排的電腦桌後面，一邊有六排桌子。桌子上方懸掛著國旗，有英國國旗、美國星條旗和日本太陽旗，分別標誌著該區交易員的專營項目。

交易員使用的術語千奇百怪，例如「Nokie-Stokie」指的是挪威幣兌瑞典克朗（kronor），Nokie來自挪威幣的電腦代碼NOK，而Stokie則是瑞典首都斯德哥爾摩（Stockholm）的簡稱；「cables」表示美元兌英鎊，這是因為從前英美匯率是靠橫跨大西洋的越洋電纜（cables）傳遞的；「plain vanilla」（原味香草），指的是最常見的制式外匯選擇權（currency options）；花旗集團每天經手的美元、日幣、歐元、英鎊、波蘭幣（zloty）和披索（peso）等外匯交易，大約占全球總交易量的九分之一。其中，倫敦分公司就包辦了三分之一的業務。

但從學術的觀點來看，這裡處處充滿著謬誤。第一個謬誤，就出現在摩爾辦公室門外，你可以看到幾個分析師正在研究銀行客戶下的單，他們想找出大致趨勢，然後透過定期發行的刊物，將此訊息回報給客戶。按照效率市場假說，這種情報是沒用的，因為能左右市場的情報，應該早就反映在價格中了。不過，金融界才不這樣想，「知道『誰買了什麼』，是非常重要的優勢，」一位分析師表示：「我們不相信什麼效率市場。」

第二個謬誤，可以在同辦公室裡一位劍橋大學數學博士身上看到。他每天花很多時間研究隨時在變化的選擇權波動率平面（volatility surface），亦即選擇權價格波動幅度隨契約條件不同而產生的變化，通常以3D立體圖形顯示。可是照布雷克—休斯選擇權評價模型，根本沒有所謂的波動率平面，如果有，也應該是扁平的，但這位謬誤數學家正在研究的，卻是變化多端的複雜形狀。

研究波動率平面圖並預測下一步的變動方向，是花旗集團選擇權交易員混口飯吃的基本技能。全球外匯選擇權市場中，大約一〇%屬於新奇選擇權。新奇選擇權的契約條件精確而錯綜複雜，精心設計的結果，只有在特定情況下才會獲利。「複雜無比的契約條件」一般人很難搞懂，不過也許那正是通用汽車財務長所需要的避險利器，能分散通用以日幣為主的現金流量所帶來的風險。這些都跟正宗的布雷克—休斯選擇權評價模型反其道而行。

當然，布雷克—休斯選擇權評價模型仍有相當重要的指標地位，就好比我們說冬天冷，是以氣溫為主要依據一樣，儘管颳風、下雪、雲量、衣著多寡，甚至健康狀況，都有可能影響冷熱的感受。花旗集團的選擇權分析師手上當然有布雷克—休斯選擇權評價模型，只不過，那是他們手頭工具之一而已。

第三個謬誤，出現在研究部門。其實根據正統理論，研究部門根本就沒有存在的必要，畢竟投資人永遠不可能戰勝市場。但是花旗集團研究部門的副總裁潔西卡·詹姆斯（Jessica James），用電腦畫出了一個簡單的圖，顯示過去十年美元對日幣的匯率，電腦螢幕上曲折的線條有如隨機漫步，反映出世人對美國和日本經濟相對表現的看法：時而上揚，時而下拉，時而不規則的橫向發展。這，就是傳統金融理論所謂的隨機波動。

接著，就像許多圖表分析師一樣，潔西卡做了一個簡單的計算。她算出過去六十九天以來每日的平均匯率，每日平均匯率曲線比之前的匯率波動圖要平滑，起伏沒有那麼大。她說，想在外匯市場獲利有個簡單的方法：當實際匯率超過平均線，買入；低於平均線，賣出。就是這麼簡單。

結果呢？根據潔西卡的計算，假如投資人照她說的去做，過去十年的平均報酬率，每年可以達到七·九七％。

能這樣當然很棒，但其實完全不可能。根據效率市場假說，市場是無法預測的，潔西卡也說，在黃金價格走勢圖上找線索，跟真正挖金礦是兩回事。真想賺到這七·九七％平均報酬率，有時候你得面對龐大損失，你得先有很強的心臟與很深的口袋才行。儘管如此，到現在仍有很多研究聲稱

「跟著趨勢走」是可以賺到錢的，差別只在於獲利高低、付出的代價與風險是否值得而已。因此，有半數以上的外匯交易人員，或多或少都在使用某種趨勢分析工具。

理論與實際的落差，為什麼這麼大呢？

老師有在說，你……千萬不要聽！

模型，通常都會與實際有些誤差。雕塑家想要依據某個模型創作的時候，通常不會做得跟模型一模一樣，而是有所取捨，部分加以美化、部分予以省略，藉此達到他想要的效果。同樣的，科學家也得選擇性地將現實中的某些因素融入模型中。經濟學家就市場運作機制、企業營運方式及人們做財金決策的方法做出假設，若將這些假設條件分開來看，很可能一點道理也沒有。

有不少笑話，專門揶揄經濟學家和他們的假設。其中有一則老笑話是這樣的：一位工程師、一位物理學家與一位經濟學家發生了船難，漂流到無人小島上，除了一罐豆子罐頭沒有任何食物。要怎樣才能打開罐頭呢？工程師建議，用石頭敲開；物理學家說，要放在太陽下加熱，直到罐頭爆開為止。經濟學家則說：「首先，假設我們有開罐器……」

傳統金融理論正是如此，很多假設也很沒道理。看看以下幾個例子：

假設一：投資人是理性的，致富是他們的唯一目標

理論是如此：

有了充分的股票或債券相關資訊，投資人就可以也必然會以追求最大利潤與幸福為原則，做出理性的投資選擇。他們不會忽視重要資訊，也不會投資自己認為會下跌的股票，他們不是博愛的人道主義者。投資人理性、頭腦清楚、以自身的利益為重，是現代的亞當・斯密*。

投資人理智的決定有助於市場有效運作，促使價格迅速達到「正確的」平衡點。投資人的偏好可用簡單的經濟效用函數（utility functions）來表示，你代入一個數值，總能得到同樣的結果。用經濟學的行話來說：最大的財富與幸福將效用極大化。簡言之，就是：理性的投資人，構成了理性的市場模型。

現實是這樣：

人類的思考模式不同於上述理論，不盡然永遠理性、以個人利益為重。過去二十五年來行為經濟學豐碩的研究成果，已經證明這個假設是錯的。行為經濟學研究人類何以誤讀資訊，如何感情用事並誤判機率。舉例來說，假設有兩個選擇：第一是擲硬幣，正面贏兩百美元，反面不輸不贏；第二是不用擲硬幣，就可以直接拿到一百美元。根據研究，大多數人寧可直接拿一百美元。但如果遊戲規則改變：如果你選擇擲硬幣，正面你輸兩百美元，反面不輸不贏；或者選擇不擲硬幣，要拿出一百美元。在這種情形下，大多數人寧願選擇擲硬幣。

按照理論，兩種情況的邏輯完全一樣，只是條件正好相反，投資人的選擇理應沒有差別。但對有血有肉、欠缺理性的人類而言，一個是贏錢、一個是輸錢，答案就會截然不同。由此可見，人類並非全然理性的。

假設二：天底下的投資人都是一樣的

理論是如此：

投資人買股票的目的都一樣，投資期間（time-horizon）也是，持有股票的時間都一樣長，也許數天、也許數年。如果給他們同樣的情報，大家也會做出同樣的買股決定。儘管每個人財力不盡相同，但沒有人能獨力影響價格。

以經濟學的術語來說，投資人有同質性的預期（homogeneous expectations）。投資人只能被動接受價格，無法改變或制定價格。他們就像物理學家眼中完美、理想的天然氣分子——個個完全相同，沒有差異。如果某個算式可以代表某位投資人，它就可以套用在所有投資人身上。

現實是這樣：

很明顯的，即使撇開財力不談，並非所有投資人都是相同的。有的人長期持股達二十年（例如

---

* Adam Smith，著有《國富論》，主張追求個人利益有助於提升整體利益。

退休基金投資人），有的每天在網路上短線炒作股票；有的是「價值型」投資人，以價格暫時下跌的績優股為投資目標，有的是「成長型」投資人，以快速成長股為主要標的。當你摒棄「天底下的投資人都一樣」的假設，你的數學模型將面對更複雜的變數。

舉例來說，假設投資人可以分為兩類：一類是基本面主義者，認為每一支股票和貨幣都有一定的內在價值，其價格最終一定會達到此一水準；另一類是以技術分析為依歸的趨勢追逐者，此類投資人不管基本分析，只管股價走勢，逢低買進、逢高賣出。比利時天主教魯汶大學（Catholic University of Leuven）的經濟學家保羅・德・格勞威（Paul De Grauwe）及瑪麗安娜・格里馬爾迪（Marianna Grimaldi）以電腦進行模擬，結果發現，兩組投資人的互動結果難以預測，價格也會出現完全無法預期的暴起暴落。

這還只是兩組投資人而已，現實世界金融市場的投資人何止千百種，幾乎每個人都不一樣，顯然比電腦模型要複雜許多了。

假設三：價格變化有連續性

理論是如此：

股價或匯率並非突然一舉上漲或下跌好幾點，而是循序漸進地一點一點地移動。凡是符合慣性定律的所有物理現象，都有類似的連續性，一天之內溫度的變化就是一例。這個原理被用在經濟學理論已經有很長一段時間，第一次出現是在一八九〇年英國經濟學家艾爾菲．馬歇爾（Alfred Marshall）所著的《經濟學原理》（*Principles of Economics*）一書，當中有一句名言 Natura non facit saltum，也就是「大自然不會跳躍發展」。

假設價格變化具有連續性的好處是，數學領域已經有非常豐富的連續函數和微分方程式可供使用，這些是過去兩個世紀以來工程和物理研究不可或缺的重要工具，將來恐怕也少不了。連續性的假設也可以提升理論的份量，例如上一章提到馬可維茲的理論主要是以兩個簡單的數字決定投資組合——預期價格的變異數及預估的報酬及風險，一九七〇年，麻省理工學院的薩繆森就提出實例證明馬可維茲的簡單模型，該圖形便是以「價格變化具有連續性」為前提。

現實是這樣：

很顯然的，價格的確會跳躍式地變動，有時變動幅度很細微，有時則非常明顯。不知道讀者有沒有注意到：證券商報價時，往往報整數，而略過中間的數值。照理說，在〇到九的十個數字當中，〇跟五這兩個數字出現的機率，應該只有二成才對。但是在外匯市場，個位數報價有八成是〇或五，中間的數字往往很少出現。

還有，紐約證交所幾乎每天都出現「罕見」現象。據路透社報導，二〇〇四年一月八日一天當中，「罕見」現象就發生了八次。當天出現數則重大新聞——包括美國食品藥物管理局核准一種新藥上市、出人意表的企業併購提案，以及令人跌破眼鏡的官司勝訴——金融市場根本來不及消化。

由於買方與賣方供需失衡，券商不得不大幅提高或降低股價以達到平衡。面對這麼驚險的局勢，交易所特別讓「特殊」證券商進場買賣，以免股價狂跌。雖然這些特殊券商冒的風險很大，但他們的獲利也非常可觀。

換言之，「價格不連續性」非但不是反常現象或少見的異數，反而是金融市場與生俱來的特質，這正是財務金融與自然科學的不同之處。

假設四：價格變動符合布朗運動原理

理論是如此：

布朗運動是從物理學借來的名詞，原來是指粒子在均質媒介中移動的軌跡。巴舍利耶曾表示，這個過程也可以用來描述價格的波動。相關的假設包括以下三點：

第一，價格變動具有獨立性。不論小漲五美分或大跌二十六美元，每次價格變動都是獨立事件，跟上次變化沒有關聯；也就是說，上週或去年的價格波動，並不會影響今日的價格變化。換言之，所有可以用來預測明天股價的資訊，都已經包含在今日的價格中了，因此沒有必要研究過去的價格走勢圖。

第二，價格變化的統計穩定性。也就是說，價格變動的機制永遠不變。假設價格波動的機制有如擲硬幣遊戲，正面和反面出現的機率永遠相同。價格波動就好比硬幣正面或反面出現的次數，而不是硬幣本身。

第三個假設是：常態分布。價格波動符合鐘形分布，大多數變化幅度很小，只有極少數是大規模的變化，鐘形曲線對稱地由中央向兩旁滑落。

現實是這樣：

現實狀況比理論複雜得多了。其中，第三組假設是所有假設當中最不符合現實的。現代金融理論中，幾乎所有工具都以常態分布為基礎，接下來我將特別用圖解來為讀者說明。

第一次圖解就上手：如何破解線圖

在科學界，圖的價值往往被低估。科學家們之所以不信任圖表，部分是由於兩百年前法國數學家拉格朗奇（Joseph Lagrange, 1736-1813）和拉普拉斯不遺餘力提倡以精確的方程式和精準的文字做學問，使得簡略的圖形因而被打入冷宮。我猜想，他們應該只是受到技術面的限制，畢竟當時繪圖只能靠人工，既不精確，也很花錢。

但現在電腦發達，繪圖技術自是不可同日而語。現代的圖表要多精確就有多精確，而且再貴也不過是一部電腦的價錢。現代的圖表非但不會誤導，反而可以幫助科學家，有助於迅速比較、促進理解。因此，下面我們就以圖表取代數字，來說明現代金融理論中常態分布假設的謬誤。

首先，來看實際價格走勢圖。

由於價格走勢圖常見於報紙和電視，大家對它已經習以為常。拿最常見的圖表——道瓊工業平均指數——來說，這是美國最有價值的三十支股票之股價平均值。當然也有其他指數，有的個股數目多，有的少，篩選的標準和加權的方式也不盡相同。然而，由於道瓊指數歷史悠久、組成簡單而且使用者眾，是適合討論的第一選擇。道瓊指數就好像金融市場上的蒙娜麗莎畫像，讓我們一步一步除去表面的陳年塵垢，揭露灰塵底下的真面目。最後我們會見識到，那神祕而耐人尋味的微笑。

突然驚醒的睡美人

1916-2002 年的道瓊工業平均指數

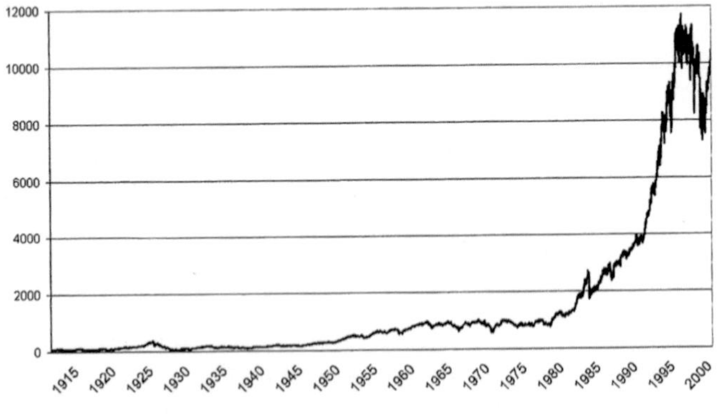

上圖是最常見的道瓊指數每日平均圖，自 1916 年一路爬升到 2000 年 1 月的最高峰（11,722 點），隨後進入為期數年的空頭市場。

明顯特徵：除了往上爬升的趨勢，只有少數幾個顯著的變化。可以看出 1987 年 10 月 19 日指數大幅下滑。最為顯著的要算是 1990 年代爆發性的成長。從這張圖看來，道瓊指數像是睡美人，一直到 1980 年代才甦醒過來，跨過 1,000 點大關。再從另一個角度來看道瓊指數。

更近一點看……

1916-2002 年道瓊指數的每日變化量

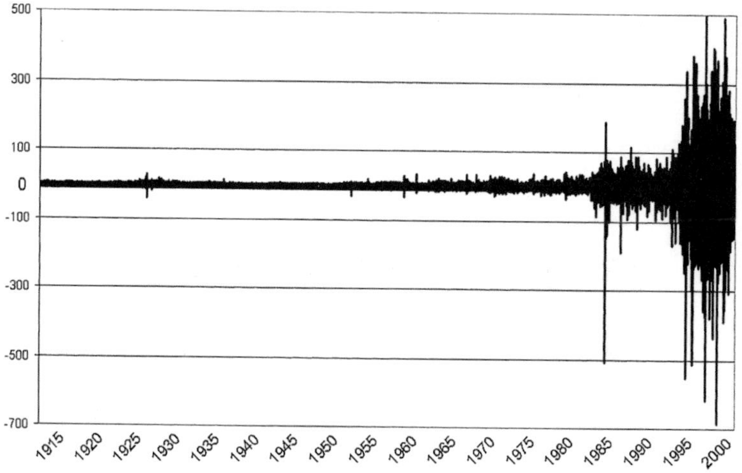

這個圖跟前一個圖是相同的資料，只不過此圖所顯示的是每日變化量，而不是平均指數。

明顯特徵：隨著指數大幅成長，指數波動的幅度越到 20 世紀後期越大。1900 年 1% 的漲幅代表上升 1 點，到了 2000 年，則變成 100 點。從這個圖我們也可以看到，道瓊指數雖然大致呈現上漲趨勢，仍難免出現單日大幅下跌的情況。

接著，下一頁我們再換一個圖看看有什麼不同的發現。

一張圖表看見百年經濟史
揭開保護漆下的真面目

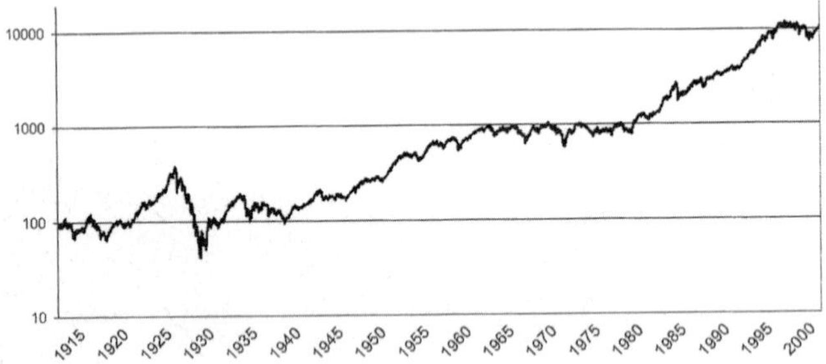

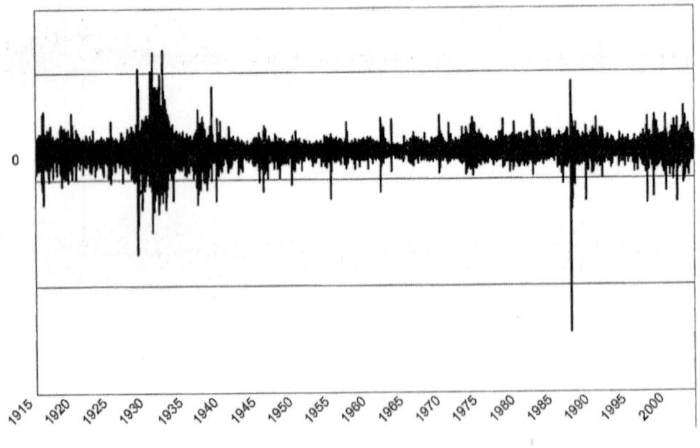

第一張是道瓊指數每日平均指數，第二張是每日變化量，跟前面的資料相同，只不過這次以對數（logarithms）標度來表示。對數重新調整所有數據的比例，1900 年 1% 的變動幅度，在圖上相當於 2000 年的 1%。這是分析資料的另一種方法。經過對數處理，圖表顯示出當代投資人怎麼看待股市。

明顯特徵：指數的落差已不如前面兩張圖表那麼大。我們所熟知的 20 世紀美國經濟史，就跟圖表不謀而合，1929 年股市崩盤、經濟大蕭條以及第二次世界大戰等重大事件，都可以在圖上看出來。1987 年的股市風暴同樣占有一席之地。不過，大多數價格波動都聚集在一塊，形成不規則的群組。群組有的寬、有的細，不規則地交錯著。此外，當群組較寬時，鋸齒狀突起通常明顯聚集在一起。接下來，讓我們暫時將道瓊指數放在一邊，再來看看不同的數據。

太規律？一定有鬼！
兩個電腦模擬圖

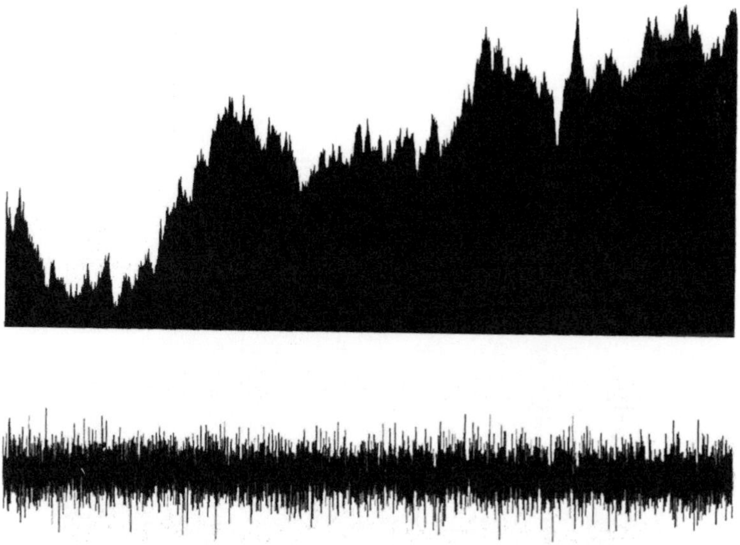

這兩個圖是用跟前面一樣的繪圖方法製作的，但結果卻大異其趣。
這是根據巴舍利耶的布朗運動模型做出的價格圖。前幾個章節曾提到，布朗運動模型可說是現代金融理論的根基。根據此模型，每日的價格變動都是獨立事件，不受過去影響，且符合鐘形分布。
第一個圖是電腦模擬的布朗運動每日股價圖，相當於前面的道瓊指數每日平均圖。第二個圖顯示布朗運動價格的每日變化量。
明顯特徵：大略跟道瓊指數圖表比較一下，布朗運動這兩個圖不僅有所差異，而且可以說是完全不同的異類。第一張圖看起來還滿像一回事，但第二張就露餡了。跟道瓊指數圖相比，這張的價格波動幅度顯然太過規律，形狀好像草坪上整齊的草叢。突起的尖齒分布得相當平均，不像道瓊指數圖那樣只集中在變動最劇烈的少數幾處。後面我們以不同的標度重畫這兩張圖，以凸顯其差異。

不可能發生的事，原來一直在上演！

道瓊指數變動 vs. 布朗運動變動

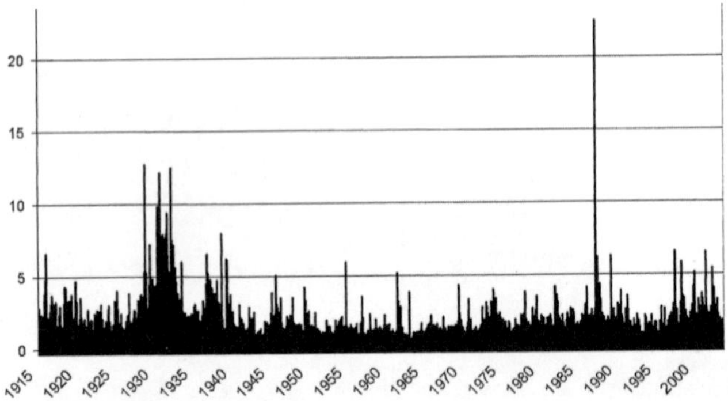

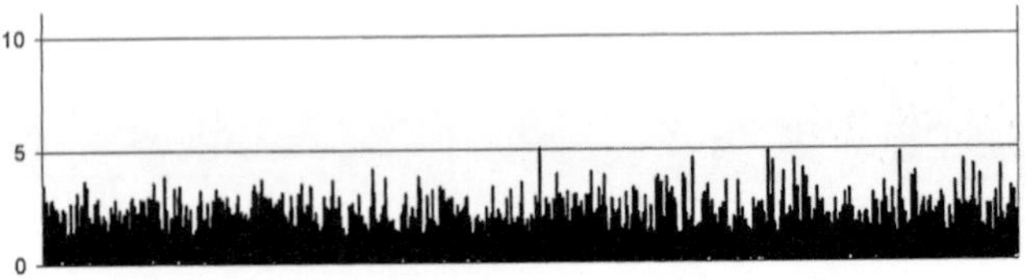

從以上兩張圖，我們可以更輕易看出布朗運動（下圖）和道瓊指數（上圖）兩者的差異。這裡用的標度不是對數，而是距平均變化量的標準差數目，換句話說，就是波動的劇烈程度。圖上高聳的突起代表少見而劇烈的變動，低矮的起伏則代表常見的小幅波動。

明顯特徵：根據布朗運動圖，大多數波動都是小幅度變化，事實上高達 68% 屬於此類。這些變化落在距離平均值（零）一個標準差之內。數學家以希臘字母 σ（sigma）來表示標準差。95% 的波動落在 2σ 內，98% 落在 3σ 內，只有極少數落在上述範圍外。再看道瓊指數圖。尖尖的突起高低差距非常大。有些高聳的突起高達 10σ，1987 年甚至一度達到 22σ。這樣的現象發生機率不到 10^{50} 分之一，機率小到連標準的高斯表都沒有列出來。換句話說，幾乎不可能發生。然而，事實擺在眼前。

不可輕忽的「厚尾」

道瓊指數（黑色柱）與標準模型（灰色柱）的比較

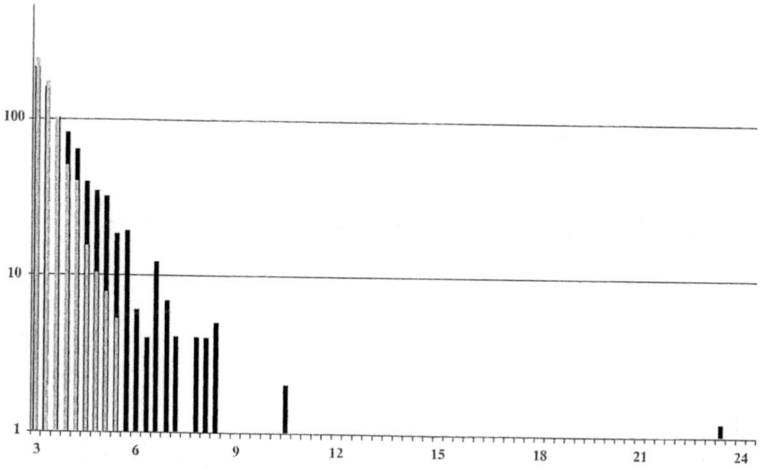

我們將前面兩張圖合併成一張。布朗運動圖和道瓊指數圖的每日變化量未按日期排列，而是按照變化量大小順序排列。我們統計同一變化量出現的次數，並繪成圖表。由圖可見，最右邊是極大的變化量（包括上漲和下跌），最左邊是極小的變化量（亦包含上漲和下跌）。

明顯特徵：根據布朗運動所繪成的淺色柱形成陡峭的斜坡，很快就跌至橫軸。這正是布朗運動的特色，隨機過程每次的結果都不一樣，也不會超過 5σ。

道瓊指數的數據以黑色柱表示，包括與灰色柱重疊的部分。道瓊指數涵蓋的範圍比布朗運動廣，不少變化量超過 5σ，甚至有一例高達 22σ。這就是統計學家所謂的「厚尾」。由此可見，傳統金融理論有待商榷。

不只股票，期貨、外匯、國際股市，全都是如此！

道瓊指數圖表固然發人深省，卻不是唯一的指標。我們也研究其他數據、指數、金融市場及財金工具。我們一起來看看研究結果。

期貨市場

巴舍利耶的論文發表後數年，不少學者開始查驗其中的數據，並有驚人的發現。不過，他們大都將互相矛盾的數據，歸因為偶發的失誤，沒怎麼放在心上。前面提過，高斯理論最早是應用在天文研究，因此對現實世界難免存在的少數非常態現象，科學家早就習以為常，不正常的數值（又稱為離群點）、實驗失誤或大自然反常，都是科學家常遇到的狀況。通常在進行主要的計算之前，科學家會捨棄這些極值（extreme value）不用。

為數可觀的矛盾數據第一次浮上檯面，是一九六二年的事。當時我追蹤為期超過一世紀的美國棉花價格資料，並研究棉花價格每日、每月、每年變化的情形。結果清楚地擺在眼前：棉花價格非但不像傳統金融理論所說的符合標準常態分布，反而異常紊亂。其變異數並非穩定一致，而是變化多端，每次都不一樣。過了一年，麻省理工學院學者庫納將我的研究分析收入他的著作，他表示，此研究結果迫使經濟學家「認真面對令人不安的實際觀察結果，不能再像以前一樣抱著眼不見為淨的心態」。該篇研究成為經濟學裡最廣為閱讀和引用的論文之一，也鼓勵了其他學者用不帶偏見的眼光來看棉花價格，我們稍後將再回頭討論棉花價格的問題。

指數型商品

不論是哪種股票指數、哪個國家或哪種個股，價格變化從來沒有出現傳統金融理論所說的常態分布。我的學生法瑪便以此為博士論文題目，針對道瓊指數內三十檔藍籌股一一擊破。研究結果同樣令人震驚：大幅價格波動，遠比常態分布多出許多。大幅價格波動（亦即距平均值五個標準差以上）的次數，比預期高出兩百倍以上。根據高斯的機率理論，這類事件每七千年才會發生一次。但實際數據則顯示，每三到四年就發生一次。

後來學者發現，股票指數也一樣。統計學家喜歡用一個簡潔的概念來表示一堆複雜的資訊，於是他們發明一個數值，用來衡量統計數據跟鐘形分布契合的程度，這個數值叫「峰態係數」（kurtosis），這字源自希臘文 kyrtos，意思是「彎曲的」。我們可以把它想成統計高湯裡的「調味料」，不摻任何調味料的純鐘形分布，其峰態係數為三。兩端肥厚的曲線（稍後我們會發現這種情況占多數），峰態係數較高，算是辛辣的重口味；而燉煮到水分都蒸發掉的濃湯，峰態係數則較低。

比利時天主教魯汶大學的數學家文．蕭頓斯（Wim Schoutens）在二〇〇三年出版的著作中提到：一九七〇至二〇〇一年間，美國著名的標準普爾五百指數每日變化量的峰態係數是四三．三六。根據統計學的標準，算是加了五根辣椒的超辣高湯。即使將最火辣的數值（一九八七年十月的股市崩盤）剔除，辣度依舊偏高，峰態係數值為七．一七。代表許多高科技股的那斯達克指數（Nasdaq），峰態係數為五．七八。法國的 CAC-40 指數，峰態係數為四．六三。以上，都比高斯常態分布的「三」要高出許多。

外匯市場

能證明外匯市場高度異常的研究相當多。花旗集團於二〇〇二年所做的研究顯示，好幾種貨幣的匯率都出現過巨幅波動，包括美元、歐元、日幣、英鎊、披索、波蘭幣以及巴西里爾（Brazilian real）。例如美元對日幣，曾經在一日之內上漲三．七八％，等於距平均值五．一個標準差（5.1σ）。倘若匯率波動真的符合高斯定律，這種事情應該一世紀才可能來個一次。可是，最大的下跌幅度高達七．九二％（10.7σ）。理論上發生的機率呢？就算花旗集團自一百五十億年前的大霹靂後就每天買賣美元，至今也還不會碰到*。

同樣的現象，可以在每日、每週、每月，甚至每年的匯率變動上觀察到，只是隨著時間拉長，峰態係數也逐漸變小。這可不是什麼新發現——實際匯率波動與鐘形分布不符這事，早在一六〇九年英鎊對荷蘭盾的匯率圖表就看得出來了（見左頁圖）。

這可不是鐘形分布！
四個世紀以來動盪的匯率史

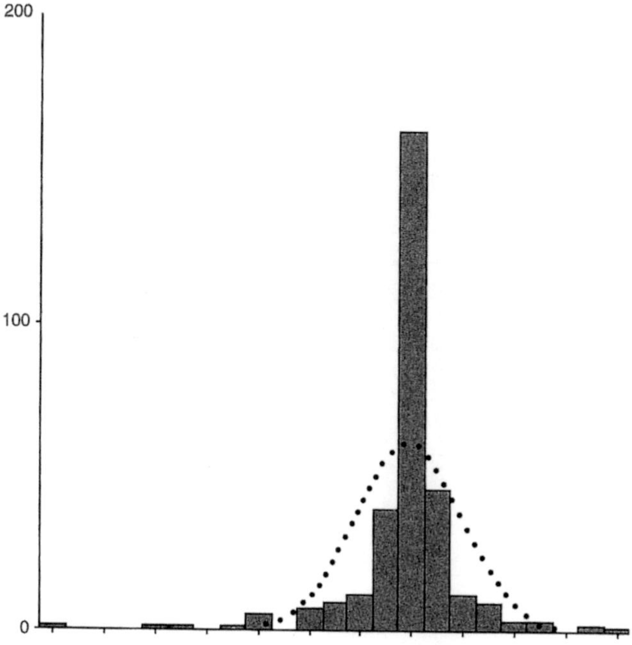

這個圖表顯示出四個世紀以來動盪的匯率史——圖中的灰柱代表英鎊對荷蘭盾（sterling-guilder）匯率不同波動幅度出現的次數。
可以看出，1609 年到 2000 年的匯率波動並不符合鐘形分布，小幅波動很多，大幅波動次數也相當可觀，介於兩者之間的反而很少。（圖片來源：Casper G. DeVries, "Fat tails and the history of the guilder", *Tinbergen Magazine, 2001*）

短期資料相依性

當然，規規矩矩的常態分布不是傳統金融理論唯一的基本假設。還有一個重要的假設是：不論是擲硬幣遊戲，或是金融市場價格波動，所有事件都各自獨立，與上一個事件毫無干係。因此，沒有人能根據歷史資料，預測未來的獲利。

事實上，就連金融界都將這個假設當童話故事看。

對此，許多經濟學家曾經深入研究，並發現所謂的「短期資料相依性」（short-term dependence）。這是指：某一時間點的價格變化情形會影響短期內的價格，可能是一小時、一天或數年，看你怎麼定義「短期」。

有些經濟學家將之稱為動能效應（momentum effect）：一旦股價開始爬升，這股動能將會支持價格繼續上揚。舉例來說，一九九一年美國杜克大學的坎貝爾·哈維（Campbell Harvey，第四章開頭提過的財務長問卷調查就是他進行的研究）研究全球十六大經濟體的股市。他發現，如果股價指數這個月下跌，下個月再下跌的機率會稍微增加；同樣的，若指數上漲，接下來繼續上漲的機率也比較高。確實，根據資料顯示，若本月價格變動的幅度很大，這股動能很可能延續到下個月，只不過波動會減緩、變小。其他幾項研究也發現類似的短期股價變化趨勢。一旦重大企業新聞見報，股價馬上做出反應，而且隨著消息越傳越遠，會有越來越多的分析師開始注意、越來越多的投資人展開行動，價格走勢很可能就這樣維持數天。

中期（三年至八年）的股票變化正好相反。若是股價一連幾年呈現上漲趨勢，下一年下跌的機率會稍微增加。法瑪跟另一位經濟學家肯尼斯．佛蘭奇（Kenneth R. French）在一九八八年的研究中提出這個發現。他們查看數百支股票的價格波動紀錄，並將這些股票按照市值多寡分成不同的投資組合。結果發現，若以八年為一期，大約有一〇%的股票當期的表現跟前一期的狀況有關聯，雖然趨勢不怎麼明顯，但還是測得出來——某檔股票若這八年表現不錯，下一期（八年）很可能就不怎麼樣。類似的現象在較短的期間（三年到五年）也可以看到，雖然沒有那麼顯著，在統計上仍具有相當分量。其他研究也得到相同的結論。

經濟學家認為，這是「流行」使然。一家企業可能連續好幾年受到投資人青睞，產品賣得好、利潤滾滾而來，使得投資人對其前景更加看好。突然間，發生了某個事件改變了一切，可能是企業營運出了差池，或是投資人的口味改變，造成價格轉向。價格開始自我修正。這種現象不是很明顯，但經濟學家認為足以利用這機會獲利了，這點跟傳統金融理論的主張相違背。

簡單投資策略的實驗

一九九三年，拉辛漢．葉加迪斯（Narasimhan Jegadeesh）及薛若登．第門（Sheridan Titman）

＊大霹靂（Big Bang），或譯大爆炸，為宇宙起源的學說之一。

兩位經濟學家按照這些趨勢，精心設計了買賣策略實驗。他們採用一九六五年到一九八九年的實際數據，來模擬簡單投資策略的結果。所謂「簡單投資策略」，是指買入六個月以來持續上漲的股票，賣出六個月以來持續下跌的股票。結果發現，接下來六個月往往可獲得不小的「利潤」，一年下來，平均報酬率較一般的市場指數基金高出一二・〇一%。不過，假如超過六個月，情況就大不相同了：兩年之後，隨著股價自我修正，他們的「虛擬」利潤也化為烏有。

這些經濟學家的研究結果頗具爭議性。有人批評他們高估了獲利，低估了此類買賣策略的成本。我本身也不贊同其研究結果，理由是：如果一個統計學家得到的結果在意料之中，代表他的研究不夠嚴謹、不夠徹底，更何況，這些學者根本沒有脫離高斯定律的範疇。在往後的章節，我將會提出對「資料相依性」的另類看法。

我認為，最明顯的相依效應不在短期，而是長期——理論上，應該說是「無限期」。不管怎麼樣，至少到目前為止我們可以說，股價變化並非獨立事件。今日的波動會影響明天的價格，或多或少。傳統金融理論「又」錯了。

好啦，理論不成立，但那又如何？

各種重量級證據都顯示，標準金融理論的假設有問題，我們實在不該繼續對這個問題視而不見。我在這個領域耕耘了四十年後，大多數經濟學家現在都承認，股價的變化並不是呈現鐘形分布，也不是獨立事件。

不過對許多人來說，聽歸聽，他們不免要問：那又怎樣？他們說，畢竟獨立事件和常態分布，只是用來簡化金融理論的數學模型而已，重要的是「結果」。標準金融模型到底能否正確無誤地解釋市場行為？投資人是否能用現代投資組合理論，來建立安全而有效的投資策略？CAPM（資本資產定價模型）能否幫助財務分析師或企業財務管理人員做決策？若答案是肯定的，就沒什麼好爭論的。這是所謂的實證辯證（positivist argument），最早是芝加哥大學的經濟學家米爾頓・傅利曼提出的。

可惜，就算用這個標準來衡量，傳統金融理論還是不合格。經濟學是一門好趕時髦的學科，一九七〇年代，CAPM和布雷克—休斯選擇權評價模型剛開始流行之際，想要在經濟領域出人頭地，就要尋找證據支持新學說。因此，大家只顧著提供錦上添花的研究結果，逆耳忠言都遭到了忽略。到了一九八〇年代，一股反對的風潮興起，持續至今。年輕一輩的經濟學家視夏普那一代為老人，覺得他們的學說應該被推翻。新證據開始一點一滴地在學術期刊及華爾街刊物出現，直陳現實世界要比老舊的學術教條所言複雜許多。

還記得之前探討CAPM時我提過，股票投資人的預期利潤，等於國庫券利率加上股市表現的一部分。這裡所謂「股市表現的一部分」，就是關鍵性的β值，每支股票的β值各不相同。根據傳統金融理論，投資人需要知道的就這些。不必研究企業基本面，不用巴著在這些公司上班的朋友要內線消息，只要算出β值、從報紙上查到國庫券利率，再預估整體經濟展望和股市走向，就搞定了！就是這麼簡單！

事實上，可沒這麼簡單。一連串經濟學家美其名為「不規則」的現象，說穿了，不過是與CAPM不符的實際證據。

不規則現象之一是：本益比效應

財務分析師常會拿股價跟其他數值相比，來判斷股價的合理與否。其中最常見的，就是本益比（P/E ratio），也就是「股價」除以「每股盈餘」。傳統金融理論說，這是浪費時間，因為只有β值（即個股相對於整體股市的變動幅度）才會影響股價。事實上，數項研究顯示，高本益比的個股，表現比低本益比的個股要差。當然，這絲毫不令人意外——畢竟，買入的價格過高，就較不容易獲利。

不規則現象之二：一月小公司效應

緊接著本益比之後，經濟學家發現前面提過的「一月效應」，也就是「股市每逢一月就上漲」的現象。經濟學家繼而又發現「小公司效應」，也就是小型企業股的表現，平均比大型企業股高出四・三%。更有意思的是，兩個現象結合，就出現了所謂「一月小公司效應」（small-firm-in-January effect），這比它們個別的效果還要顯著。對此，傳統金融理論當然還是嗤之以鼻，他們認為，倘若統計學家真去尋找影響股價的因素，蹦出來的除了β值，其他的都不甚重要。

不規則現象之三：市價淨值比效應

股市分析師常用的另一個財務比率，是市價淨值比（market-to-book），即「股價」除以財務報表中所列的「每股淨值」。令人驚訝的是，長期而言，市價淨值比低的個股（即股價低於帳面淨值），其表現比市價淨值比高的個股要來得好。當然，華爾街早就了解這點了——逢低買進，逢高賣出。然而，根據傳統金融理論，理應不會有這種現象。諸如此類有關「不規則現象」的研究報告，在經濟學期刊中屢見不鮮。

現代金融理論中，最重要的莫過於效率市場假說。根據這個假說，市場是理性的，所有資訊皆已反映在價格上，投資人不可能戰勝市場。但事實上，投資人有時的確可以戰勝市場。到一九八九年為止，全美最成功的投資經理人彼得・林區（Peter Lynch），十三年中有十一年帶領富達麥哲倫基金（Fidelity's Magellan Fund）超越市場指數的表現。巴舍利耶可能會說，林區創下這樣的奇蹟不過是運氣好，單靠運氣就能有這樣的成績雖然機率很小，但並非不可能——有人研究過，這樣的機率大約是一百零五分之一。

不過，最教人驚訝的還不是林區成功的機率，而是麥哲倫基金非比尋常的成就。該基金十三年間的平均年報酬率為二八％，比標準普爾五百指數的十七．五％高出了許多。創業的前七年，麥哲倫基金的規模還很小，那時它的平均年報酬率就有二五％了；可沒有人能說它是因為「規模太大」才占盡優勢了。

說到麥哲倫基金傲人的報酬率，其實這麼好康的事，發生機率只有一萬分之一。主持這項研究的波士頓學院（Boston College）財務金融教授艾倫．馬卡斯（Alan J. Marcus）就表示，這「跟效率市場裡的運氣比，好太多了」。

醒醒吧，別再逃避現實了

既然有這麼多證據顯示傳統金融理論有誤，為什麼大多數的經濟學家仍在課堂上照教不誤，同時還有無數的金融從業人員繼續捧場？要是同樣的爭論發生在天文學領域，早就水落石出了。想像一下，假如天文台突然觀測到一顆新行星，但被另一批天文學家駁斥，說該處不可能有新行星。這時，假如有一個又一個天文台都觀測到同一顆新行星，那麼，就算持反對意見的天文學家可能會改為質疑觀測儀器有沒有問題，絕不至於對新發現視而不見。甚至，天文學家可能會因為這項發現，回頭對現有的天體力學理論提出質疑，天文學可能因此翻開新的一頁。

但經濟學領域就完全不是這麼回事，儘管新發現、新證據接踵而來，多數人卻視而不見。這些老舊的金融理論，為什麼能繼續存活？

答案是：習慣與方便。簡單的數學算式，本身看來就令人肅然起敬，除了內行的專家，大多數人都覺得神祕難解。全世界的商學院繼續傳授。數以千計的財務人員、投資顧問都是受這樣的訓練出來的。事實上，大多數畢業生出了校門就知道所學根本不管用了，只好用各種變通辦法加以調整、修正，以期達成任務。雖然如此，使用傳統金融理論還是讓人覺得比較安心而有權威感。

這是錯覺，毋庸置疑。傳統金融理論的根本問題，是把股市當做擲硬幣遊戲。如果要把機率模型套用在金融市場上，你好歹要選擇正確的模型。真實世界的股市是狂野的，股價波動的幅度，可能大到令投資人頭髮直豎，遠比四平八穩的傳統金融理論刺激多了。這意味著，股票和外匯交易的風險比一般人想像的還要大，也意味著股票投資組合並不正確，風險非但沒有降低，還可能提高。甚至，有些交易策略根本就錯誤，選擇權的定價方式也不對。總之，任何用到鐘形分布的財務計算，都可能產生失誤。

歷史總是充滿諷刺。金融市場最狂放不羈的特質，竟然是傳統金融理論最著名的兩位大師休斯和默頓發現的。一九九三年，這兩位諾貝爾獎得主跟華爾街重量級的債券交易商，聯手創立一家避險基金——長期資本管理有限合夥公司（Long-Term Capital Management LP，簡稱LTCM）。眾家合夥人投資一億美元，並且對外募集資金，最後總共湊了七十億美元。他們的策略很簡單，就是按照傳統金融理論的算式，在全球市場中尋找價格過低或過高的選擇權。他們以極高的槓桿比率與負債比率下注，認為市場最後會認同他們設定的正確價格。該公司最多曾同時雇用二十五位博士，旁觀的夏普曾對《華爾街日報》表示，ＬＴＣＭ「恐怕是全球最頂尖的財務金融學系」。

但是，它最後潰不成軍。一九九五年，他們的獲利曾高達四二・八％，一九九六年也有四〇・八％的獲利，但最終卻在一九九八年遭遇到金融風暴。那時ＬＴＣＭ的做法早已偏離一開始純粹以學術為基礎的投資策略，不再只是挑選價格過高或過低的選擇權，而是採取了高風險的做法——押注債券價格走向。隨著全球市場緊縮，債券價格的動向開始超出正統金融模型所能預測的範圍，該基金也出現虧損。一九九八年八月，俄羅斯政府無力償還債券，引起金融市場的恐慌，ＬＴＣＭ當時是西方國家最大的債券投資者，手上大量的債券完全脫不了手。

更糟的是，不同於傳統金融理論的預期，多數債券以外的投資也一蹶不振。全球市場並沒有以行動證明價格波動是獨立事件，而是不約而同的往下跌。同樣的，價格波動幅度則是一致地往上竄。事後有些經濟學家研究當時的金融市場，從他們收集的資料可以看出市場的動能的確相當驚人。大型銀行大都投資外匯市場，因此經濟學家研究當時全球前四大銀行每日的盈虧，為了不讓銀行曝光，他們把數據整合為一。雖然如此，還是可以看出令人震驚的市場效應。金融風波期間，價格波動幅度之大，充分顯示出市場的不可預測性。

最後，由於美國聯準會擔心ＬＴＣＭ破產會引起骨牌效應，於是出面干預，在聯準會要求之下，幾家銀行才勉強同意以三六．二五億美元買下LTCM。休斯後來否認他的選擇權評價模型跟LTCM的失敗有任何顯著的關聯，他表示，充其量只是扮演次要的角色。不過，一些合夥人可不這麼想。LTCM的主事者，很可能也是虧損最多的人──約翰．梅勒韋特（John Meriwether）損失高達一．五億美元，他曾對《華爾街日報》表示：「我們整個策略基本上是錯誤的。」二〇〇〇年，梅勒韋特再度出馬成立新的基金（畢竟，跌倒後如果爬不起來，就不配稱為華爾街的一分子），他說：「隨著全球化程度加深，金融危機只會增

狂放不羈的市場

全球籠罩在金融風暴中

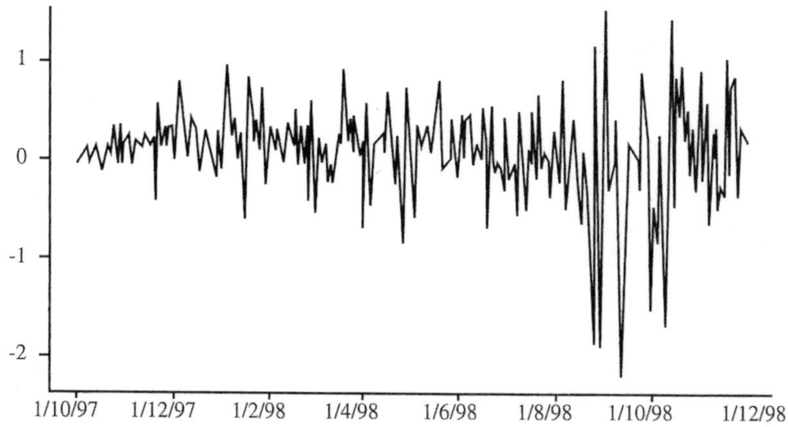

1998年俄羅斯金融風暴的最高峰時期，全球市場猶如籠罩在颶風中。此圖顯示全球參與外匯市場的前四大銀行當時每日的盈虧總和。（圖片來源：Elena Medova, "Measuring risk by extreme values", *Risk*, 2000）

加不會減少。現在我們把眼光放在極端、隨時設想可能發生的最壞狀況——因為我們絕對不想要再經歷那樣的事了。」

阿門。

第2部 新道路

奉行歐幾里得理論的幾何學家發現：
看來平行的兩條線，往往到最後還是相交。
對他們而言，唯一的解釋是：
這兩條線不直，所以才會相交。
事實上，真正的原因是，
平行法則根本不適用，
唯一的解決之道，
是發明不同於歐幾里得學說的幾何學。
目前的經濟學，差不多是這樣的處境。
——英國經濟學家約翰·凱因斯

第6章

答案啊，在茫茫的風裡

金融市場裡的湍流

終於，該提出關鍵問題了：如果說，市場上沿用多年的金融理論是錯誤的，那我們該怎麼將自己拉回正軌呢？

我認為，答案，來自一個大家意想不到的地方：茫茫的風裡。

風，是「湍流」（turbulence）的一種典型型態*。儘管對湍流的研究已經超過一個世紀，科學家和飛機設計工程師對湍流仍不甚了解。若以波音或空中巴士來進行風洞（wind tunnel）測試，我們可以觀察到水汽、灰塵或光體複雜的運動。當前端的葉片轉速較慢時，風洞中的風平穩而柔和。湍流在平穩、一致而悠長的直線、平面或曲線上流動，就像膠合板裡一層層平行的木板一樣。

這種湍流叫做「層流」（laminar）。隨著葉片轉速漸增，風洞中的風速與動能也提高了。隨時可能爆發一陣陣急促、突如其來的狂風，這就是湍流的開端。由於力道太強，風洞中的湍流甚至會耗損葉片的動能。漩渦接著產生，大漩渦中還有小漩渦。一連串大大小小的漩渦瞬間出現。

接著，令人驚訝的現象突然發生了。平穩的湍流忽然在少數幾處浮現，不過為時短暫，然後更多狂風與湍流出現。再歸於平靜。然後漩渦再現。在實際的高空飛行中，飛機會上下顛簸，就是這種忽上忽下的強風與漩渦造成的。飛機越小，越容易受湍流影響，乘客所感受到的震動就越大。底下這張圖取自我一九七二年發表的論文，由該圖可以看出這種間歇式的變動型態。

金融市場，在茫茫的風裡

對於湍流，大家都很熟悉，熟悉到很容易忽略其重要性。湍流是生活中常見的現象，抬頭看看如浪濤般的白雲，透過望遠鏡看看木星表面的紅色斑點，這些都是

各位乘客，請繫好你的安全帶……

大氣中紊亂的湍流

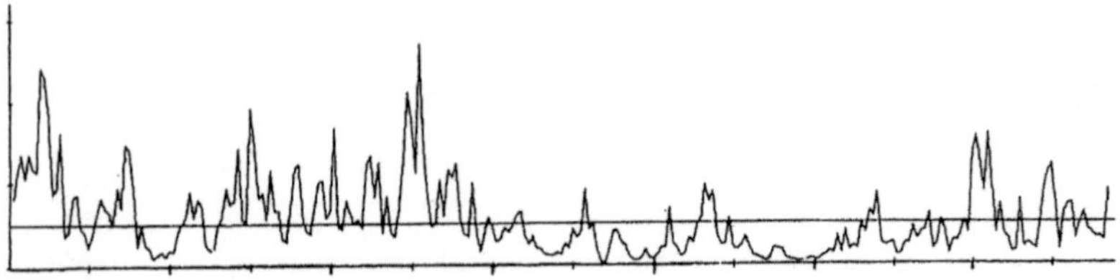

此圖為風速變化的多重碎形模擬圖，時而狂亂，時而平穩。可以看出高峰或低谷各自聚集在一起。（圖片來源：Benoit B. Mandelbrot, *Statistical Models and Turbulence*, 1972）

典型的湍流。透過光譜儀我們可以看到太陽黑子，它也是湍流的一種。

此外，現今的人們還有機會透過電視新聞轉播看到擱淺的油輪後頭拖著可怕卻也滿美麗的黑色漩渦。電話工程師也常常聽見典型的湍流——斷斷續續的雜音，他們稱之為「閃爍雜訊」。不管再怎麼小心，這種不規則且原因不明的雜音常導致數據傳輸上的錯誤。藝術家沒讓科學家專美於前，他們也注意到了湍流。達文西就曾印象深刻地表示：

> 在所有破壞人類建設的天然災害中，我覺得河流是最可畏的，因為河流具有強大的威力，導致氾濫成災……
>
> 不論人類有多麼深謀遠慮，面對來勢洶洶而滿溢的河流所帶來的洪水氾濫，仍然束手無策。一波又一波狂湧而來的滾滾河水瞬間侵蝕河岸、衝破堤防，沖刷過犁整過的田地後，夾帶著渾濁的泥土，淹沒房舍、推倒高樹，將岸上萬物搜刮一空捲入河裡，也就是它的巢穴。人、樹、動物、房屋和土地，無一倖免。質輕的東西都被帶走了，重的也被摧毀，小小的裂縫演變成山崩，低平的峽谷充滿著破壞力強大而冷酷無情的河水。
>
> 摘自達文西的筆記

＊湍流是大氣快速且不規則的流動所引起的，會使飛機突然產生顛簸，但通常還不至於大幅偏離原定飛行路線。

威力同樣強大的湍流也可見於金融市場。事實上，從下面這張圖就可以看的出來。該圖顯示，股市的波動非常劇烈，二十世紀以來一直動盪不安。將這張圖與第一五〇頁的圖相對照，可以發現兩者皆有相同的突起，也一樣是一陣狂亂、一陣平穩，都具有「不連續性」與「間歇性」，大幅變化也同樣聚集在一塊。試想前面提過的小飛機在紊亂的湍流中顛簸前進的狀況，我們或許可以說，緊張的投資人就像小飛機，眼看著捉摸不定的股價在下面流動。

因為我們正遭遇一股市場風暴……

市場中紊亂的湍流

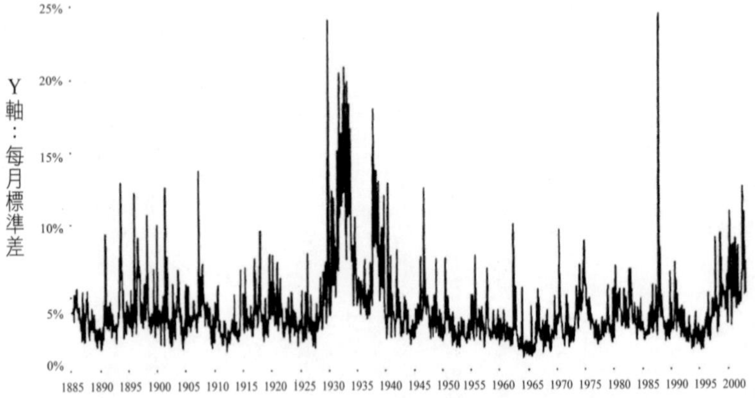

此圖顯示出股市的變化多端，股價每月的波動幅度可以非常大。1929 到 1934 年出現第一次高峰，再來是 1987 年。這張圖和前面的「大氣中紊亂的湍流」非常相似，吻合度高到不可思議。不過，只要比較兩者的數據就會發現一點也不令人意外。（圖片來源：William Schwert, http://schwert.simon.rochester.edu/volatility.htm, 2004）

那些年，我們目睹的股市風暴

大家都知道，財經記者常常用「震盪」（turbulence）這個詞來形容股市，原因不難想見。

一九九七年十月二十七日的紐約證交所，就是很好的例子。當天道瓊工業平均指數（簡稱DJIA）重跌五五四．二六點，跌幅七．一八%。雖然美國證券交易委員會（Securities and Exchange Commission）的主管人員花了一年的時間，企圖追根究柢找出根本原因，但就如同所有股市變化，其實很難在事後找出確切原因。當時投資人紛紛將手上的持股脫手，頓時賣潮湧現，主管當局為了穩定人心，不得不兩度勒令停止交易。以下我們節錄證券交易委員會「血淋淋」的最後報告，從中可以看出當時採取什麼樣的措施：

> 十月二十七日下午二時三十六分為止，道瓊工業平均指數較前一天收盤時共下跌三五〇點。此一重創造成股市、選擇權市場及指數期貨市場暫停三十分鐘。股市於三點零六分恢復交易後，三點三十分股價總共下跌了多達五五〇點，以致股市提早三十分鐘收盤。
>
> 次日，十月二十八日星期二，一開始股價持續猛烈下跌的走勢。到上午十點零六分為止，道瓊工業平均指數下滑一八七．八六點（跌幅二．六二%）。隨後股市大幅竄升，收盤時道瓊工業平均指數上揚三三七．一七點（四．七一%），達到七四九八．三二點，並創下當時紐約證交

所及那斯達克的交易量紀錄——超過十億股。

證券交易委員會市場規範部門，一九九八年九月

還真是一團亂。很像達文西筆下的洪水氾濫，沖毀一個又一個堤防之後才慢慢平息。那次金融市場出現「災情」時，股價也是亂竄一通。股票營業員出的買價和賣價差距相當懸殊，最高時超過產業標準一九%以上，也就是說，賭贏的人一夕致富，賭輸的則傾家蕩產。

金融風暴很快蔓延到全球各地，香港恆生指數重挫一四%，倫敦下跌九%。那天，紐約股市在三點三十分提早收盤，根據證券交易委員會的估計，收市前二十四分鐘股價仍然以平均每分鐘○・一○%的速度下跌（相當於每小時六%）。以市值來計算的話，美國企業的價值正以每秒一億美元的速度縮水中。隔天上午，紐約股市的股價反轉，開始以更快的速度回升。不過，二十四小時內最快速的變化卻集中在短短三分鐘之內：也就是紐約時間下午三點十二分到三點十四分，以及三點二十四分到三點二十五分之間。用「暴風雨」還不足以形容這次金融危機的慘烈，說是特級颶風更為貼切。

「有意思，」你會說：「可是用風暴、水患來形容股市，不過是玩文字遊戲吧？嚴格來說，真的可以將風跟金融市場相提並論，用強風來比喻股價上漲、用颶風來代表股市崩盤嗎？」

論「起因」，股市風暴當然跟颶風大大不同。但在數學上，兩者卻有相同之處。科學有一個很

大的特色，就是許多看似截然不同、毫不相關的現象，都可以用一樣的數學模型來解釋。古人用來算直角、蓋神廟的二次方程式，被今天的銀行家拿來計算二年期債券的到期殖利率（yield to maturity）。牛頓和萊布尼茲（Leibniz, 1646-1716）*，在兩個世紀前為研究火星和水星所發明的微積分，今日被土木工程師用來計算橋樑的最大承載量及最大河流流量承受度。

這並不是說橋樑、河流和星球運行的原理都一樣，也不表示研究希臘雅典衛城的考古學家可以幫忙計算埃森哲（Accenture）管理顧問公司的債券價格。同樣的，風和股市基本上也完全不同，一個是自然現象，一個是人為產物。自然現象雖然千變萬化，看起來也不盡相同，但用來解釋這些自然現象的數學算式和概念卻驚人得少。人們開闢叢林時，所需要的工具只有少數幾種：砍樹的大砍刀、推倒樹木的推土機，以及用來燒毀樹林的火。

科學也一樣。當我們探索廣大無邊的自然界和人類行為時，最常用到的研究工具不過寥寥幾種。當一個人手上拿著鐵鎚時，他看到什麼都覺得是該敲該打的鐵釘。因此，風洞和股市若共享相通的數學工具，也不致令人感到意外。

---

*萊布尼茲是橫跨多領域的全才，在數學領域最重要的貢獻是發明微積分，且預見並認真思索符號邏輯的可能性，為歐陸理性論三哲之一。

請跟著以下圖解，走進碎形理論的世界

我這輩子做研究的目的，就在於發明新的數學工具，讓人類可用的工具更多一些。我所發明的新工具叫做「碎形幾何」及「多重碎形幾何」。碎形幾何這門學問，研究的是參差不齊的不規則形狀。「碎形」（fractal）一詞，是我在一九七五年創造的。fractal 來自拉丁文 fractus，即 frangere 的過去分詞，我是在兒子的拉丁文字典中查到這個字的。同樣的字根亦可見於不少常用的英文字，例如 fraction 及 fragment，兩者都有「部分」或「破碎」之意。

碎形幾何是我數十年的心血結晶，是綜合數學史上許多看似毫不相關、被人遺忘或忽略的證據和議題，多方探索、延伸、融會貫通而成的新領域。到今天，碎形幾何已被視為理所當然、十分「自然」的一部分*，應用範圍非常廣泛，包括網路通訊中壓縮數位影像、測量金屬斷裂、腦波儀分析腦波、設計超小型無線通訊天線、改良光纖電纜，以及研究肺部的支氣管結構等。

碎形幾何也成為流體力學、水文學和氣象學研究的工具。碎形幾何的優勢在於：能以少數幾個簡單的方程式來表達許多複雜而不規則的數據。這優勢在多重碎形幾何上更為明顯，而多重碎形正是研究湍流與金融市場的主要基礎。過去幾十年來，我跟其他幾位學者一直用碎形幾何研究金融市場，並以此建立金融市場運作的模型。儘管已經過了四十年，這項研究仍在進行，甚至可以說只是個開端。下面幾章將詳細說明碎形幾何及其在財務金融方面的應用。

在這裡，我先以最簡單的圖解法，來介紹碎形幾何。我引用巴舍利耶發明的模型，並以更簡潔、單純的型態呈現，甚至簡單到不應稱為「模型」。為了避免混淆，我姑且稱之為「卡通圖」（cartoon），即「草圖」之意。「卡通」這個詞是借用自文藝復興時代的壁畫家和掛毯設計師，他們在真正開始作畫或設計前，多半會先畫草圖，在紙上嘗試新的創意，滿意之後才進行正式作業。讀者可從下頁簡單的卡通圖，一窺碎形幾何工具的概略。

所謂碎形，指的是「小部分的圖形跟整體形狀相呼應」。舉例來說，若仔細觀察蕨類的葉片，你會發現，每一片都是由更小的葉片所組成，小葉片再由（形狀相同的）更小葉片組成。當然，這樣的分析也可以反過來。我們可以由最大的葉片分析到最小的葉片，也可以由最小的葉片一步一步推演到最大的。起初，細嫩的蕨葉從芽苞長出，接著漸漸長大，生出更多枝葉，就這樣最後長成完整的蕨。這是大自然發展的法則。金融界的碎形可以拷貝上述方式——藉由分析及合成（synthesize）股價圖表。我示範如下。

由下頁圖可以看出，金融市場的碎形圖是以一單位長乘以一單位寬的箱形為底（因考量較佳的視覺呈現效果，圖中的寬度拉長了）。箱形內由左下角的座標（0, 0）往右上角的座標（1, 1）畫一

＊編按：碎形試圖解釋過去科學忽略的非線性現象與大自然複雜結構，如今碎形幾何已成為主要能描述大自然的幾何學了。

直線。這就是基本的趨勢線，不論價格如何波動，金融市場最終將呈現上升、獲利的趨勢。反之，假如要建構市場下跌的模型，則由左上角往右下角畫一直線即可。接著，畫上通過趨勢線的鋸齒狀曲折線，叫做「生成元」（generator）。由圖可知，「生成元」分為三個部分：上升、在關鍵點轉折往下、再轉折往上。「轉折的關鍵點在哪兒」，以及「轉折的頻率」，對於結果有很大的影響。

接著談建構碎形模型的方法。以鋸齒狀的曲折線取代所有直線，可以按需要縮小鋸齒，但不要改變角度。按直線長短適度地以水平方向縮小鋸齒，必要時也可以垂直縮小。為配合下降的趨

首先，模擬一個股價走勢圖
非隨機碎形金融市場的樣子

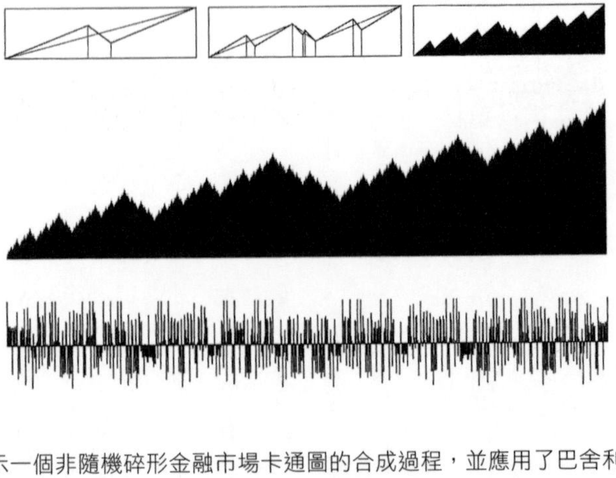

此圖顯示一個非隨機碎形金融市場卡通圖的合成過程，並應用了巴舍利耶的理論。最上排由左至右是製圖的第一階段，中排深色圖是完成後的成品，而最下排則顯示每一刻的變化量。這系列的圖算是最簡單的形式，跟現實情況落差頗大。

接著，加入隨機升降組合

隨機的金融市場走勢圖

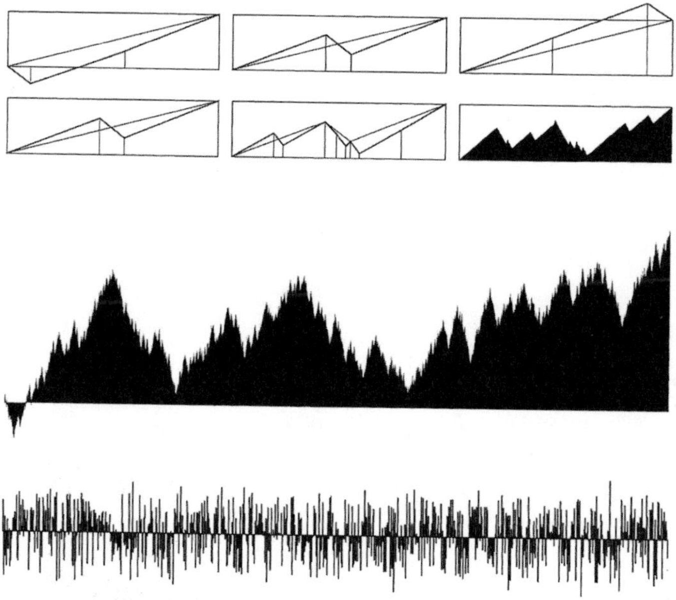

這張圖和上頁圖有異曲同工之妙，只是更接近實際狀況。跟前面一樣，碎形生成元首先往上升，接著下降，然後再度上揚（見最上排中圖）。我們可以改變生成元的升降順序，例如最上排左圖是下降→上升→上升，最上排右圖是上升→上升→下降。在建構碎形圖的每個階段，可隨機選擇生成元三種升降組合之一。第二排顯示建構圖形的前三個階段。深色的折線圖是完成後的成品。最下排則顯示每一刻的變化量。

勢，可翻轉鋸齒以便跟終點吻合。如此一再重複，每個階段以更小的鋸齒取代直線，直到鋸齒越來越小。最後若瞇著眼看，可以看出價格圖漸漸成形，不過還稱不上「切合實際」，而且還太規律了。

到目前為止，鋸齒狀生成元的升降順序是先上升再下降，然後再上升。為了更切合實際情況，與其一再盲目地重複這個順序，不如將順序打亂。在進行每個步驟前，以擲骰子的方式決定用哪一個順序：上升↓上升↓下降、下降↓上升↓上升，或是原來的上升↓下降↓上升。以這樣的方式建構曲線，產生的圖形會比較貼近現實。

製作卡通圖的過程（及其成果）事實上更為複雜，後面幾章將詳細說明。改變鋸齒的轉折點或轉折出現的頻率，去掉外圍的箱形，讓線條更自由發展。這樣一來變化就多了，而且這還只是直線。若用數據建構圖形，而不是直接畫上直線，會更為複雜。或者，使用統計相關或其他抽象的型態，圖形看起來立刻逼真許多。前面提到的幅度非常大而狂亂不羈的波動將會非常明顯，亦可凸顯出資料相依性（即前面的事件會影響後來的事件）。下面幾章我們將會看到，碎形圖可以百分百模擬所有的現實金融市場。

財富如同凶猛的河水，會淹沒廣大的平原

當然，真實的價格圖並不是用碎形幾何創造的，而是記錄實際上已發生的價格變化。但我說

過，我們不可能逐一分析每次價格變動背後的原因，這也是「基本面分析」失敗的原因。

我們所能做的，是建構可模擬實際情況的數學模型，用以模擬價格波動的幅度及速度。數學模型無法分毫不差地複製價格變動的軌跡，但卻可以製造出統計數值完全相同的數據。有了這組數據，就不難發展強而有力的市場研究工具。我們可以用此工具比較投資組合的風險。可以在電腦上模擬各種可能的情況（what-if scenarios）。可以計算新金融商品複雜的價格，例如新奇選擇權；也可以掌控、甚至預測市場波動程度的變化。

這麼一來，金融「風暴」將不再只是象徵性說法。有了多重碎形幾何，「湍流」成了徹底分析金融市場的新方法。金融市場不再如過去財金專家所認為的那樣理性、循規蹈矩。其真實面貌得以揭露：金融市場其實多變而難以預測，是個可以輕易創造財富，但也能令財富付諸流水的危險機制，是人們不得不加以了解的系統，就像風、雨和水患。

如同水患，金融災害也得時時提防。義大利政治家馬基維利（Niccolò Machiavelli）曾視財富為洪水，他的比喻正好與此不謀而合：

> 我將它（財富）喻為凶猛的河水，一旦激怒它，它能淹沒廣大的平原，沖毀樹木、建築，甚至移地割山。人人聞之色變，奔逃四散，人們只能屈服在洪水的威力之下，絲毫無力阻擋。雖然如此，人類並非全然無計可施，河水平靜之時，人們可以構築堤防和壕溝，引導暴漲時的水

流，也可以減低洪水的破壞力，使災害不至於太嚴重。

節錄自《君王論》（*The Prince*）

第7章

雲的形狀，蘇格蘭的海岸線

日常生活中的碎形研究

科學上最早發明，同時也最重要的工具，幾乎都是來自觀察、測量，或是放大人類感官的結果。例如人類感覺到冷熱，才有測量溫度的概念和工具，進而促成熱力學的研究；聲音強度單位「分貝」，是因為人類有聽覺才產生的；光波和聲波頻率的發明，則是為了解釋顏色和音調；質量和速度被用來衡量輕重與快慢，也是力學研究的基礎。一個世紀前，偉大的數學家大衛．希爾伯特（David Hilbert）曾說過：「數學理論中最早、歷史最悠久的問題都是來自人類的經驗，也跟外在現象相互呼應。」

然而，自然界的不規則與碎形，卻幾乎全被科學家忽略。著有《幾何原本》（*Elements*，為世上最早公理化的數學著作）的古希臘幾何學家歐幾里得，將研究焦點放在平滑面上，與碎形正好相反。無數後繼的學者同樣窮其畢生之力鑽研平滑面，舉凡直線、平面、球面等，都是歐幾里得幾何學研究的範疇，而這也是大家在學校裡學習的重點。

我雖然喜歡歐幾里得幾何學，但這不過是人類構想中理想的概念罷了，跟自然界中處處可見的複雜碎形並不符合。環顧四周，自然界中的物體真正合乎古希臘幾何形狀的，有多少？也許完全無風時，平靜無波的池塘表面會完全平坦；如果你仔細觀察，也會看到小孩眼睛的虹膜幾乎是平滑的圓形。但除此之外，自然界還有多少平滑表面？我於一九八二年出版的《自然界的碎形幾何》一書中提到：「雲並非平滑的球面，山不是整齊的錐狀，海岸線不是平滑曲線，樹皮一點兒也不平整，閃電更不是直線行進。」

「碎形」與「不規則」看似跟財務金融分析沾不上邊，事實上，碎形幾何應用的範圍極為廣泛，下面簡單的介紹將有助於讀者了解金融分析的無限可能性，並且為後面幾章預做準備。

不規則中暗藏規則，無形中看見有形……

長久以來，科學家將自然界中的不規則形狀，視為完美形體中的小小缺陷，例如平滑無瑕的桃子表面細小的絨毛、圓滑的柑橘表面小小的凹洞。兩個世紀前，高斯和勒讓德發明以眾多「有誤差的」觀測值推算小行星「實際」運行軌道的最小平方法時，也是抱持著同樣的觀念。諸如「最小平方法」之類的工具一旦發展完成並逐漸普及，未予以質疑就採用的科學家只會越來越多。舉例來說，冶金學家以前常常用最小平方法計算一般平面或金屬斷裂面的不規則形狀，即使發現同一個金屬樣本得出不同的結果，仍照做不誤。

金融分析也一樣：價格走勢圖的不規則變化通常是用波動率表示，然而，分析師卻發現波動率本身的變化非常劇烈。我的見解是，不論湍流也好，現實世界的其他現象也罷，不規則並非「理想形體的缺陷」，也不是大自然中微不足道的「細節」。不規則，乃是眾多自然現象或物體的「精髓」，對經濟現象來說也是如此。

說得更具體些，我發展出一套專門解釋不規則現象的幾何學，這套數學工具能幫助人們了解比桃子上的絨毛更深奧的不規則現象。其關鍵在於能夠洞察不規則中的規則，無形中的有形。

也許這跟一般人的看法正好相反，但實際上數學的目的在於將生活單純化，而非複雜化。小孩子學到若要公平地分配糖果，得先算清楚糖果有幾顆，這是計算；而要學會怎麼將一塊糖果均分成數份，這是算術。接著，他們學會計算做十五人份的巧克力需要用上多少可可粉和糖，這是代數。依此類推，數學是由最簡單發展到最困難的。簡化事物最快的方式，是發現其中的對稱或不變性，也就是不會隨著外在條件改變而變化的基本成分。

就局部對應到整體而言，碎形有其特殊的對稱性與不變性：整體可以分成幾個較小的部分，而每一部分則是整體的微型。以花椰菜為例，每一朵「小花」都由更小的「花」組成，而小花的形狀則是整顆花椰菜的微型縮小版。畫家觀察力很敏銳，早在科學家之前就發現了這個現象。法國浪漫主義畫家德拉克洛瓦（Eugène Delacroix）在為《不列顛期刊》（*La Revue Britannique*）所寫的一篇文章中提到：

> 史威登堡在跟自然有關的學說中提過*……人體的肺臟是由許多小型肺組成，肝臟由許多小肝臟組成，脾臟由許多小脾臟組成等等……雖然我的觀察力遠不及他，但從很久以前我就發現確實如此。我常說，樹的枝幹就是小型的樹，岩石的小碎塊是大岩石的縮影，一把砂土是整座砂石山的迷你模型。我相信諸如此類的例子還有很多。就如同一支羽毛是由成千上萬的小羽毛所組成的。

碎形幾何的用途，就在於發現這麼有規則的重複型態，並且加以分析、量化和應用。碎形幾何既是分析工具，也是合成工具。有規則的重複型態可以有多種面貌，或許是具體的形狀由大而小不斷演繹下去（例如前面提過的花椰菜和蕨類），也或許是抽象的統計數字（例如矩陣中某個方塊是黑或白的機率），或太空中某一點被行星占據的機率。有規則的重複型態可以是由大而小，也可以由小而大，可以被壓縮、扭曲，或兩者皆有。重複型態的運作方式或可用十分精確的規則來解釋，也可能完全以隨機方式決定。

在一隻跳蚤身上，看見更多小跳蚤

最簡單的碎形幾何是以典型的幾何圖形（包括三角形、直線及扎實的圓球形）為基本組成。這個基本組成叫做起始元（initiator），前一章提到依照巴舍利耶模型製作的金融「卡通圖」，其中往上升的直線就是起始元。再來是生成元（generator），也就是製作碎形的樣本。生成元通常是簡單的幾何圖案，例如鋸齒狀的曲折線、極度捲曲的曲線，以及金融市場上週下跌二元、今天下降三十七分、下個月上漲一塊五毛之類的不規則曲線。接下來是建構碎形的實際過程，叫做遞迴法則（rule of recursion，亦稱遞歸法則）。

以巴舍利耶卡通圖的建構過程為例，首先畫出直線的起始元，均衡地壓縮鋸齒狀的生成元（但不翻轉），使之與起始元的起點及終點吻合，如此一再重複，直到以鋸齒取代所有直線為止。這樣的碎形製作規則雖然很簡單，結果也容易預測，不過重複次數多的話，也會形成相當複雜的圖形。以上面的例子來說，原本單純的鋸齒線最後演變成曲折的線條，看來就像自然界常見的形狀，例如遠處山峰的輪廓。事實上，碎形幾何已成為電腦繪圖工作者畫山水景觀和月球表面最方便、快速的

---

* 史威登堡（Emanuel Swedenborg, 1688-1772），瑞典科學家、神祕主義者、哲學家和神學家，對生理學和人體解剖學進行了認真的研究。

利器了。

要是稍微改變製作過程，碎形會變得更有趣。例如，隨機決定生成元的順序，或者不用紙筆而以抽象概念製作碎形。以社會科學為例，戰爭與和平交替的韻律、社會財富分配不均、大型企業壟斷市場等等，雖然乍看似乎毫無規則可言，卻都可以用碎形幾何來分析、解釋。碎形的種類不勝枚舉，但都有共同的少數特徵：

第一，碎形都按特定的比例放大或縮小，也就是局部對應整體，可用精準而適當的公式來表示。最簡單的碎形在每個方向都以等比例放大或縮小，因此都有自我相似性（self-similar）。就像相機的高級伸縮鏡頭，能將畫面中所有景物按相同的比例放大或縮小；某個焦距長度下所見的景物，跟另一個焦距長度下所見者是相似的。不過，巴舍利耶卡通圖上下左右縮放的比例並不一致，往後幾章的金融市場價格卡通圖也是如此。這類碎形是具備自我仿射性（self-affine），就像縮放文件時將辦公室的雷射影印機設定為橫向縮放比例大於直向。如果碎形在每個方向都有好幾種縮放方式，就叫做「多重碎形」——在數學上，多重碎形變化多端且力量強大。確實，碎形幾何的數學理論細節是相當困難的。不過，目前有成千上萬的十六、七歲中學生，正在學校的正規數學課程中學習粗略的碎形幾何理論。碎形幾何非常生動具象，因此很符合直覺。

碎形看似隨機而不規則，跟傳統的幾何分析往往相違背。碎形通常看來無規則可循且令人摸不著頭緒，不像傳統幾何中的拋物線或圓形那樣容易預測。事實上，碎形一開始非常簡單，甚至可以說是直截了當。不管是哪一門科學研究，初始的階段越簡單越好，否則很可能胎死腹中。所有碎形都是科學構想、規則或數學模型的邏輯表現。

這裡所討論的簡單碎形中，起始元、生成元及其他規則組成了碎形結構關鍵的三字碼，其重要性就如同基因組成中的四個化學字母＊。跟基因工程中的DNA一樣，碎形也有關鍵密碼。這組密碼決定了碎形美麗而複雜的結構，其複雜程度有時連世上頂尖的數學家也難解其中奧祕。

碎形幾何的淵源不只一處。起先是一八七五年到一九二五年間不尋常的發現，而這段期間正是數學史上混亂而無所依歸的時期。這些不尋常的發現被視為「似非而是」的理論，例如可以充滿一個方塊的直線，也就是說一度空間可以滿足二度空間；又如，異常簡單的過程可將一條直線轉換成無數不屬於任何空間的點；一條連續而不規則的曲線，無論在哪一點都無法畫出與該曲線相接成直角的直線。這些似是而非的理論，都是科學家為了凸顯主流數學理論中不合邏輯之處，而特意構思、設計的。

因此，最初這些理論被當做奇聞逸事或挖苦數學界的玩笑而流傳著，也因為這樣，它們並沒有受到人們的重視。後來我加入更多諸如此類的理論，將之整合成一個新的領域，加以延伸發展，為

＊指AGTC四個字母，分別代表四種含氮鹼基，任何生物的基因都是由AGTC四種密碼序列組合而成。DNA是以每三碼組成一字的方式寫成。

之命名，並且開始應用在現實生活中（包括自然界與人為世界）。這個數學新領域改變了許多科學家對世界的看法，甚至早在科學家之前就有詩人有如下的見解：

如此，自然學家發現，一隻跳蚤
身上寄生了更小的跳蚤，
這些小跳蚤身上又有更小的跳蚤齧咬著牠們，
就這樣不斷地繼續下去。

摘自愛爾蘭詩人斯威夫特《論詩：狂想曲》（Jonathan Swift, *On Poetry: A Rhapsody*）

如何測量蘇格蘭的海岸線與科羅拉多河？

碎形幾何理論中最引人注目的，恐怕是對空間的獨特看法。自歐幾里得以來，數學家一直認為「點」是零度空間，「線」屬於一度空間，「平面」屬於二度空間，而我們所熟悉的環境則是三度空間。愛因斯坦則提出了第四度空間，也就是「時間」。數學上可以繼續以此類推，舉出假想的五度、六度，甚至七度空間，雖然只是假想的理論，但是對於解決工程、經濟或物理方面的問題很有幫助。

拓樸學是數學領域裡研究「表面」的一支，提供了相當有趣的新發現。就拓樸學的觀點而言，黃瓜和橘子是一樣的，因為不需要切割黃瓜的表面就可以將它重新塑造成橘子的形狀，反之亦然。一個圓的圓周跟曲曲折折的海岸線一樣，同屬一度空間。圓周和鋸齒線都是連續的線，將鋸齒線展開、攤平再彎曲，可以形成一個圓；同樣的，將圓周拉直再加以曲折，可以形成鋸齒線——都不需要切割。

然而，所謂的空間，真的就如此而已嗎？

拿一顆線球當例子。首先，以歐幾里得的觀點來看：假設這個線球的直徑是五英寸，而線的粗細遠不及一英寸。若站在很遠的地方，幾乎看不到球；根據古典幾何學，可以說它是個零度空間的點。若握在手中，這個線球則確實是三度空間中的立體物件。近一點看，會發現它其實是由一團一度空間的線所纏成的。再更近一點看，會發現這線其實也是立體的，屬於三度空間。這麼追根究柢下去，一直到在電子顯微鏡下觀察到原子，才又回到零度空間的點。那麼，這線球到底是零度空間、一度空間，還是三度空間？答案依個人觀點而異。

就自然界中複雜的形狀而言，空間是相對的。空間的定義隨著觀察者的角度而改變。同一個物體可隸屬於不同維度的空間，看你觀測的角度與用途為何。維度不必然是整數，也可以是分數。這樣的觀點賦予古老的空間觀念一個嶄新的定義。

維度不該是死板而一成不變的，而是應測量的需求而有所改變。那麼，你要怎麼測量某個東西呢？要量一條直線的長度，你可以用尺；要測量曲線，你可以用稍短的尺，順著曲線弧度一小段一小段地測量，然後將結果加總。用的尺越短，測量的結果就越準確，測得的長度也比較長（參見下面關於「碎形維度」的解說），當然過程較為繁瑣費時。隨著量尺越來越短，最後得到的結果最接近實際，我們就將此結果當做曲線的長度。

如果遇到曲折的鋸齒線或不規則曲線，該怎麼辦？蘇格蘭的海岸線又如何測量？可以用測量員的測量鏡，測量岬角與岬角間的距離，這是較粗略的方法。也可以用極長的軟尺測量點與點之間的距離，或者用碼尺、彎腳規或顯微鏡。但這都是白費工夫。嶙峋的海岸線跟圓滑曲線不同，測量結果往往因用途而異，並沒有一個「最好」的答案。隨著地圖比例尺的大小或政治動機的不同，測量結果也不一樣。

將近一個世紀之前，英國心理、物理學家路易斯．理查森（Lewis Fry Richardson）就曾針對這個問題加以研究。他根據官方資料上的國界長度測量結果進行研究，發現西班牙政府測量該國與葡萄牙的邊界長度是九八七公里，而葡萄牙政府的測量結果卻多達一二一四公里。至於荷蘭跟它那面積較小、經濟能力較差的鄰居比利時，荷蘭政府測得的邊界是三八〇公里，而比利時政府則聲稱有四四九公里。

那麼，東西有多長？由上述例子可以看出，這個問題沒有多大意義。解決方法之一，是將不同長度的尺所測得的結果畫成圖表。當然了，測量的結果會隨著尺的長度縮短而增加。可喜的是，測量結果幾乎是以一定的比例增加。以一條直線為例：假設用來測量的第一把尺剛好跟該直線等長，第二次用的尺比較短，正好是直線的一半，因此測量結果是尺長的兩倍，第三把尺是上一把尺的一半長，因此測量結果直線是尺的四倍長，依此類推。

接著，測量前面提到的鋸齒狀海岸線。隨著使用的尺越來越短，我們可以觀察到不尋常的現象：測量結果增加的幅度，要高過尺縮小的幅度。用來測量這個現象的度量衡，就叫做碎形維度（fractal dimension）。從簡單的例子講起：一條直線的碎形維度是一，而直線正好屬於一度空間。然而，英國海岸線的碎形維度卻是一．二五。這講得通嗎？那當然！崎嶇的海岸線比一度空間的直線來得複雜，但不論海岸線多麼曲折，還不至於複雜如二度空間。

不只這樣。澳洲的海岸線沒有英格蘭西南部康瓦爾地區的那麼曲折，所以它的碎形維度只有一．一三。相形之下，平滑的南非海岸線碎形維度更低，只有一．〇二，只比直線高一些。

河流是另一個很好的例子。美國地質調查局（U.S. Geological Survey）研究美國境內大型河流的路徑，發現東部的河流碎形維度大約是一．二，西部曠野的河流則是一．四。這項調查結果恰好符合大眾的認知——西部的科羅拉多河（Colorado River）蜿蜒曲折，而東部的查爾斯河（Charles River）較為平順。

再舉一例：觀察肺臟內部支氣管錯綜複雜的表面，這些表面的面積加起來足足有一個網球場那麼大，這些錯綜複雜表面的碎形維度將近三。這層薄膜非常彎曲、有很多皺褶，因此幾乎有如三度空間。

以上種種說明了什麼呢？一個新的度量工具誕生了，不是測量長度、重量、溫度或分貝，而是測量物體曲折或不規則的程度。終於，科學界有了第一個測量「不規則」形狀的工具。

電腦軟體用碎形理論創作音樂，你聽得出來嗎？

像碎形這種視覺性質強烈的題材，圖形往往比文字具說明力。

接下來，我就用圖解來說明自然與人為碎形的特性及其變化多端的類型。

到目前為止，已發現高達數百種的碎形。碎形可說是大自然的基本型態，是生物成長、岩石腐蝕的典型過程。原因何在？答案因情況而異。

想想前面提過的曲折海岸線。物理學家認為，彎曲的海灣、海岬、懸崖、裂縫等，不過是海浪沖擊岩石表面所造成的自然結果。以生物體的形成來說，例如肺部的氣泡，只是基因主導的分裂過程一再重複的自然結果；簡單的指令，一再重複操作即可。

英國劇作家湯姆．史塔伯（Tom Stoppard）一九九三年的作品《世外桃源》（*Arcadia*）中，碎形幾何占有重要地位。劇中的主人翁數學家唐瑪西娜（Thomasina）與她年輕的老師賽提摩斯（Septimus）對話如下：

唐瑪西娜：每個星期我都將你交代的方程式畫成圖形，根據各種代數關係畫成對應X軸與Y軸的點。每個星期得到的結果都是常見的幾何圖形，好像世界上只有弧形和稜角似的。賽提摩斯，上帝創造萬物，如果鐘形有相對應的方程式，那風信子肯定也有，如果風信子有相對應的方程式，那玫瑰豈會沒有？我們不是相信大自然可以用數字來解釋嗎？

賽提摩斯：是啊。

唐瑪西娜：既然這樣，為什麼你給的圖形都是人為造作的？

賽提摩斯：我也說不上來。

唐瑪西娜：如果真是這樣的話，上帝只能造有稜有角的櫃子了。

事實上，人為的創作中也可見到碎形結構的蹤影。例如歐洲大教堂的歌德式拱門，華格納歌劇中的主樂調，美國抽象畫派畫家傑克森・波拉克（Jackson Pollack）畫作中瀟灑的一筆，甚至歐洲歷史上五個世紀以來戰爭發生的頻率與密集度。

豐富的碎形圖形集錦可見於前面提過的耶魯大學網站（http://classes.yale.edu/fractals/Panorama/welcome.html）。當然，上述的例子並非刻意人為的結果。但它們反映了人們思考與行動的若干基礎原則，包括循序漸進、不斷重複及放大縮小。直到我為碎形幾何發展出正式的數學理論，人們才直接地受到影響。義大利作曲家李格第（Gyorgy Ligeti）是眾多實驗者之一，他嘗試以碎形創作音樂。他說：

碎形的樣式可在許多層級見到。這個概念可以應用於任何音樂參數。我創造旋律碎形，以憑空想像的主題音調決定各個層級的旋律型態，包括時間與空間層面。我創造節奏碎形，將一組有主題的時段加以延長或壓縮，甚至可能加以重疊。我創造音量碎形，將聲音獨特的音量及其聲形散布在不同的時間層級。我甚至以一段樂曲的型態、管弦樂法、密度或音域來創造碎形。這裡，我將各參數分開來討論，但實際創作音樂時，所有參數是融合的、不分彼此的，我們可以將整體視為一個碎形，也可以將它視為好幾個碎形。

探索頻道（The Discovery Channel）專訪，一九九九年

有限的面積，無限長的曲線

謝賓斯基墊片（Sierpinski gasket）之謎

瓦克勞・謝賓斯基（Waclaw Sierpinski, 1882-1969）是一個世紀前的波蘭數學家，他無意間發現一些奇特的形狀與結構，這些有限的面積竟然可以容納無限長的曲線。他對這個主題的興趣完全是以理論為出發點，純粹是為了挑戰某些誤導大眾的數學常識。謝賓斯基的發現純屬意外，很可能是看到裝飾設計時產生的靈感。我開始研究碎形之後，無意間發現這個設計圖樣並廣為宣傳，稱之為「謝賓斯基墊片」。

謝賓斯基墊片最基本的圖形（也就是所謂的起始元），是上圖左上角黑色的三角形。我們可以將這個黑色三角形看成是一張畫布，碎形圖案就要被畫在這張畫布上。黑色三角形下方是所謂的生成元，即碎形圖案的樣本。以這個例子來說，將原來黑色三角形的高和寬各減一半，得出三個縮小的三角形，排列組成原來的黑色三角形（上圖左邊第二個圖）。上圖左方最下角的圖案顯示完成碎形的方法，也就是以生成元取代所有黑色三角形。假如一再重複這個步驟，三角形會越縮越小，即成了上圖右半部狀似花邊的微妙圖形。

巴黎鐵塔的結構祕密

如何用最少的鋼鐵，達到最穩固的支撐力

碎形可以用任何空間（維度）呈現，即使我們所熟悉的三度空間也不例外。
上面這個圖形的製作方法和謝賓斯基墊片差不多，只不過是立體的。這裡用的不是三角形，而是層層疊疊的四面體，即金字塔。艾菲爾（Alexandre Gustave Eiffel）當初設計舉世聞名的巴黎鐵塔，用的就是我們現在所謂的碎形結構。他所使用的碎形結構可以用最少的鋼鐵達到最穩固的支撐力。
以上兩個例子證明了碎形的「自我相似性」，這是許多簡單碎形都具備的特徵。不論在哪一個層次，碎形的組成元素都跟上一層次或下一層次的形狀相仿。所謂「相仿」，指的是大小不同，但形狀並無二致。財務金融裡的碎形則是另一類，具有「自我仿射性」，也就是水平方向縮放速度高於垂直方向的縮放速度。至於比較一般性的碎形，其組成元素可以有系統地扭曲、翻轉或以其他方式變形。

宇宙裡的無限大……
康托爾塵（Cantor dust），最古老的碎形之一

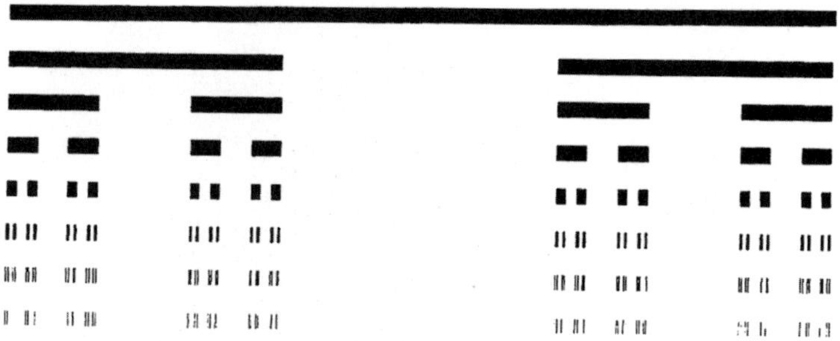

這是最古老的碎形之一，以 19 世紀俄德數學家喬治・康托爾（Georg Cantor, 1845-1918，集合論的創始者，晚年精神失常）命名。
康托爾扭轉了數學界對於無限大（infinity）、集合（set）及其他許多眾人習以為常的基本概念的看法。康托爾塵是他「似非而是」理論中的一個典型。
首先畫一條簡單的線，筆直、連續，而且是一度空間（圖中的直線比較粗黑是為了方便讀者辨識）。生成元則是中間三分之一被截斷的直線（上面數來第二條）。製作方法是這樣：不斷以中間被截斷的直線取代每段連續的直線。這樣持續下去，直線變得越來越短。
令人意外的是，這個過程可以一直持續下去，沒完沒了。最後，所有直線都會不見。取而代之的，是間隙不規則的細小點狀。我將此過程稱為碎形凝聚（fractal curdling），靈感來自全脂牛奶中脂肪凝結，與乳清分離的過程。
康托爾還以為他的見解有悖常理，沒想到自然界也頗認同他的理論。土星的外環是一組接近圓形的同心圓，透明可透光。這些圓呈不規則分布，猶如康托爾塵被斷齒的梳子以土星中心為圓心畫出一個大大的圓形，形成不規則的溝槽。至於我們居住的地球，科學家發現，某些有機化學物質的光譜（即獨特的能量印記）與康托爾塵相仿。

衍生？衍生到什麼時候？
神奇的科赫曲線（Koch curve）

1905 年，瑞典數學家科赫（Helge von Koch, 1870-1924）建構了一個類似雪花的圖形，它有著互相對稱的鋸齒狀邊緣。如同康托爾塵和謝賓斯基墊片，科赫的用意也是為了證明傳統數學理論的謬誤。這個圖形的邊緣非常詭異，具有連續性卻又無限長，無法在任一點畫一條與其垂直的直線。這麼顛覆傳統的理論令當時許多追求「理想中」的連續性與秩序的數學家心生不滿。1893 年，法國數學家查爾斯．埃爾米特（Charles Hermite, 1822-1901）寫到自己「懷著戒慎恐懼的心情，遠離這低劣可悲、得自於沒完沒了衍生過程的禍患」。
所謂科赫曲線是上述雪花圖形的三分之一。就像康托爾塵，一開始也是直線，如上圖左邊最上方三角形頂端的直線。不同的是，康托爾塵直線的中間被截斷，而科赫曲線則是中段突起，成為一個小三角形。如上圖左下角所示，所有直線的中段突起，形成越來越小的三角形。如此不斷重複，一個奇特的圖案便出現了。每重複一次，原本的直線就變成曲折的路徑，長度是原來直線的三分之四。就這樣，整個圖形的周長不斷增加。

物體可以「不規則」到什麼程度？
如何計算碎形維度

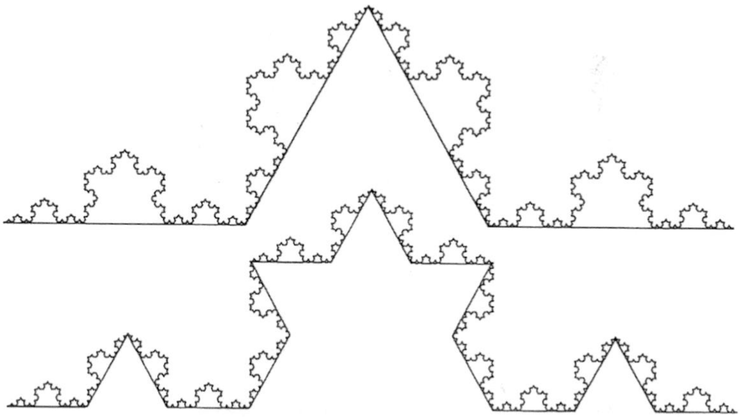

碎形幾何中最重要的概念之一，就是「碎形維度」，即表示物體「不規則」程度的數值。我們對直線所屬的一度空間及平面所屬的二度空間相當熟悉，那麼，介於兩者之間的碎形維度是多少呢？

以右頁的科赫曲線為例，首先測量圖形的周長。一開始使用的是長度為圖形寬度三分之一的尺。如上圖上半所示，這把尺的長度正好跟中央突起部分的邊長一樣，整個曲線的長度剛好是尺的四倍。

接著將尺的長度縮短為原來的三分之一，如上圖下半所示。尺縮短了，可以放進更窄的曲線中，因此測量所得的結果變長了，是原來的三分之四。就這樣，繼續用越來越短的尺來測量曲線長度。每測量一次，所獲得的結果都是前一次的三分之四。

所謂碎形維度，其定義就是：四的對數比三的對數。口袋型計算機可以算出此一數值：1.2618。相當合乎常理。由於曲線非常曲折，其維度自然大於直線的一度空間，但是還不至於高達平面的二度空間。

這像不像大自然的產物？
當「科赫曲線」加入了「隨機」

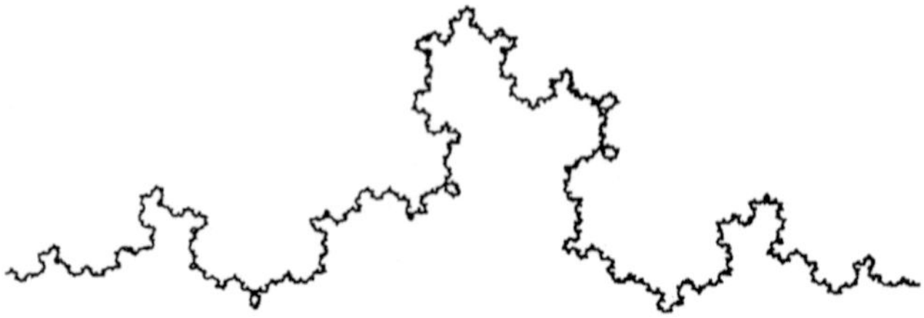

到目前為止，我們所討論的碎形都相當規律，只要知道規則，很容易就能製造出一板一眼的碎形。但這種碎形不過是小兒科，我稱之為草圖或卡通圖。要是加入「機率」的成分，碎形會變得複雜許多，看起來也更像大自然的產物，而非人為創作。

此圖上半仍是科赫曲線，只不過加上了隨機的成分。起始元和生成元仍然不變。不同的是，原來的科赫曲線，其生成元的嵌入方式「每一次都一樣」；而上圖的生成元嵌入方式，則藉由擲硬幣決定——依擲硬幣的結果，三角形的尖端時而朝上、時而朝下。這樣製造出來的曲線會呈現不規則型態，也較為自然，看起來甚至有點像海岸線。上圖下半的曲線是利用更複雜的電腦碎形程式創造的，幾可亂真，簡直就像從精密地圖上擷取下來的。

星星們是怎麼聚在一起的？

隨機碎形塵之一

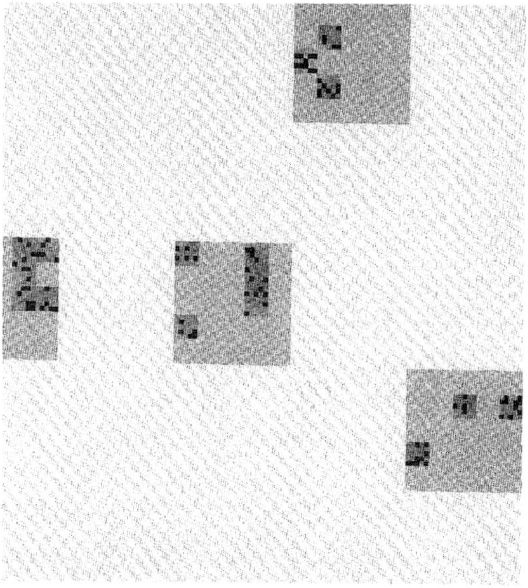

這些圖形展現了隨機的另一面。

太空中恆星與星系分布是不規則的，其原因至今仍是宇宙學上尚未完全解開的謎。當然，已知的是：引力造成恆星群聚在一起，星系也是如此。但是，究竟是什麼力量使得恆星與星系位於目前的位置，則不得而知。

我提出了一個碎形的假設。

上圖顯示隨機凝結過程，所產生的隨機碎形圖案。首先畫一個大的正方形，將它分成 125 個較小的正方形，隨機選取一部分的正方形並將它塗黑。

簡單的規則，複雜的系統

隨機碎形塵之二

接著，在塗黑的正方形中重複以上步驟。這樣不斷重複進行，就會得出一群不規則分布的黑點，如上圖所示。

在天文學家看來，這就像星系團。只看已經完成的圖，簡直無法辨識出這是碎形遞迴過程的產物。然而，碎形的存在卻是不容置疑的事實，經由電腦分析便可以察覺。

碎形加上隨機的結果，證明了簡單的規則可以建構相當複雜的系統，而複雜的系統也可以用簡單的規則來解釋。

天上的雲，森林裡的種子
引人入勝的自然界碎形

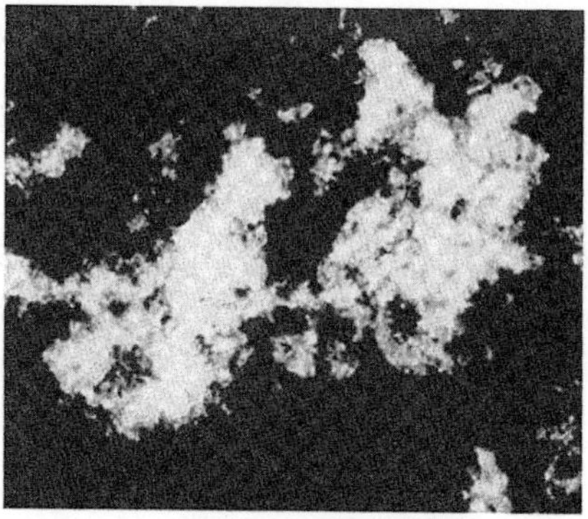

加入隨機的成分之後，我們總算可以窺見自然界的面貌。
此圖上半部是以電腦程式製作的圖形，百分百的人造雲。圖下半部則是由中央一個不規則「種子」所衍生出來的碎形。經由隨機過程產生的圖案一步一步衍生出卷鬚和藤蔓，最後形成簡稱為 DLA 的結構，亦即擴散限度聚集（diffusion-limited aggregate）。這是統計物理學中最引人入勝、最常見，也最困難的一門。

支氣管也是碎形
另一種不規則分支狀結構

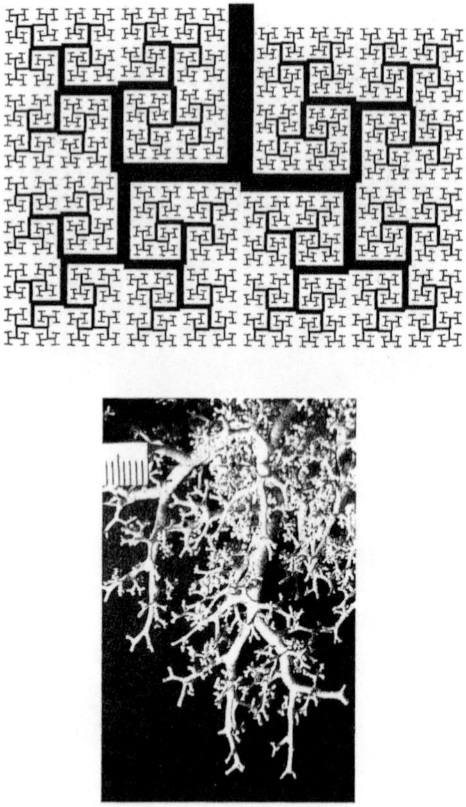

圖上半部是電腦繪製的碎形草圖，其生成元為不規則的分支狀結構。圖下半部則是自然的樣本——人類肺部複雜的支氣管結構。
胎兒發育的過程中，肺部的形成有一定的順序。支氣管生出分支，而這些分支又生出更小的分支。根據解剖學，從最大的氣管到最小的支氣管，大約有二十多個不同層次的分支結構。這麼複雜的結構形成了碎形——充滿空氣的肺部海綿組織，曲折的支狀氣管以精確而規律的數量和速度，供應氧氣給上百萬個細小的氣泡。（圖片來源：E. R. Weibel, *Morphometry of the Human Lung*, 1963）

非洲的部落，酋長的大房子
人文社會中的碎形

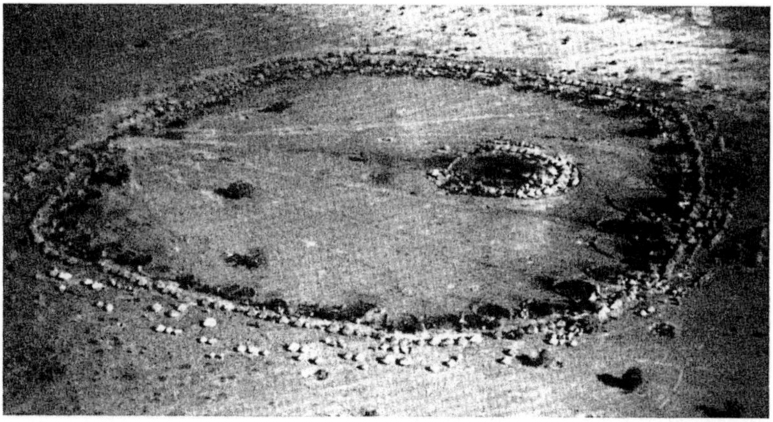

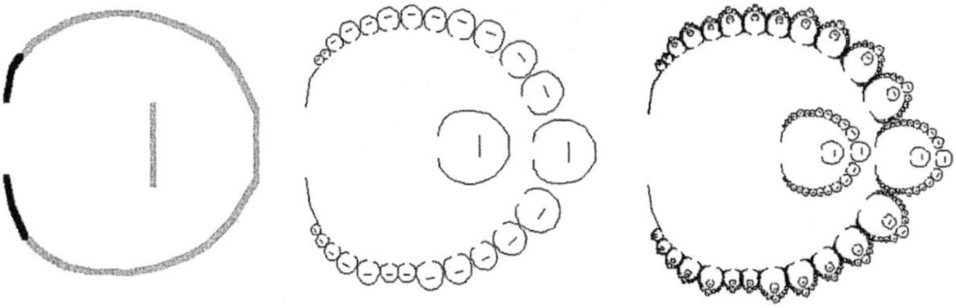

許許多多領域——經濟學、人類學、歷史、音樂、建築等等，都可以見到碎形的蹤跡。

上方的照片（美國地理協會提供）是尚比亞南方巴里（Baili）村落的鳥瞰圖。這是為圈養牲畜而建的圓形聚落，外圍的圓圈是由一個個由小而大的住家所組成。房屋越大，表示該家族的地位越重要，而最大的房屋位於圓的中央，是酋長的房子。此外，每個住家之內都設有神壇。照片下方的圖解顯示，這個圓形村落也是碎形的一種。（圖片來源：Ron Eglash, *African Fractals: Modern Computing and Indigenous Design,* New Brunswick: Rutgers University Press, 1999）

數學界的聖母峰
混沌與曼德博集合

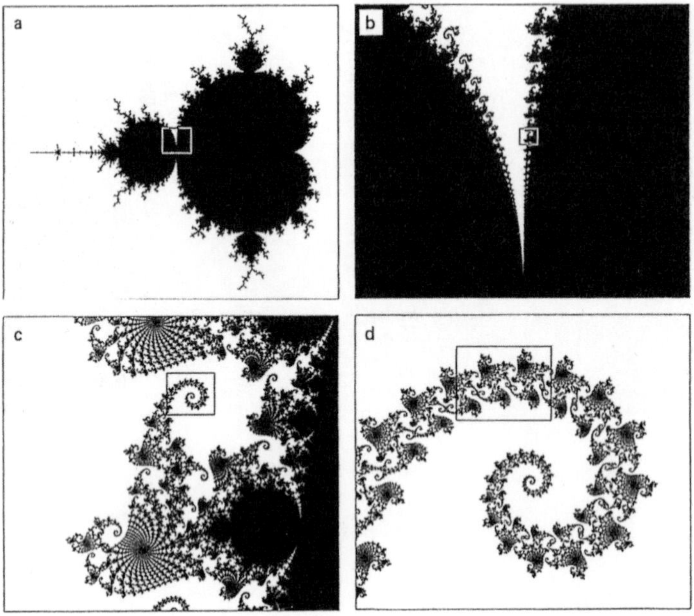

以圖解說明碎形理論即將告一段落，做總結的，或許可以說是最有名的碎形圖案，那就是同事以我的名字命名的複雜數學圖案。

自從二十年前發明這個圖案以來，它就成為許多數學家研究的對象。同時也出現在無數T恤、海報、書刊封面以及電腦螢幕上。想更進一步認識「曼德博集合」的讀者，不妨參考我的書：*Fractals and Chaos : The Mandelbrot Set and Beyond*。

我們可以在曼德博集合上看到碎形幾何與混沌理論之間深遠的關聯。再簡單不過的數學回饋迴路（mathematical feedback loop）創造出變化無窮、極為複雜的曼德博集合。出人意料的是，若以顯微鏡這類工具放大任何一個部分，圖案並不會變得越來越簡單。「稍具深度」的碎形不論放得多大，看起來都一樣複雜，而曼德博集合的複雜度似乎永無止境。它巧妙地融合了簡單與複雜，因而有相當崇高的地位，堪稱數學界的聖母峰。有兩位數學家雖然未能攀登頂峰，但因為達到相當高度而獲頒費爾茲獎（Fields Medals），相當於數學界的諾貝爾獎。

第8章

棉花·賭徒·上班族

我從棉花價格看見的模型

靈光會乍現，但科學家在洗澡中途突然靈光一閃，「悟」出了前所未有的物理理論的故事並不常見。科學發明常是一條漫長崎嶇的道路，科學家腦中的疑問，永遠多過答案。

我也不例外，重要發明通常都始於某個深奧難解的問題，尤其是既有理論與新數據相衝突而導致的內心掙扎。財務金融領域裡的奧祕，就是一例。

一九六一年時，我已經在IBM位於美國東岸哈德遜河畔的主力實驗室工作了幾年。對於純科學家來說，這地方著實讓我大開眼界。IBM成功地由機械模板製造商轉型為走在科技尖端的電腦大廠，而滿是科學奇才的大型實驗室，就是因應其新角色而設的。在這裡，外人眼中我行我素的科學家可以自由地研究自己感興趣的題材。有些題材很明顯跟電腦有關，有些則不然。

當時我剛從法國赴美不久，主要負責研究電腦可應用的新領域——經濟。透過無數電腦數據，我分析「所得」在社會中的分配狀況，也就是富有階級相對於貧窮階級所得的比例，以及超級富有階級相對於非常富有階級的所得比例。我的研究引起外界經濟學家的興趣，我因而應邀到哈佛大學演講。

到哈佛之後我相當驚訝。邀請我的亨利．霍薩克（Hendrik S. Houthakker）教授，其研究室的黑板上有著耐人尋味的圖案：是個奇特的凸起形狀，像英文的V，不過開口是在右邊。這個圖形跟我即將在稍後的演講中提出的所得分配圖，幾乎一模一樣。我忍不住問他，我的圖案怎麼會在他的黑板上？

霍薩克教授一頭霧水地看著我：「怎麼說？我不知道你在說什麼。」原來，他所畫的圖形不是所得分配，而是棉花價格。他先前正在跟一個學生討論，還來不及擦黑板我就到了。

富人與窮人的所得分配，竟然跟棉花價格的起伏一樣？

這個巧合引起了我的興趣。富人與窮人的所得分配，怎麼會跟棉花價格的起伏一樣？難道純屬巧合？兩者幾乎一模一樣的凸起形狀，令我驚訝不已。這是否意味著兩者之間有著深遠的關聯？兩張圖的背後，蘊藏著深奧的祕密？

我事後得知，霍薩克研究棉花價格已經有一段時間了，只是沒什麼進展。當時，主流經濟學家已經引用巴舍利耶假說，解釋價格變動有如擲硬幣遊戲。他們開始以過去的價格紀錄來支持這個論點。那時候，有關期貨或證券的可靠長期紀錄並不多，而棉花是少數的例外。

長達一個世紀的時間，隨著棉花生產由重農的美國南方移到北方的工業中心，紐約棉花交易所（New York Cotton Exchange）每天忠實地記錄棉花價格。幾乎所有州際棉花交易都集中在這裡。棉花交易是流動性高的廣大市場，不難取得資料紀錄。這麼古老、正確而管理集中的價格數據，簡直是經濟學家夢寐以求的資料。

然而對霍薩克而言，這卻是噩夢一場。不管他怎樣分析，這些數據都不符合巴舍利耶模型。棉花價格有太多大起和大落，因此衡量價格變動劇烈程度的標準（即變異性或標準差），不斷地改變。某些年度的棉花價格相當穩定，某幾年則變化莫測。霍薩克用遍了所有的統計工具，就是無法揭開謎底。

「我受夠了，」他說，「為了解釋棉花價格變動的現象，我什麼都試過。我計算過變異性，卻發現它隨時在改變。所有數值一直在變動，沒有一項是固定的。亂得一塌糊塗。」

後來我們達成一項協議：棉花價格的研究由我接手。我從他手中接過滿是電腦打洞卡的紙盒，棉花的歷史價格已經轉換到這上面了。若能從中搞出什麼名堂，算我走運。

我帶著霍薩克的盒子回到紐約，立刻要求ＩＢＭ的電腦計算中心派一個軟體工程師給我。我腦中還留有哈佛大學黑板上的圖案。

就像之前分析所得分配一樣，電腦程式也可以分析棉花價格，計算大幅價格變動與小幅價格變動的數量。等待分析結果的期間（我在電腦中心沒有特別待遇，等待時間相當漫長），我搭通勤火車到當時位於曼哈頓的美國國家經濟研究署（National Bureau of Economic Research）。在該處的圖書館裡，我找到許多塵封已久的藏書，裡面滿是金融數據與圖表，雖然對現今資訊氾濫的時代而言那沒什麼稀奇，但在一九六一年，那些東西可是寶貴的資產。後來我需要更多棉花價格資料，還寫信跟華盛頓特區的美國農業部求救。所有拿得到的資料我都拿了。我手上的棉花價格數據長達一個世紀以上，還編寫了每日、每週、每月及每年的價格表，並用電腦協助分析趨勢。

結果非常驚人，一九六三年的相關論文〈投機市場價格的波動〉（The variation of certain speculative prices）甚至成為經濟領域中最常被引用的論文之一。這篇論文是金融價格變動模式兩大基本理論當中的第一個，引發很大的爭議。稍後我們會看到，其後的研究加進了不少新觀點。而我研究此題目的曲折過程本身，則成了碎形金融理論的故事。

要解開棉花價格的奧祕，得具備至少三方面的知識與思考：冪次法則、個人所得分配，以及當時甚少人了解、看似完全無關的穩定分布（stable distributions）。後面幾章裡，我將提到第二個難題，也就是解開另外一個基本金融奧祕的尼羅河水患問題。繼一九七二年首次嘗試之後，我終於在一九九〇年代將所有相關線索整合起來，發展成金融市場奧祕的全方位解決方案。

如同所有引人入勝的偵探故事一樣，碎形金融的故事也始於十分微不足道、為眾人所忽略的線索。不蓋你，這些線索甚至被棄如敝屣。

你平常最常用哪些字？

一九五〇年，我還是巴黎大學的年輕研究生，正在為尋找好的數學論文題目而傷腦筋。我的叔叔左倫，是地方上受人敬重的模範數學教授，非常重理論、保守，儘管在波蘭出生，卻成為法國學術界的中流砥柱。他晉升為極負聲望的法蘭西學院（College de France）永久教授時，才三十九歲。

那是布爾巴基學派的年代*，如同藝術界的達達主義或文學界的存在主義，這個數學團體的影響力也遍及全球。布爾巴基崇拜抽象的純數學，反對實用主義、應用數學或「以數學為工具」的主張。這是當時法國數學界的主流，也是我離開巴黎前往IBM的主要原因。我年輕時相當叛逆，讓叔叔很頭大。就讀博士班的時候，我常常下課後路過他的研究室跟他聊天，最後卻往往演變成辯論。

有一天，我問他有什麼書可以推薦給我，讓我打發搭地鐵的時間。他從垃圾桶裡取出一疊被丟棄的文章。

---

*布爾巴基學派（Bourbaki），一九五〇年前後，一群法國數學家以集合論為基礎，用純演繹的方式重寫整套數學，他們以共同的筆名N. Bourbaki發表著作，故稱。

「這個，」他說：「這是你有興趣的那種無聊玩意。」

這篇文章是學術界頗特殊的「名人」喬治．齊夫（George Kingsley Zipf, 1902-1950）所寫的書評*。齊夫個人相當富有，他還在哈佛大學擔任自己獨創的人類區位統計學（statistical human ecology）的講師。他的著作《人類行為與最小努力法則》（*Human Behavior and the Principle of Least Effort*），將冪次法則視為社會科學中無所不在的現象。

冪次法則在物理界同樣很常見，也是我所謂碎形比例的一種。地震學家就利用以冪次法則為基礎的數學公式，證明地震的次數隨著芮氏規模大小而異。換句話說，小型地震常有，大型地震罕見，強度跟發生頻率兩者之間的關係有精確的公式可循。然而，當時沒有幾個人發現少之又少的冪次法則現象。執念很深且跨足眾多領域的齊夫宣稱，冪次法則不只存在於物理科學，也決定了人類行為、組織、解剖學，甚至性器官大小。

最幸運的是，叔叔給我的這篇書評，重點放在一個非常複雜的例子：用字頻率。不論文字或口語，某些字出現的頻率比較高（例如英文中的 the 或 this），某些字的出現頻率則很低，甚至根本不會出現（例如昔日葡萄牙一種金幣 milreis，或愛挑剔、批評的人 momus）。齊夫的做法是這樣：挑選一篇文章，計算每個字出現的次數。最後每個字會獲得排名，「一」是最常出現的字，「二」次之，依此類推。最後，按排名將每個字出現的次數畫成圖表。

結果頗出人意料。畫成的曲線並非平滑地由最高降到最低，而是先螺旋狀大幅下跌，接著緩慢下降，好像滑雪跳遠時躍向空中、落地，然後在雪地上漸漸停下來的曲線。這是典型的曲線型態，目測依數據畫成的圖表與曲線之後，齊夫發明了一個公式。

這篇書評深深吸引了我。冗長的地鐵之旅結束時，我也差不多決定了半篇博士論文的題目——我已經確切知道，該如何以數學來擴充說明齊夫用字頻率研究背後的道理；齊夫不是數學家，他辦不到，但我可以。

接下來幾個月，我得到驚人的結果。將他的公式加以推敲、調整後，我完成了一個有效的社會科學測量工具。改良後的齊夫公式，我們可以據此量化一個人用詞豐富的程度，並以數字標明其等級，數字越大表示詞彙越豐富，數字越小表示詞彙越貧乏。我們可以比較不同文章或演講者的用字豐富程度。這麼一來，就可以用數字表示一個人的學識了。不意外，朋友、師長對於我決定以此為研究方向都大表震驚。「齊夫是個怪咖，」他們這樣告訴我。「糟透了。」他們拿他的書給我看，還說「算字數，不是真正的數學」，說我走這條路「很難找到好工作，也很難找到教職」。

不過，我並沒指望別人指導我。事實上，我是在沒有教授指導的情況下完成論文的，也幸運地說服大學裡的主管蓋章核准。我下定決心要走這條路，是齊夫的著作引領我走向經濟領域。「用字頻率」不是唯一能用冪次法則解釋的現象，人們是貧是富、繁榮或滅絕，也都符合冪次法則的規範。

---

*喬治・齊夫是美國社會學家、心理學家及語言學家，一九四九年發表了著名的「齊夫定律」。

所得分配，並不是一個平整的金字塔

義大利工業家、經濟學家暨社會學家帕雷托，一生波折不斷，對社會也有些成見。一八四八年生於巴黎的帕雷托，在義大利杜林（Turin）受教育，投資倫敦金屬市場失敗而背負龐大損失之後，被迫辭去義大利一家鋼鐵公司的董事職位。帕雷托的第一任妻子是俄羅斯女伯爵，她後來因為喜歡上年輕僕人而離開了他。一直到四十多歲，帕雷托才開始認真研究經濟學，但是他很快就嶄露頭角並且定居瑞士洛桑（Lausanne），成為教授、學者。

打從一開始，他就是個十足的自由派，藉著攻擊政府對自由市場的干預，而擊敗英國最著名的自由派學者。最後帕雷托投向社會主義，就算不是全然的信徒，至少也是門徒之一。一九二三年，帕雷托在日內瓦近郊的寓所去世時，被他和法國情人一起飼養的貓群所圍繞。根據當地法律，他跟俄國貴族妻子的婚姻關係一直存在，因此無法再婚；直到死前幾個月，他才「真正」恢復單身。做為一個經濟學家，帕雷托的影響相當深遠。經濟學得以從亞當．斯密提倡的社會哲學的一支，轉變為以科學研究及數學計算為重的關鍵領域，帕雷托的貢獻可說不小。相較同時期的學術文章，他的著作更接近現代經濟學，其中不乏來自各方的統計數據、數學符號與算式，以及複雜的圖表。

帕雷托所發明的算式中，有一個特別受到注目，也引發了爭議——對於權力與財富的問題很感興趣的他問到：人們是怎麼獲得權力與財富的？權力與財富在社會中的分配狀況如何？擁有權力與財富的人會怎樣加以運用？

貧窮與富裕間的差距，一直是人類社會的一部分，帕雷托決心加以量化。他收集數個世紀以來好幾個國家關於財富與所得的大量數據，包括瑞士巴塞爾市（Basel）一四五四年以來的稅賦紀錄，德國奧格斯堡（Augsburg）一四七一年、一四九八年及一五一二年的稅賦紀錄，巴黎當代的房屋出租所得，以及英國、普魯斯、薩克森（Saxony）、愛爾蘭、義大利和祕魯的個人所得。結果令他相當訝異。

他將數據畫成圖表（見左圖），一個軸代表所得水準，一個軸表示對應的人數。結果發現，不

高高隆起的窮人帶

人類財富分布圖

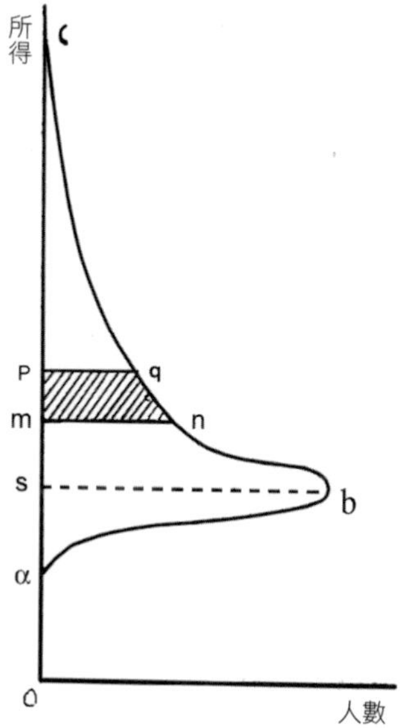

這是帕雷托於 1909 年發表的人類社會財富分布圖，不分國家和年代。垂直軸代表由低而高的所得，水平軸代表人數（後來的經濟學家將兩者對調）。斜線區域代表所得水準介於 m 與 p 之間的人數。大多數的人落在曲線底部寬厚的部分，為數不多的有錢人則分布在頂端細小的部分。鐘形曲線是對稱的圖形，但所得曲線卻不是這樣。

論哪個年代或地區，得出的圖案都一樣。社會所得分布並不是平整的「金字塔」，而是比較像「弓箭」——底部（代表大多數人）肥厚，頂端處（代表富有階級）細薄。財富分配也不是取決於運氣，如果財富分配純屬隨機，照理說應該會符合鐘形分布，但帕雷托所收集的數據可不是這麼回事。這是社會法則，他寫道：「是人類天性使然。」

在帕雷托看來，這人類天性雖然可用簡單明瞭的數學等式表示，其本質卻很殘酷，猶如達爾文所謂的「適者生存」。他寫道，所得曲線的底部，是汲汲營營以求生存的人們和小小年紀就離開人世的孩童；曲線的中間部分則充滿動亂與紛爭，其中有的人靠著才能或運氣力爭上游，也有人因為酗酒、疾病或其他不幸而一蹶不振；曲線頂端是少數菁英中的菁英，他們掌握社會的財富與權力，直到被新興的貴族勢力推翻或取代。

社會就像人體，不排毒就會死

人類歷史未曾進化，民主不過是一場騙局。人類天性是原始、感情用事而頑強的。越聰明、能幹、堅強和精明的人，所得到的資源也越多。弱勢者注定挨餓，以免社會退化、走下坡。帕雷托寫到，我們可以「將社會喻為人體，若未能即時排除毒素，恐怕有死亡之虞」。這論點非常煽動，一九二三年帕雷托去世時，義大利法西斯主義者推崇、美化他，而共和黨則將他批得體無完膚，英國哲學家卡爾・波普爾（Karl Popper）稱他為「極權主義的理論家」。

我第一次聽到帕雷托的名字時，大部分跟他有關的爭議早已沒人再提起。多數經濟學家都採納他在其他方面的理論，例如經濟均衡（economic equilibrium），卻對他的「所得曲線」不屑一顧或視而不見。我直到三十多歲才研究經濟學，帕雷托的公式令我喜出望外。

帕雷托將所得水準分門別類，計算各類別的人數，並繪成圖表。這正是一組符合冪次法則分配的數據，若畫在適當的紙上，會構成再明顯不過的特定圖案。首先要選工程用的繪圖紙，兩邊座標軸都以對數標示的那種，也就是單位不是一、二、三、四，而是一、十、百、千。用這種紙繪圖會得出傾斜的直線，用其他的紙就不行了。

讀者不妨自己試試看，如果手邊沒有工程用繪圖紙，可以在網路上找到。試著將大小不一的正方形浴室瓷磚的面積畫成圖表，水平座標軸代表瓷磚的邊長，垂直座標軸代表瓷磚的面積。接著畫出邊長二英寸、面積四平方英寸的瓷磚所對應的點，以及邊長三英寸、面積九平方英寸的瓷磚所對應的點，依此類推。將這些點連起來後，會得到由左至右往上升的一條直線。這條線有多陡？把它的斜度算出來。水平軸上每增加一個單位，垂直軸就增加兩個單位，因此斜度為二。巧合的是，正方形瓷磚的面積正好是邊長的二次方。簡單來說，直線的斜度就是冪次法則中的指數。這個法則不只適用於二次方，也適用於其他指數。假如將貨車裝滿正方體的箱子，體積將以三次方的倍數增加，畫成的直線也會更陡。假如將數條較短的棉線連接成一條長線，指數則是一。

當然，瓷磚、貨車和棉線是比較淺顯、過於簡化的冪次法則例證，其他較複雜的數據所形成的斜度可能高，也可能低。無論如何，只要符合冪次法則，必然會出現直線，這是非常簡單的原則，連小孩都懂。讀者自行繪圖、觀察、計算，就可以印證這個道理。左頁圖是冪次法則的幾個例子。

帕雷托將所得對應人數的數據繪成圖表時，得出的正是一條直線。冪次法則顯然是所得分配一項重要的因素。事實上，由於指數為負數，帕雷托的直線並非往上升，而是往下降。帕雷托將該直線的斜度絕對值稱為α，並認為α值為二分之三。什麼意思呢？這意味著斜度越低，所得分配就越平均。

以人類使用的字彙為例，齊夫認為其冪次法則斜度為一。斜度為一的平緩直線表示一般人最常用的字彙只有寥寥幾個，但運用的字彙總數還是相當可觀。（齊夫研究的對象是詹姆斯．喬伊斯〔James Joyce〕的著作《尤里西斯》〔*Ulysses*〕恰好是個例外。多數書籍的斜度都大於一，也就是說用字沒有那麼豐富。）而帕雷托α值等於二分之三的直線，代表多數財富集中在少數人手裡。

進一步挑選某個群體來看，例如所得高於當時美國政府規定最低工資五．一五美元（即年薪一〇七一二美元）的人。其中，所得是最低工資十倍以上的人占多少百分比？根據帕雷托的公式，答案應該是三．二％。再將標準提高，所得高於一百零七萬美元的人占多少？是〇．一％。再提高，所得高於最低工資一千倍（一千零七十萬美元）的占多少？答案是〇．〇〇三％，非常非常小的值。

在浴室瓷磚上畫出貧富差距

指數由低而高，斜度由小而大

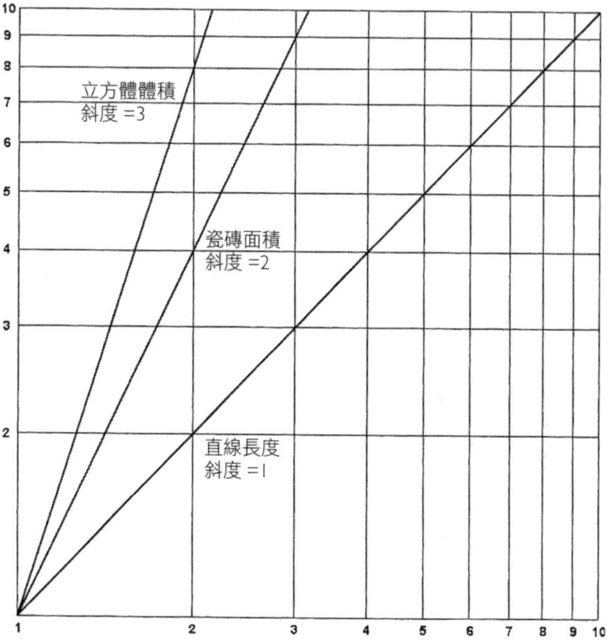

一如帕雷托的所得曲線，以對數為座標軸（以 10 指數為單位）繪成的圖形呈一直線，這是所謂的冪次法則。

直線的斜度等於指數。舉例來說，浴室瓷磚的面積是邊長的平方（指數為 2），箱子的體積是邊長的立方（指數為 3），連接而成棉線的長度是每段線的加總（指數為 1）。

以碎形幾何來說，指數的範圍非常大，因此直線的斜度可以相當陡、也可以很平緩，甚至不升反降。

他早就算出來，只有極少人能如此富有

從另一個理論來看，也就是數學家所謂的條件機率（conditional probability）。這個看似高深的術語其實道理很簡單：在某個特定前提下，事件發生的機率是多少？

舉例來說，我們都知道要成為億萬富翁的「絕對機率」非常小，然而根據帕雷托的公式，一旦賺了五億美元，晉升十億美元所得階級的「條件機率」，跟賺五十萬美元的人可望成為百萬富翁的機率相當。錢滾錢，權力滋養權力。雖不盡公平，卻是千古不變的道理，不論社會上或數學上都是如此。

可惜的是，受限於他所收集的數據，這個公式只適用於非常富有的人。帕雷托過分期待一個不分國家及年代、舉世通用的定理，這阻礙了他的研究。就像齊夫以為用字頻率的α值固定為一（事實不然），帕雷托也以為每個國家的所得α值都一樣，事實並非如此。帕雷托往往低估了α值；相較於「三分之二」，α值實際上較接近二，也就是說，百萬富翁比帕雷托想像的要少。儘管如此，發現所得與人數之間有冪次法則關係，仍是深具遠見的貢獻。這項發現的精髓在於，社會上只有極少數人非常富有，小部分人稱得上富有，而大多數人為中產階級或貧窮階級。帕雷托的α值只是將社會不平等現象確實量化的方法之一。

帕雷托的發明也被拿來做其他方面的研究。舉例來說，有經濟學家發現帕雷托公式是說明某行

業所得分配的好工具，例如電力產業中上自最高執行長、下至維修工人的所得分配。也因為如此，我發展出一套數學模型，用以解釋為何人們往往專精於一個行業，而不常改行。其中的道理相信大家都知道，而數學模型也支持相同的看法。

人們一旦投資某個行業（例如取得專門的碩士學位），通常可以獲得較高的薪資，升遷也較快。假如常常轉行或同時跨足多行，所得相對較低。這也就是為什麼牽涉到多方面領域的新產業興起時（例如電子商務），其薪資往往特別高，因為這些新興企業不得不以誘人的高薪挖角，吸引有才能的人轉行。

在不同的表相之下，其實經濟界的許多現象，骨子裡都存在著類似帕雷托公式的冪次法則。舉例來說，數據顯示，同一個產業中的企業規模分布，是符合冪次法則的。規模越大的企業數量越少，比例近似於帕雷托公式。同樣的，一國之內的城市規模由大都會到小鄉鎮，也按冪次法則分布。保險理賠申請尤其是個廣被接受的好例子。在瑞典，房屋失火申請保險理賠的案子由政府的精算單位受理，他們發現，保險理賠金額的多寡之分布，跟所得分配的情況差不多，不同的是，大多數房屋保險的 α 值在二分之一左右。這意味著，高額保險理賠比超級富翁要常見一些。

根據帕雷托的研究，所得高於最低工資一千倍的高收入階級只占〇．〇〇三%。然而，瑞典房屋火災中損失高於最低自付金額一千倍的，卻高達三．二%。對保險公司而言，其中的差別可大了。由此可見，了解指數和 α 值是相當有幫助的。基於業務需要，保險公司對冪次法則其實非常嫻熟。忽略冪次法則的重要性，只會帶來額外或不必要的風險。同樣的公式，但一項變數不同，就會得到不一樣的結果。這個公式可以應用在許多不同的領域。

這位數學家，猶如外太空來的訪客

解開棉花價格奧祕的最後一個線索，仍然跟我的學生時代有關。戰後，我在法國著名的高等學院（相當於美國的長春藤盟校）之一——巴黎綜合理工學院就讀。當時教導我的教授之一，是有名的數學家李維。巧的是，他也在巴舍利耶的生涯中扮演了決定性的角色。

李維非常富有，出身猶太商人及學術世家。他音量不大，坐在講堂後面的學生（我就是其中一個）幾乎聽不見，瘦長、體面的灰色身軀，遠遠看來竟有點像黑板上瘦長的「？」號。李維跟同儕格格不入，就像後來的我，他也沒加入任何團體、運動或組織。儘管現在被尊為最偉大的機率學家之一，當時李維卻普遍遭到其他法國數學家排擠。部分原因要歸咎於他自己，李維的書面證明和論文不夠嚴謹是出了名的，粗心大意的錯誤層出不窮，誤了他的學術生涯。有些最難能可貴的構想與發現，他也從未發表。

李維後來表示，他以為這些發明太簡單、太顯而易見了，沒想到其他人發表了相同的構想卻獲得肯定。因為當局害怕他會破壞大學標準課程，他僅獲得許可偶爾在巴黎大學講課。我記得有一次，到最後一堂課時只剩下我一個學生，就算把教室從大講堂移到他的研究室也綽綽有餘了。直到七十八歲那年，李維才獲得遲來的榮譽，獲選為法國自然科學學院（Académie des Sciences）的院士。不變的是，他永遠是個異類。後來的指導老師馮諾曼對我說：「我自認對每一個數學家的做法都相當了解，唯獨李維例外。對我而言，他猶如外太空來的訪客。他似乎有自己一套獨特的研究方法，我完全搞不懂。」

在一次大戰後不久，李維應邀教授槍擊誤差理論，將近四十歲的他才發明第一個機率理論。不久之後他展開原創的研究工作，打頭陣的是他所謂的「穩定」機率。「穩定」的意思本來是：某個物體雖然被改變（例如旋轉、縮小或加入其他成分），其本質仍維持不變。高斯的鐘形曲線，就可說是一種穩定。舉例來說，誤差理論（theory of errors）認為，所有的測量誤差都符合鐘形分布，而鐘形分布相當穩定，若將兩個來源各自獨立的測量誤差加總，結果仍符合鐘形分布。平均值也許不同，標準差也許變大，但整體曲線的形狀依然呈鐘形。

奇妙的是，很久以前數學家柯西就注意到他所發明的蒙眼弓箭手理論也有相同的特性：將一位蒙眼弓箭手跟另一位蒙眼槍手的射擊成績加起來，結果仍舊符合柯西公式。換句話說，柯西公式也是穩定的。事實上，具備相同特性的機率分布還有很多。為了向李維致敬，我將這群同性質的機率分布稱為 L-stable，以茲紀念。

這群同性質的機率分布彼此也有不同之處，那就是最大數對整體所造成的影響。讀者應該還記得前面提過，假設將一千人的身高加總並計算平均，此時若加上第一千零一人的身高，平均並不會改變很多。對照之下，蒙眼弓箭手的第一千零一箭如果離目標很遠，可能完全改變平均值。鐘形分布對每個數值一視同仁，每個數據對整體都有貢獻，但是對整體平均的影響也都不大。反之，柯西曲線是偏頗而專橫的，最大數可以改變整體的命運。兩者屬於不同的極端，而李維卻將它們及其他許多機率分布型態串聯起來。這些機率分布型態都可以用相同的公式表示，只有若干細節（以數學術語來說就是「參數」）不甚相同。改變參數可以讓曲線變得較高瘦或較矮胖，讓離群點變多或變少；當中位數（median）改變*，曲線的中心會往左或往右偏；也可以讓曲線對稱或偏向一邊。這裡主要的參數是α值，跟帕雷托和齊夫研究提出的數值一樣。

這麼一來，許多看似毫不相關的概念都殊途同歸了。對數學家來說，這樣意外發現寶藏的好運比起生日當天中頭彩有過之而無不及。當然，李維研究這個題目純粹只是學術研究，早期他每提到穩定分布都稱之為「異常」。其實，李維只不過是接下前面幾位務實數學家高斯、卜松和柯西等人發起的研究**，這些研究後來由匈牙利數學家喬治．波利亞（George Pólya, 1887-1985）、柯莫果洛夫和李維自己等純數學家發揚光大。

我剛開始研究所得時，忽然想到這些數學理論或許幫得上忙，α值和穩定分布的其他成分，也許可以用來分析實際的經濟問題。結果證明，當初的想法是正確的，我在數篇個人所得分配的論文中都用上了。不過，剛開始我的研究並不被同儕接受，不論是偏應用或偏理論的科學家皆然。應用科學家對於 L-stable 分布不敢恭維，因為單純的變異數改變時，它並不符合「應有」的行為模式。這些科學家想起計算蒙眼弓箭手射擊成績的困難度，理論科學家則純粹是不感興趣。後來我告訴李維，我已經將他的理論加以發展並應用在經濟學上，他吃了一驚，而且似乎有些不高興。在他看來，「真正」的數學家不應從事研究所得或棉花價格這類的瑣事。

把線圖邊的日期擦掉，鬼才知道那是什麼東西

好啦，線索就是這三個：冪次法則、貧富差距以及異常的穩定機率分布。第一個，是廣被接受的世界觀，第二個是將其應用在經濟上的實例，最後一個則是沒有人看好的數學理論。這三者，對揭開棉花價格的奧祕究竟有什麼幫助？

應我的要求，ＩＢＭ電腦計算中心終於處理完成千上萬筆的棉花價格數據。結果立刻印證了霍

---

*將所有資料由小排到大，排在最中間的數稱為中位數。

**卜松（Siméon Denis Poisson, 1781-1840）是法國數學家、物理學家，一八三八年發表了卜松分布，這是一種統計與概率學常見的離散概率分布。晚年將機率論運用到司法運作上。

薩克的理論：不論每日、每週、每月或每年的價格變化，都不符合巴舍利耶模型。變異數並未如巴舍利耶說的那樣，永遠維持一個固定的數值，例如一%；實際情形是，我每加入一個新的價格變化量，變異數就跟著改變。據我的觀察，變異數是在〇．四%和三%之間波動，其間的差距高達十倍。這樣的結果可說是出人意表，尤其我使用的數據正確度是不容懷疑的。此外，我所得到的結果，有太多大幅度價格波動，跟鐘形分布大相逕庭。

這個結果，和前人的理論不吻合。我當時推測，就像齊夫的用字頻率和帕雷托的所得曲線，冪次法則顯然也跟棉花價格大有關係。棉花價格變動的情況和兩者幾乎一模一樣，同一棉花市場內小幅度價格變動很多，而極大幅度的價格變動很少。同樣的，字典收錄了許多不常用的字彙，而最常用的字只占了一小部分。世界上有很多貧窮的人，極度富有的人相對而言非常少。也許分配不均，也許很不公平，但卻是不容否認的事實。

這是我論文假設的一部分。但要怎麼證明假設正確呢？如果我的假設正確，應該可以找出棉花價格曲線的特定 α 值，就像帕雷托算出所得曲線 α 值等於二分之三一樣。

因此，我比照帕雷托的做法，在對數座標紙上畫出棉花價格圖。最後的結果相當令人滿意，我所收集的所有棉花價格數據，最後都形成一直線。這些直線正是左頁圖所顯示的「成排的棉花」。這些直線並不完美，事實上，就統計而言本沒有所謂的「完美」。但是若以量尺測量，我們可以得到直線斜度為「負一．七」（因直線並非上升而是下降，因此斜度為負數）。按慣例，α 值為正

去掉日期與價格之後……
一百年來的棉花價格變化，竟然長得一模一樣

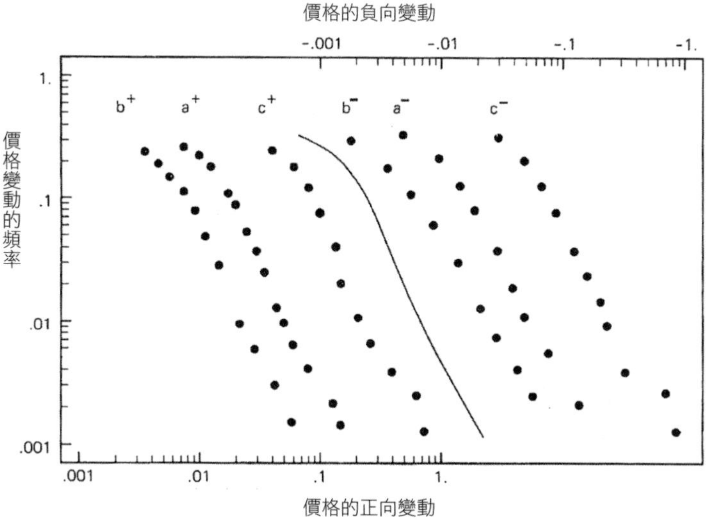

測試數據最簡單的方法，就是將它們畫在工程用繪圖紙上，如圖中的對數座標紙。假如數據形成一直線，表示數據符合某種比例。

上面稍微複雜的圖表，即是我於 1963 年分析一個世紀期間美國棉花價格得出的結果。我分別就三組棉花數據分析正向與負向的變化，得到的結果就是圖中六排虛線。

水平座標表示價格變動的規模，越往右變動越大。垂直座標表示價格變動的頻率，越往上代表越常見。大部分的虛線傾斜角度都相同，如上圖實線所示。這是符合冪次法則最明顯的證據，更進一步深究的話，則可以看出 L-stable 分布。

數，一．七。柯西或齊夫的曲線α值較小，大約是一，帕雷托的是一．五，而擲硬幣遊戲的α值則是二。由此可見，棉花價格變動是介於「就業人士所得」與「賭徒獲利」之間。這結果倒是頗令人玩味。

不過，棉花價格沒有這麼簡單，還得考慮「時間」這個重要因素。當我們說，「每綑棉花價格下跌一美元」，指的是多長的時間？

時間，與所得曲線是不相干的，帕雷托收集個人年收入資料，並沒有固定的起始時間。棉花市場則好比電影，隨著時間變化。通常我們是一個畫面、一個畫面看，一個交易日、一個交易日觀察。不過，也可以選擇只看其中二十個畫面、只觀察一個月的市場，或者只看兩百五十個畫面、只觀察一年的市場。當然，電影內容通常會因剪輯長短而異，但假設電影內容看來都相同呢？

我的想法是，索性就看看在三種情況下，電影是否有可能看來大致相同。如果確實如此，在任一時段內棉花價格大幅變動與小幅變動的比例應該不變，應該都有厚尾，而大幅變動再度發生的機率也應該一樣。

為了驗證這個假設，我們再回到上一頁的棉花價格圖。圖中各組數據，實際上有如不同長度的電影。b^+和b^-所示虛線代表一九四四到一九五八年間每日價格變化（b^+表示價格上漲，b^-代表價格下跌）。a^+及a^-所示虛線表示一九〇〇到一九四五年間每日的價格變化。第三組c^+及c^-則是一八八八到一九四〇年間每月價格變化。

每條線看起來都一樣。每月變化跟每日變化沒什麼差別，不同年代的每日變化也都相同。事實上，如果沒有標示，所有曲線乍看之下完全一樣。這讓我想起另一件事。搬到紐約之後，我對金融市場產生了興趣，開始跟華爾街的專業人員打交道。他們告訴我一件有趣的事：報紙上的股價圖，每張看起來都大同小異。當然，都是有漲有跌，但是每日、每月甚至每年的股價圖看起來都很像，假如把日期和價格標示都去掉，我們幾乎看不出來有什麼差異，這些股價圖的曲折起伏看起來都一個樣。

「曲折起伏」這個詞實在算不上是科學，一直到多年後發展出碎形幾何，才有了量化「曲折起伏」較好的方法。現在，我們可以看出棉花價格數據，正是碎形圖形。這裡的碎形並未構成某種特定圖案（例如花椰菜的小花或謝賓斯基墊片的三角形），而是構成價格上漲、下跌的起伏型態。「碎形」，可說是金融市場的本質。

到此謎底揭曉，霍薩克的棉花價格圖跟我的所得圖看起來一模一樣並非巧合。原來，這些數據背後的數學原理是相同的。

這傢伙，哪冒出來的？

我的棉花價格研究，引起一陣騷動。一九六二年初，我開始撰寫棉花價格研究的論文，靠著兩根手指在攜帶型打字機上敲出不算嚴謹的草稿。當時，霍薩克正好臨時在找人替代一位即將休假一年的哈佛同事，他要我替那位同事代班。因此，我倉卒完成的論文草稿（連同其中的瑕疵失誤），在短時間內被ＩＢＭ內部匆忙出版。一時間學術界眾聲譁然：「曼德博這傢伙是哪冒出來的？區區一個拿應用數學學位的工業科學家，竟膽敢挑戰經濟學菁英提出的複雜模型？」

不過，同時間大家的好奇心也繼續增長、擴散。在芝加哥短暫停留的期間，我跟後來轉到哈佛的經濟學家茲維．格里利克斯（Zvi Griliches）見面。他當時正在為美國經濟計量學會（Econometric Society）籌備將於匹茲堡舉行的冬季研討會，他邀請我在研討會上演講，並請了三位學者帶領討論棉花價格的研究結果。一九六三年，我在哈佛接到麻省理工學院史隆商學院打來的電話，在該處任教的經濟學家庫納，也是匹茲堡研討會參與討論的學者之一，正準備出版一本名為《股票市場的隨機性質》（*The Random Character of Stock Market Prices*）的書。這本書主要集結了學術界對金融市場數學模型的看法，並在書前附上巴舍利耶論文的譯本。庫納表示，想將我的論文也收在書中，問題是，書中其他論文都取自正統學術刊物，而不是私人企業內部出版品，他問我有沒有可能盡快在別處發表。

接著，我打電話給每一個經濟學期刊。有的問我名字怎麼拼，有的問我什麼背景。有些認識我，但表示截稿日期已經過了。在學術界，經濟學期刊向來有個壞名聲，他們會將論文壓下好幾個月甚至好幾年才出版。我幸運地找到芝加哥大學的《商業期刊》（*Journal of Business*），雖然，很諷刺的，它後來成為支持主流金融模型的大本營。該期刊的總編輯莫頓·米勒（Merton Miller，一九九〇年獲得諾貝爾經濟學獎）花了幾個小時查訪後回電話給我，他說，我的ＩＢＭ論文在該經濟系所已相當有名。事實上，我以前教過的學生法瑪就在那裡任教。因此，他們願意省略審稿、評論及學者審議等費時的程序。

我當然立刻答應。我在一週內將草稿寄給米勒，他們特地延後期刊出版時間，將原本已排上、較不熱門的文章拉下來，換上我的論文。沒多久校稿就出來，趕上了庫納之前提出的著作出版時限。法瑪將我的論文加以編輯，還寫了序。因為他的協助，我數學家的觀點得以轉換成經濟學家較容易了解的語言。此後我發現，在有敵意的環境裡推銷新觀念時，有這樣的「轉手者」特別有利。

有些人的反應充滿敵意。除了法瑪的序，庫納還在書中加上他自己寫的五頁評論。他認為我以繪圖紙證明理論太過簡單了，數學計算過於牽強，證據不夠充分，而棉花是期貨中獨特的例子，所以不足以用來下定論。他寫道，立意良好，但是「將自古以來的既有學問放火燒盡之前，我們自然應該再三確認」。

支持我理論的證據，沒多久就出現了。我自己的研究發現，十九世紀鐵路公司，像是巴爾的摩—俄亥俄鐵路公司（B&O）、波士頓—緬因鐵路公司（Boston & Maine）及伊利諾中央鐵路公司（Illinois Central）的股價（變化），都跟棉花價格變化有同樣的情形。法瑪及他在芝加哥大學的學生也發現了更多的證據。舉例來說，一九七〇年，學者理察·羅爾（Richard Roll）發現，美國國庫券利息波動的模式比棉花價格還不穩定。不只這樣，法瑪更表示：「種種決定性的證據似乎支持曼德博的假設。」

經濟學與自然界之間，有著奇妙的關聯

經濟學是趕流行的科學，凱因斯（J. M. Keynes, 1883-1946）與刺激經濟的政府投資（pump-priming）都曾風行一時，傅利曼與貨幣主義（monetarism）是另一波。經濟學的理論一個換過一個，就像懷春少年的約會對象不斷輪替。新理論一出現，大家就趨之若鶩，對它品頭論足一番，在發現不如預期中完美之後，便轉而投向下一個新理論的懷抱。

我最初的假說就遭受同樣的對待。一九六〇年代末期，許多經濟學家對我的假說愛不釋手。他們花了數個月分析數據，用學術界剛購入的新式電腦跑數據，迫不及待地將結果發表在學術期刊上。可是到了一九七二年，一股新浪潮正席捲金融界，馬可維茲的投資組合理論、夏普的資產定價理論以及巴舍利耶的市場模型正傳播到世界各地，隔年，布雷克與休斯也發表了影響深遠的選擇權定價公式。

我的假說，跟這股潮流背道而馳，對經濟學界而言，我的角色就好比正統教會中的異教徒。一九七二年，芝加哥大學的研究生羅伯．奧非瑟（Robert R. Officer）將學界中人對我的許多質疑具體

化；奧非瑟的博士論文提出支持和反對棉花價格符合對數比例的證據；其他看似反對的論文也紛紛出現。然而，由於反對者無法反駁支持的相關證據，我也無法發表我的看法。此外，我發現許多反對的論點是根據不適用的統計測試方法，這也是統計學上常見的問題。當時，還沒有人能夠發明一個理論來解釋眾多互相矛盾的數據，這樣的理論，一直到後來現代金融理論漸漸走下坡時才出現。

為什麼經濟學界對棉花價格的研究這麼敏感呢？

讀者應該還記得，前面提到的主流金融理論，假如棉花價格變動符合正統金融理論的話，圖形應該成沙堆狀；高矮胖瘦也許不一，但大致是沙堆的形狀。而我的棉花價格研究卻有不同的結果：價格變動的圖形像是沙礫、鵝卵石、岩石和巨石交雜分布。有時棉花價格跟前一天比起來幾乎沒什麼變動，是細小的沙礫；有時價格大漲幾個百分點，是巨大的石頭；接著，市場恢復平靜，價格走勢平緩，又是細小的沙礫。又或許密蘇里州乾旱的大消息傳到紐約，造成價格大幅震盪，這又是巨石般的形狀。隨著大小新聞交互出現，棉花價格波動同樣有大有小，交替出現在市場上。

我發表棉花價格論文後不久，統計物理學也開始延伸到所謂臨界現象（critical phenomena）的領域。對於齊夫以不同比例將物理與社會科學分開、並以扎實的數學加以證明，統計物理學是完全忽視，甚至予以反對。但是經濟學不同，經濟學沒有扎實的數學法則可以仰賴。此外，在經濟學裡，「時間」才是需要縮放的因素，而不是「空間」。當然，「時段」也相當重要。

以棉花而言，每年的栽種和收成季節對棉花交易有固定的週期性影響，收成時棉花價格上漲，此後逐漸下跌，直到下次收成為止。這是可以預期的，經濟學家進行長期分析時，通常會將這個因素摒除在外。問題是，沒有了季節性因素，還有其他時段對棉花價格造成影響嗎？沒有了季節性因素，經濟學上還有像量子力學和牛頓力學一樣的鴻溝嗎？就經濟學上而言，三個星期的交易紀錄，真的跟三天或三個小時那麼不同嗎？當然不是。所有價格圖看來都一樣。

符合鐘形分布與否，符合對數比例與否，真的這麼重要嗎？當然！第一，它告訴我們價格波動的幅度可以非常大。金融市場的風險其實相當高，遠高於規規矩矩的高斯曲線所顯示的。長久以來，經濟學家對期貨市場就有兩派完全相反的看法，一派認為期貨市場是保險機制，是降低農民與消費者雙方風險的金融機器，而投機者則是中間人；另一派則認為期貨市場有如難以預料的賭場，比股市的風險還大，雖然農民和投機者的出發點不同，但雙方都是在賭。

棉花數據並沒有化解這場紛爭，因為保險機制的風險不見得就低，不過，棉花卻可以解釋為什麼投資期貨的吸引力有限。儘管主流金融分析顯示，期貨投資應該在有錢人的投資組合中占更大的比例，但多數人直覺上卻認為棉花期貨的風險比藍籌股還高。看來根本不需要複雜的統計分析，大多數人都覺得風險高而不願投資。

或許，光是大眾心理學就足以說明主流金融模型有疏失。

第二，下一章將會提到，符合對數比例的數據能產生令人驚嘆的圖形，一看就知道具有週期性，可以輔助預測，從而獲利。任何研究棉花價格的人都會以為自己看到了修正區和阻力區（resistance levels）*，以及其他分析師會注意的「買」、「賣」、「持有」等訊號。這是任何人都看得出來的寶貴資訊。

最後，棉花價格研究顯示經濟學不同領域之間的關聯，也透露出經濟學與自然界的關係。棉花價格的變化就跟社會所得分配一樣，所得分配就跟瑞典火災保險理賠申請一樣。而以上種種，又跟人們用字的頻率及地震發生的次數同屬一個數學家族，這才真正是最大的奧祕。

科學對社會最重要的貢獻之一，就是揭露大家想知道的奧祕，尤其是能幫助社會進步，避免華而不實理論帶來禍害的知識，協助社會認清事實。

圖形有助於了解，因此我常用概圖或卡通圖來說明。我曾在第六章說過，簡單的碎形過程可複製出符合巴舍利耶模型的複雜金融圖表。做為本章結尾，下面我將說明對數比例及非連續性也可以轉化成類似的卡通圖。這麼做的目的，是為了凸顯實際金融圖表的「厚尾」及多變的價格波動，與抽象的碎形分析之間的微妙關係。

再溫習一下：前面繪製布朗運動卡通圖時，我們首先畫一條上升的直線，也就是起始元，然後畫出鋸齒狀的生成元。接著複製生成元，將其縮小並安插在圖形中，所有的直線都以鋸齒代替。一再重複同樣的過程，曲折而複雜的圖形於是逐漸成形。精心設計的結果，前面出現過的卡通圖複製

*證券價格上漲時無法突破的價位水準。

出布朗運動，也就是正統金融理論的基礎。生成元的特殊形狀是決定性的關鍵，由座標點（0, 0）開始，上升到（4/9, 2/3），再下降到（5/9, 1/3），最後終於到了（1, 1）。很重要的一點，是生成元三個部分的大小。它們的寬度分別是4/9、1/9、4/9，高度則是2/3、-1/3（由於直線下降，因此為負數）及2/3。仔細觀察這六個數值，每個寬度都是高度的平方。如此完美、整齊的關係，正是規規矩矩的布朗運動的特色。

若改變這些因素，我們幾乎無可避免地會得到迥然相異的結果，尤其和我所研究的棉花價格圖非常相近。如左頁圖所示，首先是等分成三個部分的生成元，每部分的寬度都是長方盒的三分之一。在每部分中，都有一個高為長方盒高度一半的正值斜坡。此外再加入兩個垂直方向的突升，第一個往上突起二分之一個單位，第二個往下一個單位。不同於布朗運動生成元的是，這個圖有突起性的中斷。每一次重複的過程中都按特別順序自動加入突升，正向和負向突升不論分別看待或合起來，都符合冪次法則分布。比例繪圖創造出可以用指數衡量的「厚尾」，如同本章前面提到的帕雷托或L-stable的例子。藉著調整生成元，我們可以改變α值以及尾巴對稱的程度。

說明以上種種個案的用意何在？透過對數比例繪圖及碎形過程，我們可以了解，看似毫不相干的兩個例子（一是大家熟悉的擲硬幣遊戲，一是複雜而高風險的棉花市場）之間，竟然存在奇妙的關聯。

從擲硬幣到棉花市場
「厚尾」和「非連續性」概念

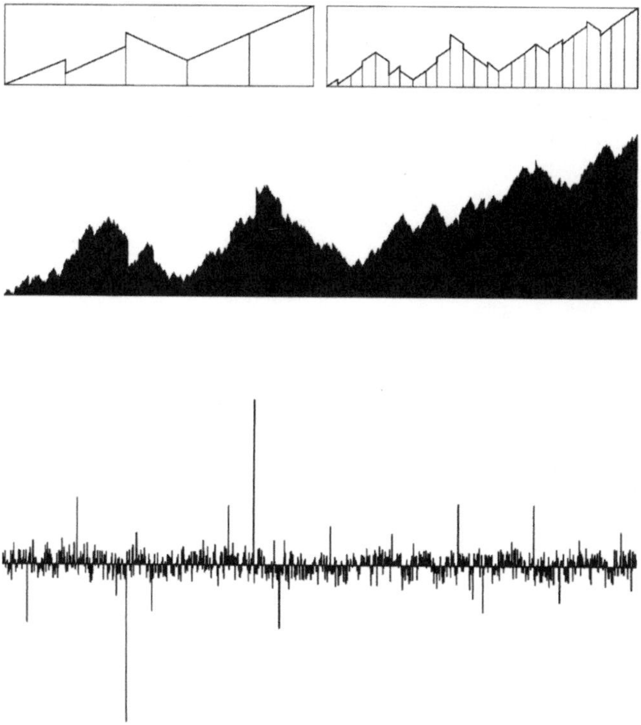

用來說明厚尾及非連續性概念的方法很多，在這裡，我們用的是本書前面提過的碎形手法。

相較於前面的布朗運動卡通圖，這個圖形的碎形生成元要複雜得多。首先是五個斜坡，但其中有兩個垂直面的非連續性。中間的圖代表完成後的卡通圖，最下面的圖顯示每一刻的變化值，這個結果顯示出跟棉花價格變化類似的大幅變動以及對數比例。

第9章

記憶沒了，風暴來了

金融市場與尼羅河密碼

一九〇六年，一個名叫哈洛・赫斯特（Harold Edwin Hurst）的英國年輕人來到埃及首都開羅。原本他只打算短暫停留，沒想到一待就是六十二年，最後還揭開了法老王以來最大的奧祕之一，而且意想不到地提供了線索給研究金融市場的學者。

赫斯特研究的是尼羅河水患。希臘著名的旅行家、歷史學家希羅多德（Herodotus）於西元前四五〇年寫到，尼羅河河水在夏至時開始上漲，一百天之後漲到最高點，甚至為下游的農民帶來非常肥沃的土壤，使得「人們不費吹灰之力就有好收成」。

導致水患的原因何在？根據古老的傳說，尼羅河的源頭來自女神哈碧（Hapi）的雙乳。祭司的說法是，來自天上的尼羅河注入人間，成為地上的尼羅河，但有人說，應該是從地中海吹來的北風為尼羅河帶來充沛的河水，還有人說是因為南方的白雪融化所致——這一點希羅多德倒是完全不信，南方的氣溫高到可以把人燒成炭，怎麼可能下雪？「尼羅河究竟為什麼會發生水患，我無法從祭司或任何人那裡獲得解答。」他說。

在每天的股票線圖裡，發現尼羅河密碼

「尼羅河為什麼會氾濫」固然重要，但還有一個更重要的問題是：每年的水患究竟有多嚴重？洪氾水位有時高、有時低，社會是繁榮、是蕭條，全看河水的心情。《聖經》裡有這麼一段：雅各的兒子約瑟，提到法老王在夢中預見將有七年豐收、七年饑荒。即便到了赫斯特的年代，埃及受英國管轄，水患的嚴重性絲毫不減。

當時，尼羅河谷的人口逐漸飽和，英國曼徹斯特的工廠對埃及棉花的需求很高，但尼羅河的水壩卻無法處理這麼龐大且寶貴的水資源。當時擔任公共工程署主任科學家的赫斯特，受命發展所謂「世紀儲水」的工程，以因應可能發生的嚴重乾旱。這是相當艱難的任務，赫斯特曾說：「我們花很多心血多方面研究，試圖預測水患，到目前為止都沒有具體的結果，今年根本不知道明年的水勢會如何。」

不過，赫斯特後來的確發明了水患的公式，由於他的貢獻，別人給他一個尊稱——尼羅河之父。不僅如此，赫斯特還發現同一個公式也可以應用在許多其他自然現象上，例如克里米亞湖

（Crimean lack）湖床上泥土沉積的模式、紐約每年的降雨型態，以及科羅拉多洛磯山脈的派克峰（Pikes Peak）上樹木的年輪。此外，我更在一九六〇年代循著赫斯特的足跡，在其他方面發現了相同的「尼羅河現象」，其中最特別的，便是股價波動的型態。

尼羅河現象是碎形幾何中很關鍵的一部分，近年來其他學者的研究更進一步充實了我的理論，他們發現，國際原油價格、倫敦金價和開放後的美國電力市場，也都符合相同的模式。尼羅河現象是我這套金融市場理論中重要的第二個環節，是補充第一環節對數比例法則及厚尾不可或缺的一部分。

好的科學家在正式學術期刊上發表論點時，往往措詞非常謹慎。科學史上最出名的「輕描淡寫」，恐怕是發現DNA雙螺旋結構的華生（James Watson）和克里克（Francis Crick）於一九五三年在《自然》（*Nature*）期刊上發表的一句話：「我們有注意到，我們所假定的獨特雙結構可能意味著基因有複製的機制。」在一九五一年出版的《美國土木工程師協會期刊》（*Transactions of the American Society of Civil Engineers*）中，赫斯特發表關於尼羅河的第一篇報告，他的用詞同樣謹慎。他寫道：「我們認為，除了為蓄水而設計水庫的用途之外，基本理論或許也可以應用在其他方面。」

要嘛連續發生水災，要嘛不斷遇上旱災……

赫斯特是典型的英國公務員。他生於一八八〇年，父親是農村的建築工人，家境勉強過得去，家族世居萊斯特（Leicester）附近將近三個世紀。十五歲時，赫斯特輟學去做化學和木匠學徒，後來再上夜校，二十歲時獲得牛津大學的獎學金。他後來告訴我，早年缺乏數學教育的他，竟然以第一名的成績從物理系畢業，跌破大家眼鏡。不過，一直到去埃及之後，他才找到自己的未來。

進入二十世紀不久，大英帝國終於制伏了蘇丹境內追隨基本教義派馬赫迪（Mahdi）的反對勢力，此後進入一段相對平靜的成長期與水壩建設期。尼羅河北部的路徑大都屬於英國管轄區，包括維多利亞湖到艾伯特湖，到蘇丹首都喀土木（Khartoum）地區白色尼羅河與藍色尼羅河的交界，越過蘇丹與埃及南部沼澤、泥土和懸崖滿布的低窪地區，最後到達地中海沿岸的三角洲地帶。即便對英國這樣幅員廣大的帝國來說，尼羅河的工程仍相當艱巨。總長四一六〇英里，流域涵蓋非洲大陸面積一〇%的尼羅河，水量豐沛，一個世紀以來年洩洪量高達九百二十四億立方公尺，赫斯特估計，只要總量的八分之一，就足以讓英國的約克郡泡在水深二・五英尺的水裡。

自第一個亞斯文（Aswan）大水壩於一九〇二年完工以來，英國科技界與產業界就充分參與尼羅河水資源的利用、水患的控制，並且擴充可灌溉用地。赫斯特到達開羅之後的第一個任務很有趣，是負責傳達最新的標準時間到營本部，以便中午時鳴槍。但是很快的，由於他的科學背景，不久之後就被延攬去參與測量尼羅河的計畫。他有時坐船或與挑夫徒步同行，有時騎腳踏車或乘車，後來也搭飛機。看著滾滾的河水，來自英國的工程師和埃及助手使用流速儀（current meter）測量每分鐘循環的次數，藉著鉛錘、鋼琴線和三角學來聲測河流的深度，工程師也用大理石製作新的洪水測量儀。

赫斯特記載，在蘇丹，「通常最上層的土壤是叫棉花土的灰色黏土，旱季時收縮乾裂，雨季時膨脹突起」，他們將樁打入穩定的下層土壤來固定洪水測量儀。工程師們測量水中的細沙、黏土和淤泥，發現水質在八月底洪水暴漲到最高點時最混濁，到了冬天則變清澈。他們也帶著流速儀進入蘇丹地區沿岸長達四五〇英里的沼澤，那是自羅馬暴君尼祿時代以來多數征服者敬而遠之的危險地帶。幾個世代以前的探險家史坦利（Henry Morton Stanley）、史畢克（John Speake）和伯頓（Francis Burton）曾經冒險犯難的地方，如今新一代務實的英國工程師帶著經緯儀、水準儀和計算尺來測量尚未納入地圖的支流。

這群工程師的主要任務，是調節水流量。對那個年代的水力工程師而言，河流的季節性變化不難理解，但是這樣一條大河流，其年度性變化很難估算，不能跟其他河流相提並論。尼羅河的洩洪量落差極大，例如一八七八到一八七九年間，由於雨量充沛，洩洪量達一五一〇億立方公尺，但是到了一九一三到一九一四年間雨水較少，洩洪量則只有四二〇億立方公尺，兩年之後乾旱再度來襲。換言之，雨量多與雨量少的年度，通常會聚集在一起，不過赫斯特寫道：「並沒有明顯的週期可循。」

全世界的水壩都超高，這就是原因！

沒有可預期的模式？那要如何控制呢？最顯而易見的方法，就是建很高的水壩，高到足以容納連續幾年的豪雨，然後在乾旱的年度洩洪。但要建多高？

在十九世紀，水壩設計是重要工程，就如同今日的財務金融，當時的人喜歡用數學解決水壩設計的問題。工程師們假設水量每年的變動在統計上是各自獨立的，就像巴舍利耶的擲硬幣遊戲。擲硬幣時，我們可能會遇到連續正面或連續反面的狀況，否則就不會有贏家輸家的分別了。而擲硬幣有一個簡單的算式：一個人贏最多和輸最多的差距，是擲硬幣次數的平方根。舉例來說，假設擲硬幣一百次，哈利贏最多是八，輸最多是三。換句話說，最高得分和最低得分相差十一。

假設將擲硬幣的次數增加為一百倍，也就是擲一萬次，根據前面的算式，贏最多和輸最多的差距應該是十倍（一百的平方根），也就是一一〇。根據理論，哈利的最佳成績如果是六十七，那麼最差成績就是負四十三。

若以擲硬幣為例，水力工程師也可以依樣畫葫蘆。例如想要將二十五年的水壩汰舊換新，建一座高度禁得起百年洪水考驗的水壩，新水壩的使用年份是舊水壩的四倍，因此套用擲硬幣的公式，新水壩應是舊水壩的兩倍高。簡潔明瞭。

然而，這也是錯的。赫斯特的結論是：事實上，水壩應該更高。他發現，尼羅河水位的高低變化，其差距要比擲硬幣所依從的平方根律更大，水位高的時候更高，低的時候更低。但問題不在單次的水患，因為若單獨來看，每年的水患數據十分符合鐘形分布。很顯然，影響成績的是連續性的事件，也就是連續的洪水或連續的乾旱。結論越來越明顯：不僅洪水規模，「洪水規模的組合順序」也非常具有關鍵性。

赫斯特研究過水患的紀錄之後，自己發明了因應的公式。首先，除了尼羅河，他也收集美國中西部休倫湖（Lake Huron）及加州太浩湖（Lake Tahoe）附近的特拉基河（Truckee River）的洩洪資料，查看瑞典達拉文湖（Dalalven Lake）的年水位紀錄，從美國華盛頓特區到澳洲阿得雷德（Adelaide）的年降雨量，俄羅斯、挪威及加拿大河床沉積物的厚度，從美國聖路易到芬蘭赫爾辛基的氣溫，旗桿松（Flagstaff pines）與美洲紅杉的年輪，甚至太陽黑子的數目。任何確實可靠、歷史悠久、與氣候相關的資料，赫斯特統統都不放過，總共包括了五十一種自然現象，計有五九一五筆年測量值。

他所研究過的資料，幾乎全都指向同一個結論：最高與最低之間的差距相當大，就跟尼羅河一樣。他發現，全球各地的資料都符合一個公式：高低之間的差距並非擲硬幣公式所指的平方根，而是指數四分之三（說得更精確一點是〇．七三）。很奇特的數字，但赫斯特堅信，這是自然的基本法則。

水文學家對此半信半疑。一九五一到五六年間，七十多歲的赫斯特就此研究結果發表了三篇長篇論文，每一篇都引起眾多支持者和批評者的反應。有些人讚揚他，提供更多數據支持他的理論。有人指控他玩統計巫術，其中一位是郝克羅合夥公司（Sir William Halcrow & Partners）的資深土木工程師夏曼（F. A. Sharman），他嘲諷地表示，聲稱自己發現樹木年輪、太陽黑子與河床沉積之間有共通點的人，必定是「跨出人類的一大步，發現了一個普遍的自然法則」。但他批評赫斯特說：「這三者唯一的共同點，就是亂無章法。」

但赫斯特的公式的確有用，舉例來說，假設紐約想要確保一個世紀的穩定供水，水庫的規模應該多大？赫斯特的公式可以提供答案，根據他的研究，一八二六年到一九四五年間，紐約地區的年降雨量平均為四十二英寸，每個年度之間的標準差為六．三英寸。根據赫斯特的公式，若要預防嚴重的乾旱或水患，又要維持一個世紀的穩定供水，水庫必須大到足以儲存十六．七倍的標準差，也就是一〇五英寸或二．五年的平均降雨量。

之後研究其他河流的水文學家，也證實了赫斯特的基本發現。赫斯特計算後發現，若在埃及境內上游興建數個相互依賴的中等規模水庫，尼羅河的水患問題應該可以解決。但是到了一九五〇年代工程要發包時，埃及總統納瑟（Gamal Abdel Nasser）所領導的新獨立政府卻好大喜功地決定興建宏偉的亞斯文高壩。即便如此，他們仍然不得不使用赫斯特的公式。

水壩應該建多高？
金融市場裡的「長相關」概念

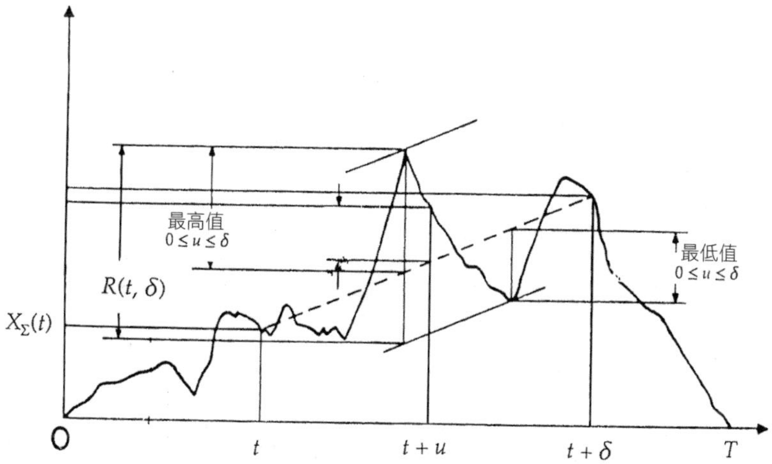

水壩究竟該多高？這正是水文學家赫斯特研究尼羅河所要解決的最主要問題，在研究的過程中，他意外發現計算一連串測量值之長相關（long - range dependence）的方法。赫斯特嘗試測量流經開羅附近羅達口（Rhoda Gauge）河水的總流量，再減去幾個世紀以來的歷史平均值。經濟統計上的傳統方法，是找出最高值與最低值的差距。

但赫斯特發現了一個更好的方法，並於 1951 年及 1955 年發表：由於每個時段的長度和起始點或有不同，赫斯特以移除間隔內的趨勢來調整數據，然後他才計算最高值與最低值的差距。統計學家以為「去趨勢」後的高低值差距會像布朗運動一樣，以該時段長度的平方根增加；但事實上，赫斯特發現，高低值差距增加得更快。

這個驚人的發現，在統計學家看來幾乎不可能。但是赫斯特極力地為他的發現辯護。要不是我運氣好，發現這正是碎形的一種現象，赫斯特的發明可能自此永不見天日。我為赫斯特無家可歸的真理找到了一個安頓之所——長相關概念，並將它運用到金融價格的研究中。以財務金融的觀點來看，上圖可以看做是價格圖。其中研究的標的時段，是從時間點 t 到 t+ δ（delta）。虛線代表被去除的趨勢。相對於趨勢的最高與最低值的差距，即是我在 *Gaussian Self-Affinity and Fractals* 一書中所謂的「橋」距（bridge range）。

我們的「現在」，受「過去」的影響有多大？

哈佛大學旁的查爾斯河，距離尼羅河十萬八千里，我第一次聽說赫斯特的研究，已經是一九六三年在哈佛教經濟學的時候了。當時，我剛發表不久的棉花價格研究，漸漸有人關注我，有一天，講課完後一位男士上前跟我攀談（我真希望能記得他的名字，好向他道謝）。

他說：「你知道嗎，這是冪次法則。」他指的，是我的棉花價格理論。「我聽說一位水文學家跟你一樣，也發現了冪次法則，他發現尼羅河水患奇妙地符合某種指數。也許這只是巧合，但你跟他的研究搞不好是相關的，你可以去找來看看。」

其實當時我第一個念頭是：「肯定」相關！這麼多自然與社會現象都符合對數比例和冪次法則，河流的流量哪會例外？追查這條線索不難，離講堂幾百碼之處，就是哈佛水資源中心（Harvard Water Resources Center）辦公室，夙負盛名的水文學家哈洛德．湯瑪斯（Harold A. Thomas Jr.）教授就在那裡。很難想像，長春藤密布的一流學府哈佛還有如此樸實、專門研究水壩的地方。

湯瑪斯很快地告訴我赫斯特的研究發現，當下我以為自己已經懂了，赫斯特的公式，也就是高低值之間的差距，隨著標準差的四分之三指數增加，聽起來跟我的棉花價格公式差不多。我當時心想，洪水好比大幅價格波動，而乾旱就像市場崩盤。

不過，偉大的理論經常會躲在看起來微不足道的事實背後。赫斯特的理論可不像我想的那麼簡單，看過他的論文後，我發現重點其實不在於水量的變化，而在變化的「順序」。假如將變化的順序打亂，赫斯特的研究數據其實沒什麼特別之處，只是符合鐘形分布罷了。

於是，我開始對這一點產生濃厚的興趣，研究棉花價格時，我發現過去與未來的價格有相當明顯的關聯。當時我曾提出這個現象，但沒能進一步探討，我當時打算將價格變動順序的問題先擱一邊，假設每次的變動都是獨立事件，而赫斯特的研究提醒我們，這個奧祕有著悠久歷史，就像金字塔那樣。

「過去」對「未來」的影響究竟有多大？哲學家大概會這樣問：究竟是命運決定我們的一生，還是我們自主的選擇決定了人生的風景？但數學家會換個方式問：每個事件究竟是相依，還是各自獨立？假如事件B對事件A有相依性，表示A會改變B發生的機率。

假設籃球選手連續投進兩球，我們會預期他投進第三球的機會也很大。籃球選手會接連投進球，也許是能力過人，也許是心理因素，就某種程度而言，這幾次投球是「相依的」。但讓我們回到這位球員身上，他可以連續進多少球？兩球、三球還是五球？從數學的角度來說：要經歷幾個時段的檢驗，才算有顯著相依性？

再從另一個角度來看：假如你是觀眾席上的觀眾，在做出「他已經投不準了」的結論之前，這位選手最多可以有幾次失誤？三次？七次？乍看下似乎有相依性的事件，仔細分析後會發現未必如此。任何製圖者都有過這樣的椎心之痛：最隨機而獨立的事件，可能看起來反而十分具有規則。

市場上的經濟學家常會採用演繹法來解答。首先，我前面說過，大多數金融模型的前提都不正確，例如他們認為今日和昨日的價格彼此獨立，是隨機漫步，只是經濟指標（例如產出、通貨膨脹率、失業率等）或多或少都有相依性，因此他們會分析這些數據，計算相依性的強弱及其持續的時效。假如四月通貨膨脹率上升，那麼五月再上升的機率如何、兩個月後再攀升的機率又如何、三個月後呢？經濟學家分別就每段時期計算相關性的高低，而相關性通常介於一（表示完全正相關）和負一（表示完全負相關）之間，中間值「零」表示完全不相關，也就是兩個事件互不影響。正一與負一之間，存在著無數個可能的相關值，每個相關值都代表不同程度與方向的短期相關性。通常，時間間隔越近的短期事件，其相關性越高；時間間隔越久的，相關性就越低。

假如我們將所有相關值由短期到長期畫成圖表，會得到一條陡降的曲線。至於降得多快，要視數據的種類而定。通貨膨脹率相當有「固定性」，其曲線下降得非常緩慢。一九七〇年代時，中央銀行體系發現，通貨膨脹一旦開始變化，就很難慢下來。其他許多經濟數據的曲線，則在下降的過程中出現奇特的突起點。例如玉米就是這樣，它的曲線在一年的座標點往上突起，這是因為每年播種與收穫的週期對玉米供應有相當大的影響。國內生產毛額（ＧＤＰ）的數據也是，這個衡量一國產出的標準數值，在下降到零相關之前，會有好幾個奇怪的突起，通常是每隔幾年以及十五到二十年間、四十到六十年間。至於為什麼會出現這些突起，經濟學家已經爭論多年，可惜一直沒有結論。問題是，為什麼以十五年或五十年為終點？赫斯特的研究帶給我一項很重要的發現：相關性隨著時間降低，但下降的速度緩慢，不論時間多長，似乎永遠不會完全消失。

怎麼可能？

還記得赫斯特的終極目標在於水庫水位的高低嗎？他發明的數學公式被用來計算水壩的適當高度及水位的高低。假設連年的雨水使得水庫水位高漲，接著幾年氣候溫和、雨量沒那麼多，但水庫仍然是滿的，換句話說，之前幾年的雨水仍具有影響力。然後是數年乾旱，導致水庫漸漸乾涸。不過，水庫還是有水，因為先前雨量多的那幾年儲備了不少。

下頁圖是生長在加州白山（White Mountains）肯畢度峰（Mount Campito）上世界最古老的樹——刺果松（bristlecones）的年輪寬度圖，讀者可以從中看出相同的道理。如同大多數的相關曲線圖（correlogram），刺果松的曲線一開始也顯示短期內有高度相關。相鄰的年輪，也就是相隔一、二年的年輪，具有高度相關。相隔超過數年的年輪，其相關性就漸漸降低，每十年或百年的變化型態不一定。毫無疑問的是，相關性下降的速度比預期的慢。事實上，一直到一百五十年以上，相關值才變得非常小，小到無法用常用的統計方法驗證。我還因此從赫斯特那裡得到靈感，發明了新的驗證方法。至於年輪的相關性為何持續那麼多年？或許跟全球氣溫上升有關。

以上是長（期）相關的概念。這是個微妙的概念，讓我們再舉個常見的例子來說明。我們知道，純放射性物質會以幾何級數的速度衰退，經過一次半衰期後，還剩下二分之一；兩次半衰期後只剩下四分之一，接下來剩八分之一，一直到幾乎完全消失為止。假設有一組半衰期長短不一的放

那一年，氣溫很低……
樹木年輪裡的「長期記憶」

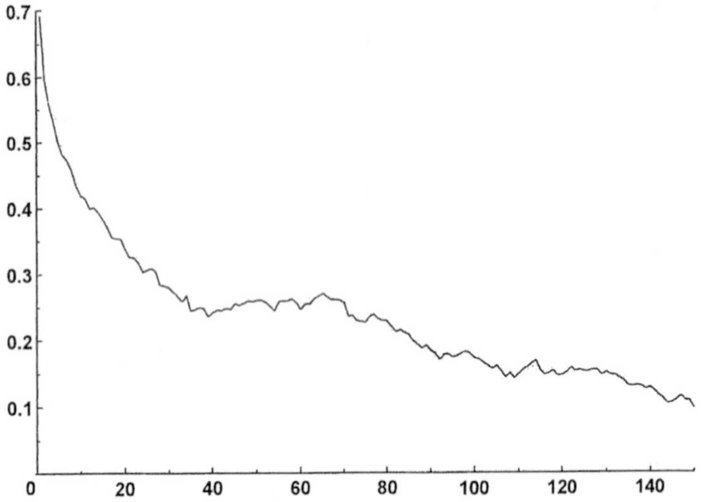

假設有個事件發生，例如有一年氣溫很低，減緩了樹木的生長。下一年的年輪會跟這一年的一樣窄，還是變寬？十年之後、百年之後呢？這個圖是相關曲線圖，顯示加州肯畢度峰樹木年輪相關性隨期間長短而變化的情形。曲線下降的速度很緩慢，比我們想像的還要慢。（圖片來源：Richard T. Baillie, "Long memory processes and fractional integration in econometrics", *Journal of Econometrics*, 1996）

射性物質，分別有短、中、長及很長的半衰期，當半衰期短的物質幾乎消失時，其他物質才剛剛開始衰退，其效應還會持續一陣子，這就是所謂的長相關。我舉的並不是假想的例子，而是事實，而且是實際生活中的現象——核子爆炸物的廢核料，就是半衰期不一的放射性物質。就大部分情況來說，將不同的放射性物質混合在一起只是個比喻，但卻有助於我用長相關來說明赫斯特的發現，這是碎形幾何很重要的一部分。

記住：天底下，沒有任何人是一座孤島

一九八二年，當時全球最大的電腦公司IBM認為，蘋果公司的新個人電腦，將威脅到IBM的未來。因此IBM一改過去的作風，很快做出反應，它擱下自己的大晶片廠與軟體部門，選中了當時發展還不穩定的半導體公司英特爾（Intel）做為微處理器供應商，而聰明但還沒沒無名的小子比爾．蓋茲（Bill Gates）則成為軟體供應商。接下來的故事大家都知道了，從此英特爾和微軟迅速壯大，超乎眾人的想像。IBM跌了一跤，規模也縮小了。但是，這三大企業的命運仍息息相關，他們的股價互相影響，一家傳出利多或利空消息，其他兩家就立刻受到波及。三十年前IBM為今日電腦界兩大巨人催生的往事，至今仍影響著IBM的股價。

此處的相關性長達三十年，但我們不難想像還有更長期的相關：一九一一年法庭根據〈反托拉

斯法〉裁定約翰．洛克斐勒（John D. Rockefeller）的標準石油要拆分成數家，這個決定至今仍影響著解體後的企業——埃克森美孚（ExxonMobil）、康菲能源（ConocoPhillips）、雪佛龍德士古（Chevron Texaco）以及英國石油（BP Amoco）。

世上沒有人是一座孤島，每一個事件、每一項行動都會對其他人造成影響。混沌理論的信條之一就是：在動態的系統中，任何過程的「結果」都會受到「開始」的影響。套句很常見說法：亞馬遜河一隻蝴蝶揮動翅膀，可以導致美國德州龍捲風。

雖然我發明的碎形幾何是「混沌學」的主要數學工具之一，但我並不認為市場是混亂的。全球經濟顯然是個難以預測的複雜機制，除了具體世界的複雜變化，例如氣候、作物、礦產、工廠之外，更有人類複雜的心理作用，以及受心理作用影響所表現的詭譎行為。企業與股價、貿易流通與匯率、作物收成與期貨交易，或多或少都有關聯，而確切的關聯是什麼，我們的了解還很淺薄。我們可以說，這世界遙遠的過去，不斷地影響著現在。

有記憶的老一輩淡出了，金融危機捲土重來了

一九六〇年代，華爾街的老人家——那些對一九二九年股市崩盤與經濟大蕭條仍有記憶的人——這麼警告我：「當我們退出市場，有一樣東西將會從市場消失，那就是對一九二九年的回

憶。」他們說，正因為那次親身經歷，他們行事更加謹慎小心。整體來說，他們那個世代，就像是防止瘋狂投機的內建煞車板，是避免過度投資與金融風暴的保險機制。他們的記憶，成為金融市場實用的「長相關」。

這麼說來，一九八七年，當大部分老兵凋零，他們的智慧也為人遺忘時，市場恰好遭遇六十年來第一次崩潰，是否也就不足為奇了？還有，二十年後出現好幾個世代以來最熱的多頭市場和最慘烈的空頭市場，也是這個原因嗎？儘管事實擺在眼前，正統金融理論仍堅稱，建立市場模型時，只需考慮今天的新聞和明天可能發生的事。

長期記憶是很好的概念。問題是，能拿它做什麼？回頭看看布朗運動（也就是水中漂浮物運動的路徑），水中顆粒在十億分之一秒可以漂浮多遠？兩小時內又可以漂浮多遠？前面提過的平方根法則在這裡可以派上用場：一個布朗運動顆粒，在一百秒內可移動的距離是一秒的十倍。正統金融理論也可以套用來計算市場價格，我們可以得出在某段持有期間內，資產價格可能上漲或下跌的最高限度，以及該時期內價格可能會怎麼波動。

布朗運動是銀行經濟學家最好的朋友，如果老闆問你，一年後美元對英鎊的匯率會是多少，你可以學銀行的經濟學家聰明而技巧地規避問題：用今日的匯率二・〇三對一英鎊為起點，不給一個特定答案（比如二・〇五美元），而是根據布朗運動提供大概的範圍：「一英鎊大概對二・〇二到二・〇八美元，英鎊很可能維持在高檔，如果美國經濟吃緊，如果英國通貨膨脹小升，如果……」

而且記得，要像銀行的經濟學家那樣只給籠統的答案，而不是明確點出「假如怎樣，就會如何」，這樣才得以長期保住飯碗。

萬一到時候匯率超出平方根法則計算出的範圍呢？顯然，這位銀行經濟學家遇到大麻煩了。但是，這種事怎麼可能發生？很簡單，那是因為匯率具有長期相關性。舉例來說，假設今天匯率上升，那麼明天往往會繼續上升，往後幾天也是。每日匯率依舊會震盪，但長期而言會離起點越來越遠。換言之，匯率不再只是隨機擺盪，而是像被操弄了一樣——一如尼羅河水位。

事實上，我們可以將這個現象量化。為紀念赫斯特，也為了向純數學家前輩路德維格．侯德（Ludwig Otto Hölder）致敬，我稱之為「H值」（很湊巧，侯德基於樂趣，也曾有類似的想法）。我的公式以布朗運動為起點：物體運行的距離與時間的指數成比例。不過，這裡的指數不再是平方根（即二分之一次方），這裡的指數可以是〇與一之間的任何數值，而不同數值會創造出種類迥然不同的價格數據。如果H值大於布朗運動中的〇．五，假設是〇．九好了，那麼價格波動的範圍會比較大，價格波動也比較「固定」，就像不聽主人指揮的驢子。當然，最後價格還是會反彈，畢竟整體增量必須符合鐘形分布。每上升一次，必然有對應的下降，但未必按照一升一跌的順序，而是同一方向的聚集在一起，就像尼羅河水位變化一樣。相反的，假如H值小於布朗運動中的〇．五，比方說〇．一，價格波動的範圍會比較小。每次波動後會出現相反方向的動作，然後再度反彈回來，如此形成窄小而密集的鋸齒狀，好像受驚的馬匹不聽主人使喚而左右亂竄。

下頁圖正說明了這一點。它們所顯示的不是布朗運動行進中的絕對位置，而是位置改變的相對變化。最下方的圖動向最一致，H值最高，價格波動的範圍也最大。中間的圖是典型的布朗運動。最上方的圖動向則最不一致，H值較小，價格跳動得很厲害，不過變動範圍還不算大。由於H值可以是分數，我將這些相互影響的變動稱為「分數布朗運動」（fractional Brownian motions）。

看似規律的變化時而出現、時而消失，這是大多數長期記憶過程特有的現象。這些「規律」隨時可能消失，無法真正持久，也難以預測。

再觀察一下代表分數布朗運動的線圖，也就是最上方與最下方的圖，不難看出有時變化有上升或下降的趨勢。當然，這只是隨機的巧合，假如你嘗試據此下賭，或許會小贏一段時日，但倘若你押寶的時間點抓錯，錢財可能同樣輕易付諸東流。

圖形能說明真相，但也會誤導我們。人腦容易注意到看似規律的圖案，並加以美化，對於矛盾的資訊卻視而不見。追求井然有序乃是人類天性。如果看不到秩序，就會自己創造一個。

H值，下一個被華爾街奉為圭臬的指數？

任何新概念面世，總要經過一番掙扎。一九六四、一九六五年間，我完成了三篇有關相依性及對數比例的論文，令人失望的是，它們沒有引起什麼注意。我的新發現與傳統理論格格不入，連知

誰說股價沒有記憶！
價格波動的三種模式

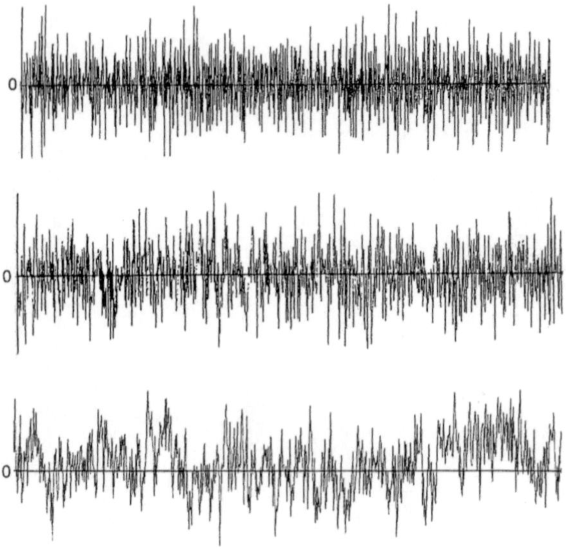

正統金融理論假設，每次價格變動都是獨立的事件。要是我說這是錯誤的呢？以上是電腦繪圖始祖泰金寶（Calcomp）繪圖機所繪製的線圖。三個圖分別代表價格波動的三種模式。中間的線圖代表正統金融模型，主張每次價格變動都跟上一次無關。在這種情況下，衡量相關性的 H 值等於 0.5。最下方的線圖代表價格傾向於維持同一變動方向，換句話說，價格變動往往呈現連續上漲或連續下跌；這裡的 H 值等於 0.9。最上圖則正好相反，每次價格變動後必然有相反方向的發展，這裡的 H 值等於 0.1。

名期刊都不歡迎。

有朋友給我意見，認為問題出在風格而不是內容。他們說服我，最重要的是要能以簡單清楚的方式，說明我的數學理論。因此，我跟當時在西雅圖華盛頓大學的一位年輕主流數學家約翰・范・尼斯（John Van Ness）合作，以期寫出更正統嚴謹的論文。

可惜仍然不管用，他們認為我的論文沒有新意（這大概要算是我的錯，因為我堅持引用所有曾萌生類似概念的前輩數學家或經濟學家的典故）。終於，論文完成兩年後，我在一九六八年因緣際會地在某次晚宴上遇到期刊主編，雖然是沒什麼名氣的期刊——《工業與應用數學學會評論》（*The SIAM Review of the Society for Industrial and Applied Mathematics*），但好歹他們答應出版論文了。現代科學家不得已要花時間宣傳，但若將這些時間用在研究發明上，世上不知道會多出多少驚人的新發現？與此同時，我決定像赫斯特一樣，開始設計儲水模型，我也曾嘗試跟哈佛大學一位水文學家合作，不過他的電腦軟體只製造出垃圾，還把錯怪到我頭上，反正科學家合作很少有一帆風順的。

終於，一九六七年秋天，機會再次來敲門。IBM雇用一位之前替政府工作的水文學家詹姆斯・瓦理士（James R. Wallis），他也是哈佛博士後研究生。IBM一來是為了表示跟得上時代、有「環保意識」，再者是為了將研究範圍擴展到生態學領域的電腦應用，包括河流網絡。

瓦理士跟我合作無間，到了要發表論文時，我們絲毫不敢掉以輕心，直接找上數一數二的水文學期刊——《水資源研究》（*Water Resources Research*）。為了說服他們，我們準備水模型的詳細電腦繪圖，且不辭辛勞地用慢吞吞的泰金寶繪圖機繪製。在一九六八年，泰金寶繪圖機算是那個時代的尖端科技，但畫出來的圖太細、不大清楚，所以日後再出版時得用手將圖重新描在半透明的紙上，再用相機拍下來。

《水資源研究》的主編華特．朗白（Walter Langbein）博士，是美國地質調查局裡位高權重的官員，一本正經、滿頭白髮的紳士。不好應付。我們跟他及其他幾位官員在美國地球物理聯盟（Geophysical Union）於巴爾的摩舉辦的會議上碰面。在旅館房間內，我們在朗白面前攤開一張又一張的圖表，隨即開始一場趣味遊戲：我們問他，是否能分辨出圖表當中，哪些是真正的水文數據，哪些又是假的？在假圖當中，他能否分辨出哪些是分數布朗運動計算的結果，哪些是傳統水文學模型？

他翻了翻散在床上那一大疊圖表，然後很快就抓出幾張假圖，其中一張取自他自己的研究論文。他大笑了，雖然他本來就知道模型的變化很激烈，但沒想到會如此激烈。他又翻了一下，最後投降了。朗白無法分辨出我們的模型與真實數據，他已經等不及要聽我們的理論了。我們將標示在背面的答案秀給他看，他當場同意出版論文，連一般的學術推薦程序都省了。這麼真誠又正直的主編，在科學出版界實在少見。我們過去最常遇到的，是那種安於現狀、不敢拿自己的烏紗帽冒險的官僚。

對於我的理論，經濟學界的接受度更低，甚至直到今天仍抱持著許多誤解。當然，經濟學家也談相依性。一九六五年，當時擔任約翰霍普金斯大學副教授的艾爾瑪・艾德曼（Irma Adelman）寫了一篇論文〈長期循環：真實還是虛假？〉（Long cycles-Fact or artifact?）。隔年，英國諾丁罕大學的年輕數學家克萊夫・葛蘭吉（Clive W. J. Granger，二〇〇三年獲諾貝爾經濟學獎）則是從疑問變成肯定，他寫道，「典型」的經濟變數有相當長期的相關性。長期？好吧，那麼我主張的無限記憶呢？你閃一邊去！

最後，經濟學家逐漸發現支持我理論的證據，例如金價、石油市場及外匯交易。我的研究顯示，棉花、小麥以及英國公債的價格變化是獨立的。事實上，在抽絲剝繭的過程中，我們發現一個奇怪的現象：隨著金融資產種類不同，相依性的程度有很大的差別。而相依性的程度可以用H值表示，因為H值可以衡量一段隨機變化到底持續多久。H值有沒有可能成為財務金融的新指標，成為下一個道瓊指數、β值或任何被華爾街奉為圭臬的指數？

我再度著手進行研究，這次跟穆拉德・塔克（Murad S. Taqqu）合作，我曾指導過他在哥倫比亞大學完成的博士論文。這位年輕統計學家是我花錢請來的研究助理，他幫我重寫檢驗碎形及計算H值的電腦程式。當時的電腦是昂貴的大型主機，而電腦語言也沒有現在那麼容易。我們能充分利用IBM大型電腦的唯一時段，只有耶誕節的長週末。大型電腦吃進一堆又一堆的數據，最後吐出一大箱繪圖機畫成的圖表。研究證實，H值的變化錯綜複雜而難解。銀行放款給營業員的利率（即華爾街所謂的活期貸款〔call money〕利率）相依性相當高，H值為〇・七。這表示，隨著經濟大環境的趨勢變化，活期貸款利率或許會有很長一段時間持續上升或持續下跌。小麥價格與英國公債的H值則在〇．五左右，一如正統金融模型以及我於一九六三年提出的棉花模型所認為的，相當具獨立性。

虛有其表的理論，最終都會死在真實數據的劍鋒下

坦白說，H值的模式還不是很清楚。相關的理論很多。有人推測高H值出現在風險高、動能高的時刻，投資人容易隨著眾人的情緒起舞。相反的，H值接近〇．五表示非常隨機、極端套利的市場，比較吻合典型的布朗運動模式。舉例來說，波士頓的泛阿古拉資產管理公司（PanAgora Asset Management）最高投資長艾德格．彼得斯（Edgar E. Peters）發現，蘋果電腦有高H值〇．七五，全錄是〇．七三，而IBM是〇．七二。

許多平凡無趣的股票有較低的H值，例如啤酒釀造商安海斯布希（Anheuser-Busch）的H值為〇．六四、德州水力電力（Texas State Utilities）為〇．五四。至於外匯交易市場，有經濟學家發現，跟美元密切相關的貨幣（例如加拿大幣）H值是〇．五，接近布朗運動；其他貨幣，例如馬來西亞幣「零吉」（ringgit），則較接近高H值的科技股。

不過，參考這類研究必須非常小心。舉凡數據品質、分析的嚴謹度以及分析的基本方法，各項

研究都不盡相同。一九九一年，麻省理工學院的經濟學家羅聞全（Andrew W. Lo）發表了一篇重量級文章反駁我對H值的見解。羅聞全指出，我的統計檢驗很可能把長期記憶跟短期記憶的效應混為一談。但沒過多久，另一位經濟學家指出，羅聞全自己的檢驗才有問題。這件事的教訓是：絕對不要匆忙發表用單一工具得出的結果。

畢竟，整個經濟領域極端複雜，牽涉許多層面，不是任何一個簡單的檢驗就可以解決的。前面第二四〇頁圖表所顯示的分數布朗運動，單單一個H值就能代表長期相關性，這是非常特殊的例子。多重H值也是有可能的，就像指數。以美元對德國馬克為例，其中一個指數顯示價格變化是獨立事件，但另一個指數則顯示價格變化有相依性，其實後者才正確。經濟確實是非常複雜的問題，一點也不像「現代」金融理論的擲硬幣範例那樣規矩而簡單。

那大家還在爭論個什麼勁？

前面提過，現代金融理論的基礎是建立在少數幾個過分簡化的前提上。現代金融理論假設人類是理性且追求自身利益的。看看一九九〇年代的金融風暴就知道這個假設有誤——該風暴正是隨群眾起舞的瘋狂舉動造成的。現代金融理論還有一個假設是：價格變化符合鐘形分布。而根據一九六〇年以來我跟其他學者發表、現在已廣為接受的研究報告，這也是錯的。還有一個假設也搖搖欲墜，那就是價格變動如統計學家所認為是 i.i.d.（identical independent distributed），亦即獨立而完全一致的分布，就像擲硬幣遊戲，每一次結果都跟上一次毫不相關。越來越多的研究發現了短期相依性。現在長期相關性的證據雖然還沒完全明朗，但也逐漸被接受了。

有些經濟學家之所以忌憚「長期記憶」，是因為它破壞了效率市場假說。效率市場假說主張價格會反映所有相關資訊，隨機漫步是金融市場的最佳比喻，以及人們無法擊敗如此深不可測的市場。顧名思義，效率市場假說只不過是假說罷了。很多煞有介事的理論最後都死在真實數據的劍下。

長相關的卡通圖

為了幫助讀者了解，我嘗試以圖解的方式說明。

如前面數章所示，碎形幾何圖形可以由非常簡單的結構開始，慢慢演變成複雜的綜合體。前面我們以大致的布朗運動圖為起點，最後得到厚尾的非連續性價格圖。這裡也可以用同樣的程序來說明本章的重點——長相關。

在左邊「長相關的卡通圖」中，碎形起始元同樣是上升的直線，生成元則是簡單的「上↓下↓上」的鋸齒。以布朗運動來說，我們將每個段落的寬度設為高度的平方根，換句話說，寬度等於高度的二分之一次方，也叫做H次方。這不是巧合。本章前面提過，布朗運動沒有相依性，每次變動都不受過去或未來的影響，而符合這個特性的H指數，正好是二分之一。那麼，若改變碎形圖中生成元的指數，會有什麼結果？

尼羅河的雨量，股市的波動……
長相關的卡通圖

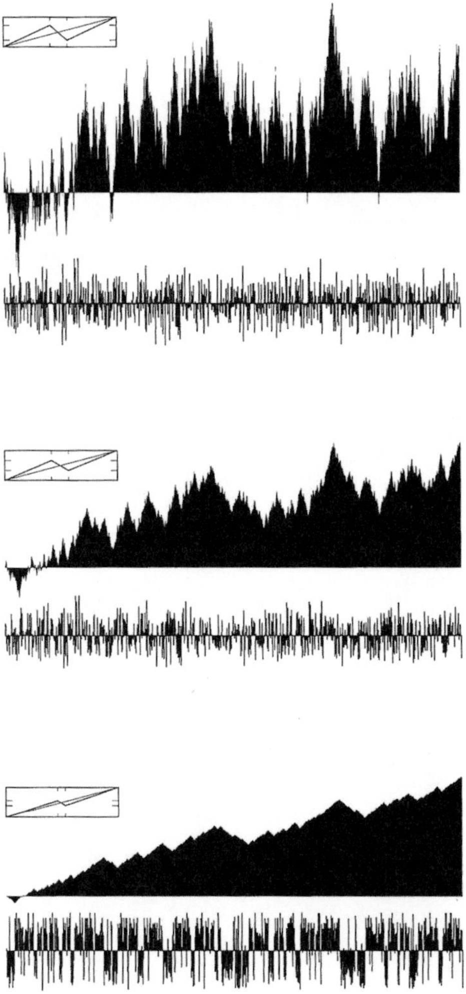

我們可以用前面幾章提過的碎形卡通圖來說明長相關的概念。

中間的圖形代表獨立價格變動的標準模型，相依性指數 H 值為 0.5。其左上方的嵌入小圖顯示碎形生成元，黑色線形圖代表隨機的完成圖，底部的黑線則顯示價格變動量。

最下面的圖形代表 H 值大於 0.5。當 H 值大於 0.5 時，價格變動具有連續性，這一點可以清楚地從圖中看出來：價格持續上升了好一陣子，然後才轉而下降；同樣的，下降趨勢也持續了一段時間。

最上方的圖形則代表 H 值小於 0.5。H 值小於 0.5 的特性正好相反，價格變化很不規律，從落差很大的線形圖就看得出來。

如圖所示，將每個段落的高度設為寬度的指數，而該指數介於零與一之間。最下方的圖形為H值大於二分之一，最後的成圖顯示變動非常規律。以尼羅河為例，數據顯示降雨多半是連續性的，期間或有乾旱，不過為時短暫；反之亦然。以價格為例，正向的變動多半會持續一段時間，中間或許夾雜著少數下跌；反之亦然。最上方的圖形為H值小於二分之一，表示變動方向經常跟之前相反：有一次上升，往往就有一次下降。碎形的力量再度將看似無關的現象給兜了起來。

第10章

地球人太扯了！

諾亞、約瑟與市場泡沫

我要降雨在地上四十晝夜，把我所造的各種活物都從地上除滅。

〈創世記〉第七章第四節

神已將所要做的事顯明給法老了。埃及遍地必來七個大豐年，隨後又要來七個荒年，甚至埃及地都忘了先前的豐收，全地必被饑荒所滅。

〈創世記〉第四十一章第二十八～三十節

繼續討論之前，讓我們先複習一下。

在科學研究中，模型很重要，有助於我們理解。如果在電腦上建立小規模的全球氣候模型、行星運行軌道模型或經濟成長模型，我們就能先測試自己知道的東西。模型也有助於決定採取什麼做法，在經濟學上，建立模型等於製作工具。計量經濟學家建立一國的經常帳赤字模型，是為了預測未來的匯率；財務分析師設計投資組合模型，是為了測試他的投資眼光與直覺，以便給客戶建議；銀行家建立市場風險模型，目的則在於衡量風險，如果可能的話，還用來降低風險。在華爾街，模型不是可有可無的玩具，而是動輒耗費數百萬美元的高科技「武器」；各家證券公司或銀行會為了比同業更勝一籌，而發展這項祕密武器。

過去四十年來，我在數學方面的嗜好之一，就是設計市場模型。在發展碎形幾何的過程中，經濟研究與金融模型都是很重要的里程碑。前面提過，我從一九六〇年早期開始研究棉花價格，接著研究鐵路股、ＩＢＭ股票、利率、匯率及其他資產。我的研究軌跡雖然稱不上隨機漫步，但也相當廣泛了。每個模型我都會檢驗是否有新碎形特徵、「厚尾」以及長期相關性。下一章會以「交易時間」和多重碎形的概念，將這幾個重點整合起來。

不過，我的任務還沒結束，我也不認為我們能完全了解全球金融體系這麼複雜的系統。就經濟學而言，永遠不可能出現可以解釋一切的理論，不過我相信，每一次努力都會讓我們離「了解市場行為」更近一些。

建立模型，要從最簡單的方式開始。線圖中，哪幾項少數重要因素（也就是可化為數學方程式和電腦程式的少數特徵），才是電腦模擬的重點呢？

一個外星人的地球人金融市場之旅

向後退，站得遠遠的。假想你是另一個星球來的訪客，正在觀察充斥於各報紙、雜誌、電視和網路上數以百萬計的線圖。你猜想，這些圖表一定很重要，否則怎麼會到處都是？但是，這些線圖代表什麼意思？怎麼來的？為何長這個模樣？這一切對你來說，是一團謎。

仔細觀察之後，你會發現兩件事：第一，價格波動相當大；第二，價格變動的趨勢似乎不規則。你還會發現，聽說有人想要藉由預測價格走向來攫取財富，只是通常賺少賠多。

價格起伏確實相當大。也許連續幾天波動低於一%，但可能某天就突然上漲或下跌個三%、七%，甚至四〇%。這變化如同脫韁野馬，無法控制，似乎也難以預測。分析之後你會發現，價格變化並不符合工整對稱的鐘形分布（地球人認為，鐘形分布象徵溫和且可控制的變化型態）。價格變化幅度有太多過大或過小，而中庸的變化卻不夠多。此外，價格變化似乎跟時間成比例，大幅變動與小幅變動的比例隨著每月、每週和每日而規則地變化。事實上，假設只看價格圖的起伏，你會發現，不論每月、每週還是每日，所有圖看起來大同小異，波動幅度非常大。

再仔細看看那些不規則的部分，又隱約有某種特徵。例如同樣幅度的價格變動，很明顯地聚集在一起。大幅波動往往接連出現，有如大炮連發；而無數細小的波動也群集著，就像玩具手槍一連串的射擊。

不僅如此，我們還可以放大來看：假如將某一叢大幅波動放大，你會發現其中隱藏著幾個較小的群集；再湊近點看，會發現還有更小的群集，大幅波動原來是小群集構成的。這，就是碎形結構。

不只價格變化幅度如此，有時候價位本身也具有某種「不規則的規則」。價格圖有時長期上漲或下跌，看起來有如大浪，大浪上偶爾夾雜著小小的浪花。但這些現象，包括波動聚集性和不規則的趨勢，都不是現有的科學理論可以解釋的。這些並非眾人熟悉的正弦（sine）和餘弦（cosine）波浪，有著規律的週期，並且在示波器的綠色螢幕上均勻地起伏。這些獨特的圖形難以預測，因此下賭注的人通常會輸。但是，這些現象很明顯地自成體系，就好像圖形記得過去的事一樣。一旦價格變化開始聚集，或者價格開始上升，通常同樣的趨勢會持續好一陣子，直到突然無預警地停止才中斷，或者，轉變為完全相反的趨勢。

太扯了！地球人竟然對這麼不合邏輯的系統深深著迷，外星人當然趕緊撤退！不過，他們留下了觀察所得的兩個結論：一，價格波動相當大；二，有群聚的現象。這是金融市場的兩個基本現象，任何模型都必須將之列入考慮。

「諾亞效應」與「約瑟效應」

在科學界，所有重要的概念都得取個名號、引用個典故，好讓人們留下深刻印象。說到金融市場的第一個特徵——巨幅波動與不連續性，我想到的是《聖經》中諾亞的故事。〈創世記〉中提到，諾亞六百歲的時候，神要大洪水洗淨邪惡的世界。於是，「所有大淵的泉源都裂開了，天上的窗戶也敞開了。」當然，諾亞倖存了下來。為了防範洪水侵襲，他建造了一艘足堪抵擋的堅固船隻。洪水來了又走，帶來很大的災難，但也很快就消退了。

市場崩盤就是這樣。一九八七年十月十九日，在沒有預警也沒有明顯原因的情況下，股市大跌二九．二％，頓時金融界有如世界末日降臨。股市中小型的風暴就更多了，但影響範圍較有限。事實上，一組有大有小並且隨著時間變化的湍流，主導著這場金融風暴。嚴重的時候，連大型銀行和歷史悠久的證券公司都不堪一擊、宛如暴風雨中搖搖欲墜的小船。

金融市場的第二個特徵——群聚現象，則有如約瑟的故事。法老王夢見七頭肥牛在草地上吃草，這時七頭乾瘦的母牛從尼羅河現身，把草地上的七頭肥牛給吃了。他還夢到，七個細弱的穗子吞了七個肥大又飽滿的穗子。希伯來奴隸約瑟認為法老王的夢在預言未來：七年豐年之後將有七年饑荒。他建議法老王儲存糧食，防患未然。當七年豐年如預言所示來了又去，「約瑟開了各處的倉，糶糧給埃及人；在埃及地饑荒甚大」。約瑟跟法老王都受惠於預言，而看看約瑟所獲得的好處，你或許要稱他為國際上第一位套利專家。

赫斯特所熟悉的尼羅河水患型態，也跟金融市場有異曲同工之妙。ＩＢＭ股價某天上漲三％，隔天很可能又漲二％，第三天漲一．五％，第四天繼續漲三．五％，看起來就像第一天的漲勢帶動了後來一連串的上漲。當然，這模式並不必然發生，也未必可以預測。但是，只要發生一次，就夠明顯了，這是因為看似隨機的過程，其實受到長相關的影響，換句話說，由於長期記憶，過去持續影響著現在的隨機價格波動。

我將金融市場的兩個特徵（巨幅波動與不連續性、群聚現象）分別稱為「諾亞效應」及「約瑟效應」。這兩者其實是一體的兩面，在金融圖表上，我們通常可以發現兩者並存，或者至少有其中一個現象。就跟原色一樣，兩者可以互相混合，例如紅色與藍色混合可以產生一系列不同的紫色。到目前為止，證據顯示，每個市場（例如小麥、棉花、美元對日幣匯率、標準普爾指數、通用汽車股價等）可能因為原色的百分比不同，而呈現相異的色調。

為了衡量這兩種效應，我發明了好幾個新統計工具。有的將重點放在前面提過的指數α值——低α值的市場風險性高，價格波動幅度較大，高α值的市場則較接近典型的擲硬幣遊戲。其他的新統計工具則將重點放在H值，也就是前面提過、代表長相關的赫斯特係數。H值等於〇・五表示每次價格變動都和前次無關；高H值則表示價格變動具有定向的連續性；低H值正好相反，代表價格變動的方向不固定，常常一正一反的出現。

為區別由H值與α值衡量的兩種效應，我設計了重標極差分析法（rescaled range analysis），又稱R／S分析法。R／S分析法是統計學家所謂的無母數檢定方法，也就是不過分地將數據組成的型態簡單化，不用簡便的鐘形分布平均值或變異數來解釋數據。我的構想很單純，約瑟效應的特色在於事件有一定的順序，而諾亞效應則是事件的相對規模。若將數據打亂，就像重新洗牌。牌的順序一變，約瑟效應原本應有的型態就看不出來了。洗牌之後，只有面值（也就是事件的相對規模，或稱諾亞效應）還存在。R／S分析法就是將洗牌前後的數據加以比較，若兩者相異，那麼原數據必然具有長相關性，換句話說，原來的順序對分析數據非常重要，不能忽略。假設洗牌前後數據沒有不同，表示數據的相關性不明顯。結論是，R／S分析法可以測量長期相關的程度。

就像是命中注定一樣，在某些情況下，這兩種效應的關聯非常密切，甚至H值就等於α分之一（$h=1/\alpha$）。以擲硬幣遊戲為例，其H值為〇・五，而α值為二；就數學式子來看，兩種效應之間的關係相當深遠，是數學家所謂的雙重關係（dual relationship）。

投機泡沫是異常現象，是貪婪的投機客造成的？才怪！

然而，這兩種效應（諾亞與約瑟、相依性與非連續性、H值與α值）在金融市場上究竟是怎麼互動的？答案是：我所發現的市場機制中，其中至少有一個會自然地導致其他現象。

假設你發現，股價似乎有一定的趨勢，例如一連好幾個星期或十天中有七天是上漲的。當然，這樣的漲勢最後一定會停止，要不你就可以靠這個發現賺大錢了。不過，這個頗像一回事的趨勢終於停止的時間，很可能來得非常突然——例如，驟然重挫，一種非連續性（discontinuity），或者套用《聖經》故事來說，是「由約瑟式相關產生的諾亞效應」。

舉現實生活為例，想想那些市場投機泡沫。沒有人願意見到投機泡沫，但不管是大如道瓊指數或小如地方公債，投機泡沫卻常常發生。傳統經濟學告訴我們，投機泡沫是異常、無理的脫序現象，是貪婪的投機客、貪得無厭的大眾或其他不良因素造成的。

事實上，在某些情況下，投機泡沫是長期相關和非連續性交互作用下的正常結果。請看下一頁的「如何吹出投機泡沫」圖，假設研究的對象為某農產品（例如小麥）價格，我們來設計一個由兩部分構成的簡單模型。第一個部分計算即將收成的小麥理論上的「帳面」價值，以「蒲式耳」

（bushel）為單位＊。假如氣候很好，理論上小麥的價格應該會稍微下降，因為收成應該不錯。假設每有一天好天氣，每蒲式耳的小麥價格會下降一美分，相反的，每有一天壞天氣，價格就會上漲一美分。假如天氣不好不壞，則價格不變。第二個部分，則是市場上的實際價值。由於投資人對小麥價格的預期未必完全準確，實際價值和理論價值可能相差很遠。當然，到了收成的時候，實際價值和理論價值必然會有交集，否則農民手上的小麥就永遠賣不出去了。

話雖如此，其間價格變動的狀況可能很極端。舉例來說，要是一連好幾天氣候不佳，帳面價格或許每天上漲一美分，但市場價格可能漲得更快，因為投資人預期未來氣候可能持續惡化。然後天候一變。投資人警覺到之前過於樂觀，於是趕快在價格下跌之前脫手賣出，因此市場價格

天候差，買！天氣好，賣！
如何吹出投機泡沫

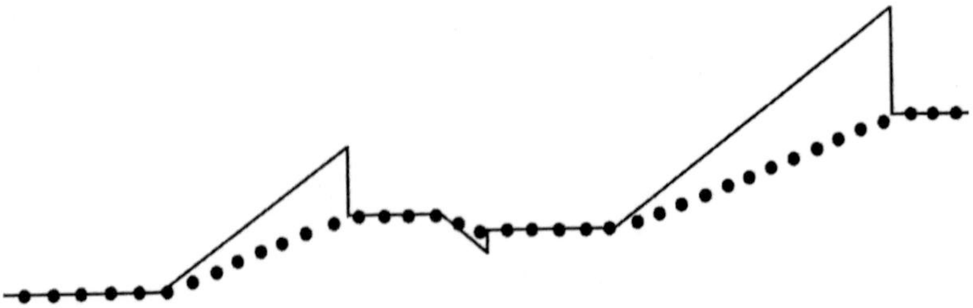

由圖中不難看出價格泡沫形成的經過。虛線表示理論上的每蒲式耳「帳面」價格，每一點代表一天，只要一天的天候不佳，每蒲式耳價格便會上漲一美分。實線代表市場價格，只要天候不好，價格就隨著大眾的預期心理而往上衝，最後高過理論上的價格；但當人們看到天氣稍微好轉，價格便迅速下跌。

很快恢復到理論上的價格水準。這種衝過頭而後突然大跌的情形不斷重演——大漲，然後大跌，約瑟效應接著諾亞效應，不斷重複。大漲的幅度究竟有多大？可以在事後用實際上的供需數據或理論上的市場數據 α 值來計算。對於實際在市場中打滾的人來說，這消息沒啥好高興的。他們無法確定隔天的天氣會怎樣，因此也不能準確預期泡沫何時破滅。結果是：價格在兩極之間擺盪，從雲端掉到谷底，再從谷底衝上雲端。

同樣的，鋸齒狀的價格變動也可以想成是股價。將農產品想成是企業，氣候則是影響收成的經濟環境。同樣的，股價也會衝上天、跌下地。企業的成長持續越久，投資人對它的期待就越高。

網際網路泡沫背後的原因，是不是很像約瑟與諾亞效應？以思科系統（Cisco Systems）為例，這個全球最大的網路交換器製造商，當初被視為資訊時代的通用汽車，意思是：思科提供了新經濟時代所需的底盤和引擎。思科的營收成長相當出色，從一九九五年到二〇〇〇年間，平均年成長為五三％，因此華爾街對思科也頗為看好，預期其利潤成長可達二〇％。由於投資人的預期心理，思科股價在一九九〇年代平均每年上漲一〇一％，市值也高達五千億美元。相當看好思科前景的證券商瑞士信貸第一波士頓銀行（Credit Suisse First Boston）曾經在發給客戶的投資刊物上寫下這樣的標題：「思科——可望成為第一家市值上兆的企業。」

＊蒲式耳是計算穀物、水果等的容量單位，一蒲式耳約三十五公升。

一點風吹草動，就暴起暴落
思科股價啟示錄

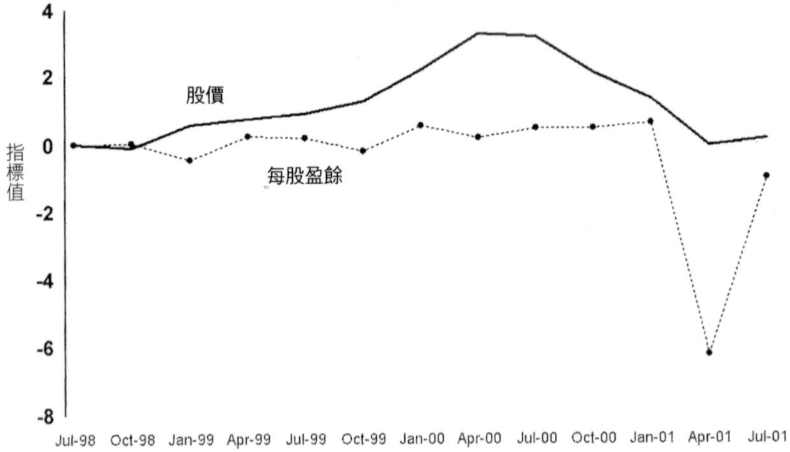

事實比虛構要詭譎多了。上圖是思科公司（網際網路泡沫的極端案例之一）季度每股盈餘的情形，可以看出其季度股價是怎麼追過帳面價值的。如同前面理論上的泡沫圖，這個真實的圖表，同樣顯示出投資人將 1999 年走高的盈餘吹成股價泡沫。2000 年，思科盈餘降溫，投資人才開始冷靜下來，而泡沫也逐漸破滅。到了 2001 年，思科公布第一季虧損，股價才跌回「現實」。

當然，因為後來的股市風暴，思科的股價一路下滑。結果就如同右頁圖所示。這張圖和第二五六頁的圖非常相似，這恐怕不是巧合。思科投資人並非沒有理性，他們只不過眼見思科大幅成長，因而預期這樣的高成長會持續下去罷了。投資人也知道，成長不可能永無止境，但什麼時候才會停止呢？在長期相關和非連續性交互作用的金融市場，恐怕沒有人能回答這個問題。

前景，始終籠罩在一片迷霧與煙塵中。

第11章

未來的碎形金融大樹

站上化繁為簡的起點

想像一位外匯交易員弓著背，坐在路透終端機前。日幣和美元匯率不斷上下跳動，一下紅一下綠。有時候，交易特別繁忙。一則又一則的新聞像走馬燈一樣在螢幕下方掠過。同辦公室的交易員不是揮舞著手勢，就是高喊著術語。電話響個不停，客戶不斷下單，像進行轟炸似的。交易量直線上升，匯率也飛快地變動。這個時候，不是大贏就是大輸。時間飛逝。

當然，也有生意慘澹的時候。沒什麼新聞，只有自家財務分析師那乏善可陳的報告。客戶大概都度假去了，交易寥寥可數。匯率平淡無奇，沒有大生意可做，還不如去吃個悠閒的午飯。度日如年。

以上是虛構的情境？當然不是，金融市場正是這麼運作的。

假設紐約證交所的股票行情或路透社的匯率報價，可以像錄影帶那樣快轉與慢轉。在價格飛快變動時慢速放映，可以觀察到豐富的訊息，這些訊息平常只有不斷按「暫停」和「重播」鍵才觀察得到。當價格變化緩慢無奇、沒有太多值得注意的訊息時，則採快速播放。

在金融市場上，看見微妙且漂亮的多重碎形

這，正是我們分析金融市場的方法。我目前最有效的金融市場數學，就是這樣模擬的。這些市場模擬的「引擎」，是所謂的多重碎形過程，也就是先將正常時間轉化為特殊的「交易時間」，再繪製成圖表。反過來進行也行，先以正常時間畫成圖表，再分為兩大部分進行：一個轉化成交易時間，另一個生成價格。用意何在呢？為了製作金融市場的初步實驗模型，藉以計算風險、分析投資工具，或者防範損失。

關鍵，就在於微妙而漂亮的多重碎形。還記得碎形的定義——碎形是局部呼應整體的型態或物體，也就是局部與整體相同，只不過規模較小。對照之下，多重碎形是指同一物體有兩個以上的縮小比例，有的部分縮得快，有的部分縮得慢。用另一種方式來說，碎形好比可以用黑白兩色表示的物體，屬於碎形一部分的點以黑色表示，不屬於碎形的點則留白。而多重碎形除了黑白之外，還有深淺不一的灰。世界不是二元的，因此多重碎形可以較貼切地解釋自然界的許多現象。金礦在地表聚集的型態是多重碎形，油礦聚集在某些特定區域和國家的情形是多重碎形，暴風雨中風速忽快忽

慢、時而颮強風、時而吹微風的現象也是多重碎形。

多重碎形也可以解釋金融市場中價格時而快速變動、時而平淡無奇的型態。我在金融方面的研究是以棉花價格和諾亞效應（即大幅價格波動與厚尾）起家的。幾年之後，受到尼羅河水患研究的啟發而發明了約瑟效應（即價格變動的長期相關性與長期記憶）。又過了幾年，因為研究風（間歇性的湍流），有了更進一步的發展。若要詳細敘述研究怎麼從湍流推演出多重碎形，恐怕會離題太遠，不過兩者的確有極為相似的特點。陣風的模擬研究結果於一九七二年出版，第六章也提到過，這個研究讓我聯想起棉花價格數個月期間的變動情形。第二個關鍵則是在分析方面，我早期發現的多重碎形都有尾巴，而且符合冪次法則分布。

不久之後，我發現所有多重碎形都有諾亞效應，只是程度不一。變化可能來得急劇而猛烈，例如太陽黑子爆炸或紐約證交所崩盤。此外，多重碎形也具有約瑟效應，我所研究過的所有物體，不管是星系團分布圖或國庫券利率圖，每一部分都影響著其他部分。在多重碎形模型中融入諾亞效應與約瑟效應，後兩者有如明鏡，反映出金融市場具有高風險和微妙的相依性。

隨著更進步的理論出現，反映出來的世界也從黑白二元進展到深淺不同、層次繁多的灰色。因此，早在一九七五年，我就考慮以多重碎形來取代各領域之碎形理論。

越簡單越好！第一次看懂碎形金融分析

「越簡單越好」是建立有效模型的不二法門。因此，這裡我們再度用碎形圖，來說明碎形金融分析的基本概念。

雖然說越簡單越好，但也不能簡化過頭。因此圖形雖然比正式模型來得簡單，卻必須能夠涵蓋每一種市場效應的精髓，包括巴舍利耶的原始布朗運動概念、諾亞效應、約瑟效應，以及後兩者的交互作用。

首先，我們來複習前面出現過的碎形圖。之前提過，金融碎形圖由簡而繁，一開始以長方盒內的上升直線為起點，接著是生成元，也就是跟原有直線寬度一樣的閃電形狀。然後，將所有直線以適當大小的生成元取代。這樣由大而小不斷重複，一個複雜的鋸齒圖形便逐漸成形了。

由第二六六、二六七頁的圖可以看出，生成元是改變價格走勢圖的魔術師。生成元的形狀，對該圖結果的影響非常大。我們還可以改變斷裂點的數目，從兩個增加為三個，或減少成一個，任何數目都可。或是改變斷裂點的相對位置。以布朗運動圖來說，生成元長方盒子裡各間隔的寬度與高度是固定的，讀者還記得的話，一方是另一方的平方根。然而，若是改變兩者的指數關係，可以製造出表示不同長期相關性的圖形。若是增加垂直方向的斷裂面，可以製造出如棉花價格般有厚尾及非連續性的圖形。

事實上，你可以製造出無數種圖形，我甚至鼓勵你親自嘗試，用電腦（但會花更多時間）或紙筆來繪製各式圖形。選一種形狀做為生成元，以此替代所有的直線，看看最後會得出什麼樣的圖形。結果可能非常錯綜複雜，遠比你看過的任何真正的價格圖還要紊亂，也可能看來非常逼真。事實上，圖形型態之多，使得我在早期甚至將它們分門別類，以說明不同生成元與圖形間有什麼關係。生成元與最後成品之間的關係極富彈性，這可以從下頁的「金融多重碎形全覽圖」看出來。注意看小插圖中的生成元，隨著兩個斷裂點之間的距離改變，生成元會有系統地變化，碎形價格圖的形狀也一樣。

這些生成元之間的關係又如何呢？在某些情況下，非常密切。有時候，我們甚至可以設計包含兩個生成元之特徵的另一個生成元。在第二六八頁的圖形中，讀者可以看到一對「父母」生成元如何產生出一個帶著雙方特質的生成元「寶寶」。這只是個數學遊戲嗎？一點也不。不久我們將看到，這為金融碎形帶來許多新的可能性。

所以，這個圖究竟怎麼回事？先看座標軸上的標示：t、θ與P。t表示正常時間，P表示價格，至於中間的希臘字母θ則是附屬的刻度，叫做「交易時間」。簡單來說，家庭的組成從父母開始。父親將正常時間轉換成交易時間；而母親將正常時間轉換成價格。兩者結合的結果，寶寶遺傳到父親的交易時間，並且按照母親所提供的原則將它轉換成價格。最後一步：用新的寶寶生成元來製作類似「金融多重碎形全覽圖」的碎形價格圖。藉著延展及壓縮時間，我們得到一張非常逼真的

可以變成這樣……

金融多重碎形全覽圖（1）

①

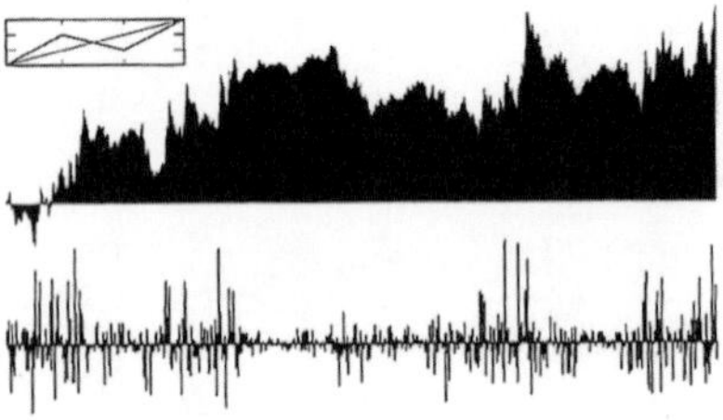

②

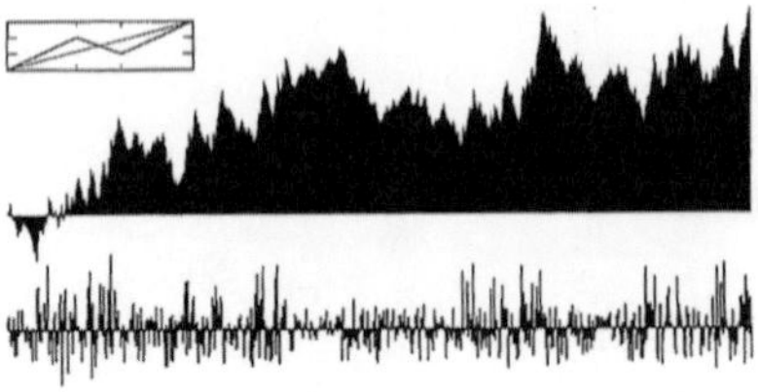

③

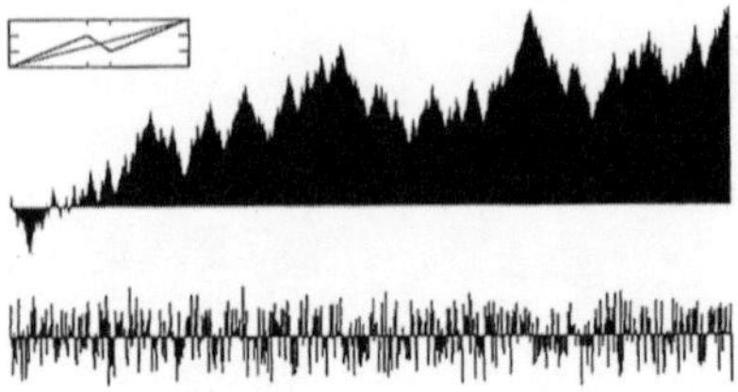

如前所述，碎形圖可以模擬不同種類的價格圖。這兩頁的圖表再一次呈現布朗運動模型（圖2，相信讀者對於布朗運動模型已經越來越熟悉了），並且加上另外五種不同的變化圖。各變化圖的差別在於鋸齒狀生成元的形狀不太一樣（生成元請見個別圖表左上方的小插圖）。

也可以調整成這樣……

金融多重碎形全覽圖（2）

④

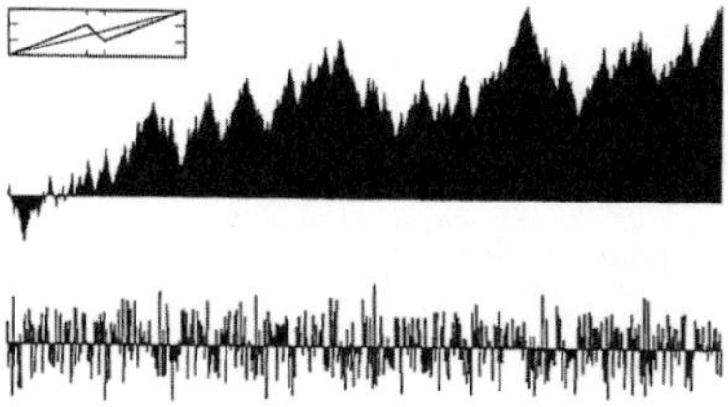

⑤

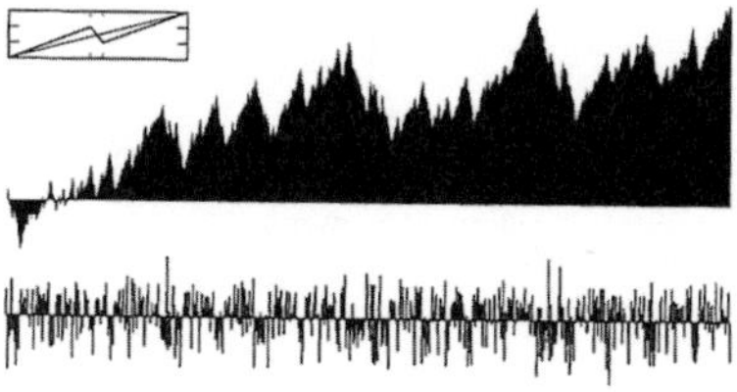

⑥

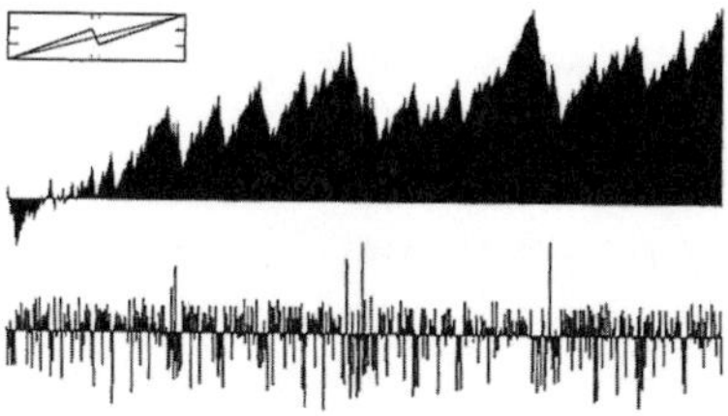

藉著調整水平方向的兩個斷裂點，生成元的斷裂面會放大或縮小，碎形線形圖會跟著改變，價格變動圖也因此有很大的不同。當斷裂點間隔最大時（如圖 1），價格波動最劇烈，就像真實的價格圖。當斷裂點間隔最小時（圖 6），價格波動仍然相當大，但沒有那麼逼真。多重碎形理論中有工具可以解釋各個圖表的差異。

爸爸跟媽媽在一起，生出了……

影響深遠的「寶寶定理」

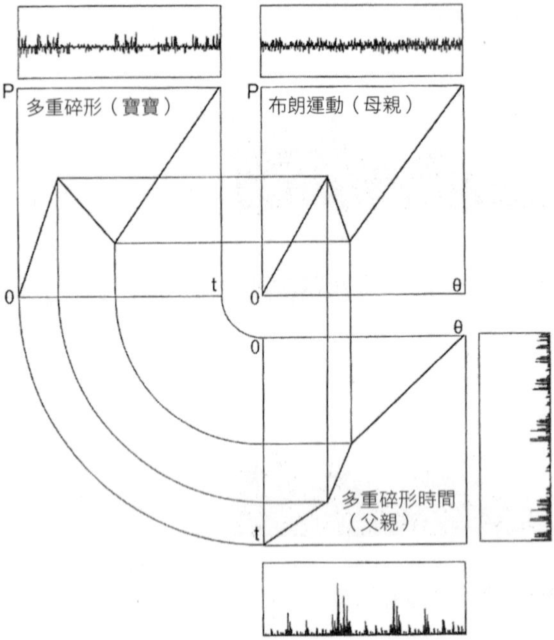

上圖顯示，兩個生成元如何將其特性傳承給第三個生成元。

右上方的母親生成元，屬於布朗運動型，用的是正常時間，由其上方的線圖可以看出來。右下方的父親生成元，則將正常時間轉換成新的時間刻度，叫做「交易時間」。母親採用父親的交易時間，生出一個多重碎形寶寶（左上方）。寶寶的增量線圖（可見於其生成元上方），足以通過最嚴厲的冒牌貨檢驗，不管怎麼看都是貨真價實的價格圖。至於時快時慢的交易時間，則顯示在父親生成元下方及右方的線圖。

就跟前面第 266、267 頁的圖一樣，此處生成元的斷裂點位置，是製作碎形圖過程的一大關鍵。將母親生成元的斷裂點間隔拉大，就成了寶寶生成元。我最初給它取名叫「寶寶定理」是因為其數學證明相當簡單，不過這個定理的影響卻相當深遠——在科學界，類似的例子不在少數。

金融價格圖。這個比喻在這年代十分恰當，因為距今五十多年前人類發現了雙螺旋DNA：父母各貢獻一半的染色體給寶寶。

藉由「碎形市場方塊」產生過程的三度空間圖解（參第二七〇頁圖），我們可以了解前面所述的種種條件如何整合在一起。左邊黑色的那面牆，是母親生成元產生的碎形價格圖，這是布朗運動卡通圖的一種，是根據最原始、不經任何隨機洗牌的「上↓下↓上」生成元製成的，這也就是為什麼該曲線的起伏非常中規中矩。而地板上斜切過對角的曲折鋸齒線，則是父親生成元所製造的碎形圖，父親以一種不規則的過程將正常時間轉換成多重碎形交易時間，交易時間時而快速、時而緩慢，沒有一定的規律。

母親曲線水平延伸出來的直線，跟父親曲線垂直延伸出來的直線在空中交會，然後如箭頭所示的投射到右方的牆上，構成寶寶價格圖。這是最後的金融價格圖成品，曲線波動的幅度相當大，也有實際價格圖常見的明顯突起和厚尾，以及長期相關性。寶寶圖看起來跟實際的股價圖或匯率圖一模一樣。換個比喻來說：這不是混合物，而是兩種金屬的合金，比方說黃銅是銅與鋅的合金。而且就像合金一樣，其特性與合成前的兩種金屬都不同。

讀者或許會好奇，「父親」究竟是怎麼轉換正常時間的？其中最主要的數學工具是倍數串聯（multiplicative cascade），這個名詞看似深奧，其實就是一再重複乘法的一種碎形過程。暫且將時間想像為一種物體，既然這本書談的是金融市場，就以金礦為例吧。你應該還記得，碎形指的不是

當時間與價格相遇
碎形市場方塊

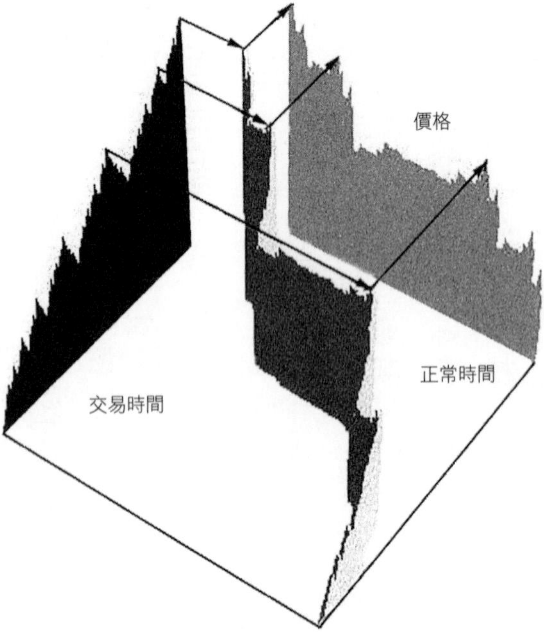

這裡的金融圖形由兩方面共同完成，其中的過程可以由上面的 3D 方塊看出來。事實上，其作用跟前面提到的「寶寶定理」有異曲同工之妙。
左邊的牆是非隨機的布朗運動圖，是母親碎形圖的一種。地板上的鋸齒線則是父親，正常時間被扭曲而變得時快時慢——也就是交易時間。右邊的牆是寶寶，是由多重碎形價格與正常時間所融合而成的圖形。

物體本身，而是物體「粗糙不均的特性」。用碎形來形容金礦非但不奇怪，反倒相當貼切，畢竟地球上的金礦分布一點也不平均。有些地區蘊含豐富的礦藏，有些地區則極少或甚至沒有，就好像金融市場價格在某些時間點變化很大，其他時候則平平淡淡。

我們可以用數學，來模擬金礦分布的情形。拿出一張南非的地圖，畫一條直線將南非分為東西兩半。首先，用低解析度的地圖觀察東西兩個部分。大約六〇%的金礦分布在西半部，四〇%的金礦分布在東半部。再進一步細看，將每個半部再各分成兩半。結果可以發現，最西部的四分之一，含有整個西半部六〇%的礦藏，也就是全區的三六%，另外四分之一則含有整個西半部四〇%的礦藏，也就是全區的二四%。如此不斷重複，將區域越分越細，並計算各區域的礦藏百分比。結果就如下頁圖所示，金礦分布極不平均，有些區域含量豐富，有些區域則不值得開採。

同樣的，我們也可以將時間分成長短不等的間隔。事實上，這樣的「交易時間」概念早在多重碎形發明之前就有了，第一次是出現在我跟他人共同著作、於一九六七年出版的論文。截至目前為止，這個概念仍停留在推論的階段，不過我已經成功以此複製出實際的金融市場。

我要再次強調：不管是價格也好，交易時間也罷，這些簡化的圖形，目的在於用簡便的方式複製實際情況。但是天下沒有白吃的午餐，簡化的草圖有其代價。最理想的方法，還是來得複雜些。目前我所製作出的最好的市場模型，是多重碎形時間之分數布朗運動，被稱為「資產報酬率的多重碎形模型」（Multifractal Model of Asset Returns）。基本概念跟之前的草圖並無二致，不過數學計算

在飛快與緩慢之間
時間是可以被扭曲的

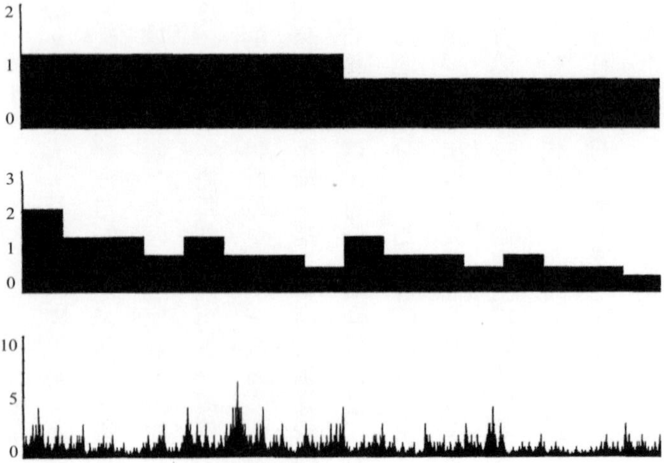

時間要怎樣扭曲？在前面的圖表中，「父親」用的其實是叫做倍數串聯的數學工具。這張圖顯示的是倍數串聯的一個簡單例子。想像將產金礦的國家由中央切分為東西兩半，並且越分越細。最上圖為初步劃分的結果。

如圖所示，60% 的金礦分布在左半部，40% 的金礦分布在右半部。接著再細分，將每個半部再各分為兩半，左邊礦藏占 60%，右邊礦藏占 40%。這樣重複下去，最下圖為最後的結果：每個區域的礦藏百分比都不一樣，形成起起伏伏的高峰與低谷。

換個例子，試著想像被分割的不是礦區，而是時間。高峰代表時間飛快，低谷代表時間緩慢。這就是前面圖表中時間扭曲的原理。

方面則精密複雜得多。

布朗運動的草圖由電腦可計算的等式取代。交易時間的轉換由另一個名為$f(\alpha)$的數學函數取代，此函數可依市場行為需要而做調整。我的模型將時間重新分配，某些時候時間被壓縮，另一些時候則被延長。出來的結果差距非常大，非常隨機。時間及布朗運動這兩個函數相互作用的結果，是數學家所謂的複合效果：價格是交易時間的函數，而交易時間則是正常時間的函數。同樣的，模型中的這兩個步驟所產生的「寶寶」，性質跟父母中的任一方都截然不同。

最後的圖形將顯示：價格波動十分劇烈，有類似棉花價格圖或其他「非常態價格圖」中可見的大幅跳動和厚尾。它看起來難以捉摸，這裡一叢、那裡一簇的——大幅度的波動傾向於聚集在同一時段，其間夾雜著較小的波動，這是長期記憶和長相關的表現。它也顯示出尺度現象（scaling）：統計動差（moments，用來表示價格序列在統計上的特徵）會出現一種固定的模式，這可以從函數$f(\alpha)$看出來。事實上，就如同前面的簡圖，你可以想像各種不同的價格圖形，有的變動劇烈、有的相依性高，或兩種性質兼具。

報告老闆，美元兌換馬克的匯率未來會這樣……

到目前為止，所有研究都顯示這個模型是準確的。一九九〇年代後期，模型的實用性首次面臨檢驗，那是我在耶魯大學指導的研究生羅倫．卡爾維特（Laurent Calvet）和艾德雷．費雪（Adlai Fisher）的博士論文。這兩位目前分別在哈佛大學與加拿大英屬哥倫比亞大學任教。

當時，我們把焦點放在美元對德國馬克匯率的國際市場上。就像棉花，這個市場對經濟學家來說也有特殊的吸引力。首先，交易量很大；再者，對全球經濟有舉足輕重的影響。此外，匯率紀錄歷史悠久、數量豐富而且容易取得。我們用的是實際的市場數據：全球數以千計交易螢幕上的即時報價，以及銀行和其他主要外匯交易商所公布的即時報價。

收集並儲存這些數據的蘇黎士顧問公司歐森事務所（Olsen & Associates），將重點放在一九九二年秋季到九三年秋季這段時間，總共得到一四七二二四一筆資料。為方便與其他經濟研究相比較，我們也看了前人所研究過的一組數據：一九七三年到九六年的二十四年間，倫敦時間每天下午四時的美元對德國馬克的匯率報價。

結果，市場模型通過了考驗。美元對德國馬克匯率的變化，顯然如模型所預測的，有聚集的現象。大幅變動聚集在一起，其間夾雜著幾段平緩的小幅波動。若將一段大幅變動放大來看，可以發現其中也有大幅變動與小幅波動各自群集的現象，也就是段落中仍有段落。典型的多重碎形型態。

隨著「數學伸縮鏡頭」的焦距不同，時段跟著變長或變短，從兩個小時到一百八十天不等。我們發現，若是短於兩小時，匯率變化會有新型態出現，也就是經濟學家所謂的市場「微結構」（microstructure）。這裡的匯率變動只上漲或下降〇．一四芬尼（pfennig）＊，只有買價與賣價之價差〇・七芬尼的兩倍。在獲利機會這麼小的情況下，有些交易商根本懶得立刻更新報價，照理說數據應該不至於如此才對。至於比一百八十天還要長的時段，則出現了另一種會影響數據的現象。這時候，諾亞效應漸漸消失，劇烈的匯率變化漸漸冷了下來。

這兩種極端（不及兩小時與超過一百八十天）被稱為越界點（crossovers），也就是新的數學關係開始發生的點。越界點在實際碎形數據（相對於理論數據）中相當常見，例如我們人類的肺部，就是個典型且實際存在的碎形範例。肺的氣道由大支氣管分成小支氣管，小支氣管再將氧氣輸送到數以百萬計的肺泡。為了維持生命，供應氧氣的支氣管，其大小與數量是有限制的，大於或小於某個尺寸（即越界點），在自然界中是不存在的。金融數據也一樣。尺度現象只發生在宏觀的中央地帶，而兩個極端（你可稱之為量子區域與極大區域）只適用於新的經濟法則。

當然，一組數據，再怎麼說也只是「一組」數據。我們（上述）的發現會不會只是巧合，是我們手上的匯率紀錄，碰巧有這樣的現象罷了？不是。因為我們為了保險起見，還用了另一組美元對德國馬克的數據，來驗證之前的函數，這次數據來源是美國聯邦準備理事會。結果一樣，此函數再次過關。

那麼，會不會這個模型只適用某特定市場？也不是。我們試過其他市場。如同大多數統計研

＊芬尼是德國輔幣單位，一馬克等於一百芬尼。

究，各個市場的「適用度」（fit，經濟學家評估模型合用度的說法）不一。有的市場跟我們的模型完全吻合，ＡＤＭ（Archer Daniel Midland，全球四大農產品加工業者之一）、洛克希德（Lockheed）、摩托羅拉及聯合航空等大型企業的股票，都是非常標準的多重碎形。向來是美國股價指標之一的通用汽車，以及美元對日幣匯率，也都符合多重碎形，只不過適用的時間尺度沒有那麼寬。

至少同樣重要的是，我們的模型解決了過去研究沒能解開的好幾個難題。最初的時候，那是一九六三年，有些經濟學家就指出價格變動的劇烈幅度（厚尾的程度）會隨著時間加長（從一天、一年到十年），而漸漸變得尖細。當時經濟學界普遍認為（時至今日甚至仍有人這麼想），就算我是對的，每日或每週價格是不符合標準金融模型，但那又怎樣？他們認為，大多數人會長期持有股票，通常好幾個月、好幾年，甚至幾十年，在這麼長的時間內，傳統金融模型仍然適用。當然，這種見解是有謬誤的，就像大多數人並沒有染上ＨＩＶ病毒、得到愛滋病，但還是會有不幸染病的少數人，需要醫藥界花時間和金錢研發可能延長他們壽命的藥物。更重要的是，多重碎形模型成功地預測了眾多數據所顯示的事實：短期而言價格變動十分劇烈，長期而言則逐漸和緩。

金融市場怎麼老喜歡化簡為繁……

理論我們談得夠多了。那你要怎麼將理論轉化為實際的金融工具呢？

首先，必須將算式輸入電腦模型。電腦得運作整整兩天，要往前算，也要能往回推。所謂「往前」，指的是必須能從碎形基礎上，建構一個虛構的價格走勢圖，就像我們之前畫簡圖一樣，「往回推」則是指必須能抓出原始數據，用電腦分析，並估算多重碎形模型所需要的重要參數。之後藉由這些數據，我們理應能叫電腦重建金融市場模型——也就是產生一系列不同於實際狀況、但具有同樣統計型態的人造價格。

我們當初便是這麼做的。我們用常見的電腦模擬技術——蒙地卡羅模擬法（Monte Carlo simulation）不斷重複試驗。所得出的結果相當有效地符合實際市場，不是完全一致，但就統計而言，跟實際相當接近。

「複製數據要做什麼用？」你可能會問。我得解釋一下：當我們壓縮資料，不論是電腦檔案或價格數據，必然會失去一些成分，換句話說，參數會減少。之後，當你將它解壓縮，你不會獲得完整的資料，頂多只能得到跟原始資料相當接近的東西。舉例來說，你可以壓縮法國寫實攝影大師布列松（Cartier Bresson）的一張作品以便附在電子郵件中寄出去，收到的人下載、解壓縮所得到的，會是一張比原件稍微模糊的照片，不過在一般電腦螢幕上看來差別不是很明顯。就用途而言，照片的品質已經夠好了。

同樣的道理，以金融模型來說，我們所需要的就是「好到足以」協助金融決策的模型罷了。假如能夠提煉出過去二十年來奇異公司股票變化的精髓，我們就能夠將之應用在金融工程上，可以估計未來二十年持股的風險，可以衡量該股在投資組合中應該占多少比例，也可以計算該股選擇權的合理價值。

毋庸置疑，這就是所有金融理論——不管是「正統」或「非正統」——的目標所在。唯一的差別是，這次我們很幸運的，終於有正確的模型可用了。

對我而言，多重碎形模型最迷人之處，在於其精簡的特性。一組簡單的原則，就可以根據不同環境複製出千變萬化的市場行為。相較之下，大多數金融學者反而跟另一種模擬市場變化的方法愛得難分難捨。其主要發明者之一羅伯特·恩格爾（Robert F. Engle）於二〇〇三年獲頒諾貝爾獎，該研究始於本書提到的若干事實——相關性導致價格變動的聚集性。我前面提過，GARCH（Generalized Auto-Regressive Conditional Heteroskedasticity，自我迴歸條件異質變異數）的發明，是為了模擬價格聚集性。為模擬聚集現象，他們以傳統的布朗運動模型為基礎。在大幅變動處加上新參數，使鐘形曲線加大；當變動幅度降低，則使用新的參數將曲線縮小，也可以說令鐘形曲線震盪以符合目標型態。現在GARCH模型已然成為許多選擇權交易商和金融家模擬風險時廣泛使用的數學工具，但它規避了「為什麼是鐘形曲線震盪」這個問題。而且，當你試著使用這個模型，你會發現它逐步變得複雜。

化繁為簡，好科學理應如此。然而，大多數既有的金融模型卻「化簡為繁」。這些模型需要輸入無數的數據、多如繁星的參數，以及又臭又長的計算過程。當人們輸了錢、證明模型不管用時，卻很少有人從此棄之不用。他們寧可「修正」模型，貼貼補補、下但書、補述，要不就加上枝枝節節。就這樣，壞種子被養成了大樹，但卻是一棵生病的樹——滿是黏膠、釘子、螺絲和支架。繼續用這些模型的人照賠不誤，可說一點也不令人意外。

相形之下，多重碎形模型一開始就奠基於市場行為恆常不變的事實，即數學家所謂的「不變性」。多重碎形模型相當精簡、有彈性，而且十分吻合實際情況。設計模型時，我回想過去偉大的歷史典範，以牛頓著名的地心引力定律為例：兩個物體之間的引力，和兩者間的

這張圖，覺得眼熟嗎？

多重碎形資產報酬模型

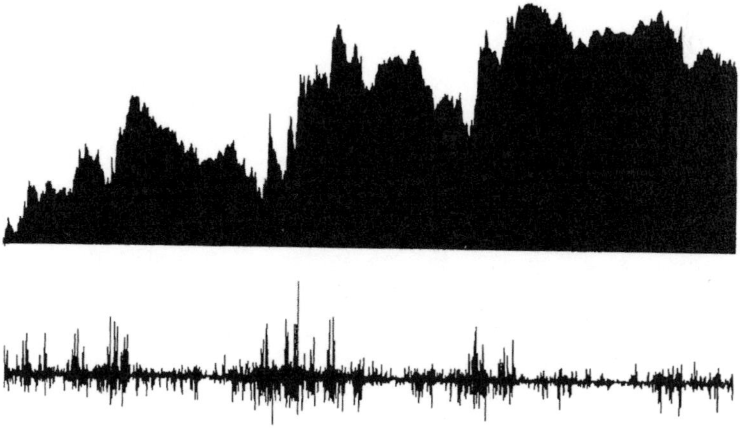

這是多重碎形資產報酬模型的最後成品，非常忠實呈現實況的價格複製圖（下方的圖顯示價格變動量）。如果你覺得這張圖很眼熟，不用覺得奇怪。這就是我在第40頁「猜猜看，哪兩張是真的？」裡面所用的其中一張圖。

距離相關。用算式的話，牛頓只需要簡單幾筆，就可以將這個概念解釋清楚。但是，地心引力定律可套用的範圍卻非常廣泛，從行星運行的道理到彗星為什麼劃過天空，乃至於海水消漲的型態。後人將牛頓的理論發揚光大後，我們甚至有了火箭、衛星，人類也上了太空。牛頓的理念是那麼小的一顆種子，卻也是後來無數偉大科學與工程發明的開端。我的希望是，有朝一日，多重碎形的小小種子，也可以長成全球新一代管理金錢與經濟的大樹。

第3部　未來式

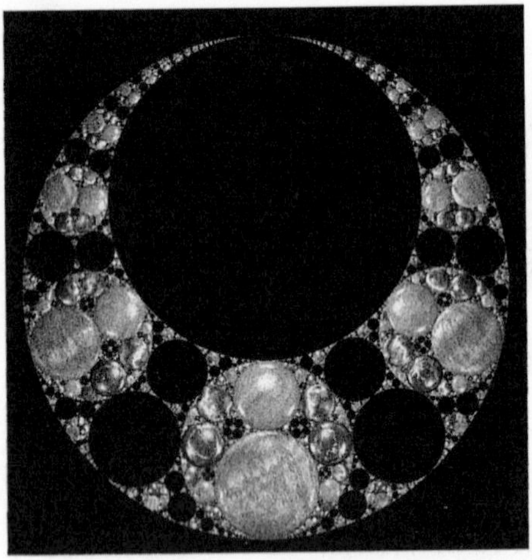

這幅圖名為《法老王的胸兜》，
出現在 *Multifractals & 1/f Noise* 一書的封面上。
這是由無數圓圈組成的碎形結構，
被稱為克來因群（Kleinian group）裡的極限集（limit set）。
克來因群是以簡單碎形原則創造複雜圖形的另一種有力例證。

第12章

市場危險、危險、危險極了！

進場前，把這十條「異論」放在心裡

想要搞懂經濟學的精髓？放下書本，也不用去上課，去成衣業上班吧。

一九四五年，我父親試著重新經營他戰前曾從事的成衣業。當然，那是個舉步維艱的年代，到處是戰爭的後遺症：工廠毀壞、貿易中斷、親人離散、食糧短缺，就連保暖的衣物也相當匱乏。於是，我父親從巴黎千里迢迢來到中央高原（Massif Central，法國中南部高原地區）的牧羊區，跟當地的小型織布廠購買廉價的粗製毛料。他帶著毛料，回到我們那位於百廢待舉的巴黎第十九區的家，將布料裁剪成版型。我的手臂長、年紀輕、手又穩，從學校放假回家就會幫父親的忙。之後，一個開著貨車的年輕人會從遠處的郊區，來把裁剪好的布給載走，給某個姨婆、媽媽或門房縫成衣服。最後變成褲裙、上衣等成品回到我家，準備出售。

但是，價格該怎麼訂呢？通常不是根據父親製作

的成本，而是看買家願意出多少錢購買而定，換句話說，價格像風一樣飄忽不定。剛開始，我們的成衣生意非常不錯，後來父親去世，人們的品味也改變了，一度風行的手縫粗糙毛料衣不再受到歡迎，父親的存貨價值急速直落。幾個商人來我家想要買下存貨，但是我母親回絕了所有出價的人。不知道是因為懷念父親，還是出於本身頑固的個性，母親就是不肯廉售這些存貨。最後我只好自作主張，某天趁母親不在時將它們全給賣了。出清存貨之後，不但空出來的房間可做其他用途，家人手頭也有餘錢可用，而我，更因此親身體會到經濟學上的經典概念——價值，是捉摸不定的。

你只要稍加檢驗就能發現，許多經濟學或金融學的主流理論，其實不如大家想像的那麼正確。從小，我就很不知天高地厚地反抗既定的成規和說法。凡有人告訴我什麼可能、而什麼不可能，我都會加以質疑。這些人怎麼知道自己是對的？他們自己檢驗過嗎？

我對經濟學的認識正是如此：不來自埋首於抽象理論，而是來自親身觀察。雖然我曾在哈佛大學講授經濟學，但其實我是年近三十、在數學和科學領域稍有成就後，才開始認真研究經濟的。我是從一個務實的凡人、盡職的科學家和客觀的旁觀者的角度，觀察金融市場的實際現象，我沒有人云亦云，也沒有一廂情願。

經過多年的研究，我在金融界觀察所得的是事實——至少對我而言是如此——有些被用在碎形分析，有些則是碎形分析所得到的結論。這些事實往往跟原有的金融理論相違背，但我可不是故意的。在金融秩序紊亂的今日，知道自己跟正統金融理論背道而馳，至少令我對未來還抱著希望。前面幾章我們已經看到，我的研究發現與當代的主流金融理論有多麼不同。現在該是總結的時候了，以下我就借用財經作家們最常用的條列法，談談我所提出的「曼氏十大異論」吧。

曼氏異論一：金融市場就像湍流，你要有想像力才行

要真正了解一件事情，就得親身體驗，正所謂百聞不如一見。四十年前剛開始研究湍流時，我正在哈佛潛心研究棉花價格與尼羅河。我研究湍流的契機，其實是溫哥華教授羅伯特．史都華（Robert W. Stewart）的一場演講，而史都華教授在這方面有極為豐富的數據。科學家們曾經為一艘老舊潛艇裝上長長的鼻子，在其尖端配上錄音設備，然後駕著潛艇在美國華盛頓州西北部普捷灣（Puget Sound）湍急的橫流漩渦中穿梭，收集到非常豐富的湍流數據。

到溫哥華拜訪時，我請他們讓我聽錄音的結果。「不可能有任何發現的。」他們告訴我。因為錄音帶播出時，高音頻跟低音頻的落差很大，大都不是人耳所能聽到的頻率。我說，至少可以將錄音帶的轉速加快或放慢吧？我堅持要聽，跟當時還相當原始的機器搏鬥一番之後，他們終於答應了我的要求。

我們坐著靜靜地聽，專心地聽。響亮的高音，接著是低沉的隆隆聲；又是高音，接著轟隆的低音。調整錄音帶的轉速後，情況依舊。大多數聽過錄音的人可能會說，這是一陣其間夾雜著低音的

高頻雜音。

但假如他們肯花點時間研究並分析高、低音比例，就會發現：湍流的聲音其實時而爆發、時而暫停，而且符合碎形的型態。潛艇的長鼻子行經之處的一度空間直線，並非快速水流與慢速水流的長時間交替。相反的，若以三度空間來看，那是由無數漩渦和洪流構成的複雜型態，從行程開始到結束——所經的時間與空間都可無限延展——皆息息相關。

那次經驗，成了我整套金融市場理論的基礎。湍流的特性很明顯存在於價格走勢圖中，走勢圖中變化特別劇烈的部分，會跟整體呼應。還有一組數值（多重碎形光譜）可以描述這個尺度現象。走勢圖也具有長期相關性，也就是說，此時此地的事件，會影響其他地方以及未來的事件。跟湍流一樣，價格波動的幅度很大，不是鐘形分布可以解釋的；跟湍流一樣，價格變動也有群聚現象；跟湍流一樣，價格變化是非連續性的，會從一個數值跳躍到另一個數值；此外，價格變動的型態大致可以用一組數學規則來解釋，這也跟湍流一樣。這些是非常大膽的主張，隨著本書一路推演下來，證據與理論一點一滴地呈現。而在「湍流」這個比喻中，它們終於匯流在一塊兒。

市場為什麼如湍流般劇烈變動？我是個科學家，不是哲學家，因此只能大膽地進行猜測。我認為動亂的根源之一，可能是市場以外的世界，也就是經濟學家所謂的「外部因素」。一九六〇年代初期，研究「尺度現象」與「長期相關」這兩個湍流的重要特徵之後，我隨即發現，其他許多自然與經濟現象，都有相同的特徵，而這些現象可能會影響價格變動，造成類似的型態。

舉例來說，我發現油礦的分布，有所謂的尺度現象，即小型礦藏很多，而大型礦藏只有少數幾處。南非的金礦、鈾礦和鑽石礦藏，都有相同的現象。暴風雨和地震也是如此。

不難想像，這些現象會有連鎖反應。天氣影響收成，收成影響價格。石油、金礦及其他礦產等天然資源的分配影響供給，進而影響價格。企業界也一樣，一個產業內企業規模的大小，上自微軟、下至無數小型軟體公司，也符合尺度現象。企業規模影響利潤，因此也影響股價。當然，在經濟學上，這種因果分析是不合格的，但如果我們只是要說個「故事」來解釋數據，那麼這樣的分析也不是全然沒有道理。尺度現象從天氣型態、資源分配和產業密度等基本層面進入金融體系。

湍流的另一個特徵——長期相關性，同樣隨處可見。以小國家（比如瑞典）為例，國內的所有大型企業都直接或間接地有生意往來。富豪汽車（Volvo）採行的措施，對紳寶汽車（Saab）有影響，比方說，推出可能搶走對方市占率的新款汽車。而紳寶以更豪華的新車應戰，將衛星定位系統改成標準配備，不需另行購買，於是易利信（Ericsson）開始大賣衛星定位系統接收器。就這樣，連鎖效應在瑞典境內繼續發酵，像滾雪球一樣，甚至逐漸擴展到鄰近的芬蘭，以及芬蘭企業諾基亞（Nokia），還有挪威及挪威國家石油公司（Statoil）；超出這個範圍後，雖然力道越來越小，但全球各地經濟仍不可避免地受到影響。試想，若在美國這種較大的國家發生類似情況，一家企業的舉動會牽動多少更複雜、更重大、更有力的連鎖效應？

最後，再想像一下：全球經濟是一間滿是鏡子的房間。所有企業只要發出訊息，就會傳達、扭曲或減弱整體經濟訊號。這些訊號會隨著時間消逝而減弱，但是可能得耗費數個月、數年甚至數十年的時間，才會弱到完全消失。這，就是經濟的長期相關性：所有事件不管發生得多遠、發生在多久以前，都會牽動其他事件的演變。

毫無疑問，這種預測很有趣，但我寧可敬而遠之。就像學開車，不見得要懂得車子運轉的原理，投資股市，你也不一定要了解金融市場運作的根本道理。跟其他領域相比，經濟學似乎習慣讓理論遠遠跑在事實前面。我比較喜歡理論謹守本分，沒有數據或沒有適合的數學工具證明，就不該夸夸其詞。數據讓我能夠客觀地以數學理論，解釋為什麼金融市場有如湍流。在金融研究更有進展之前，我們只有靠自己的想像力，揣摩市場是怎麼運作，又為何會這樣運作。

曼氏異論二：市場危險、危險、危險極了，危險到專家們想都不敢想！

湍流是很危險的。湍流的力道，也就是水的速度與壓力或價格的平均與變化，隨時可能驟然大幅改變。湍流不但難以預測，更難以防範，尤其很難操縱或藉以獲利。不意外，主流金融理論完全忽略了這一點。主流理論以為，金融體系是因果分明、重複而連續且具備理性的機器。這種想法，將主流經濟學家的邏輯給打了死結。

以股票溢酬之謎（Equity Premium Puzzle）來說吧，這個二十年前由兩位年輕經濟學家拉吉尼許・梅赫拉（Rajnish Mehra）和愛德華・普列斯卡（Edward C. Prescott）提出的理論，如今已經成了一門大學問。為什麼平均而言，股票為投資人帶來如此豐厚的報酬？數據顯示，在漫長的二十世紀裡，股票所提供的「溢酬」，遠遠高於風險較低的美國國庫券——按通貨膨脹率調整後，估計約高出四・一%到八・四%不等。

但根據過去的主流理論，這是不可能發生的。根據主流理論，只有兩件事可能將股價抬高到這等程度：一是股市風險非常高，以致只有高價能吸引人們投資；二是投資人擔心股市風險高，因此只有高價能讓他們跨越恐懼的門檻。而經濟學家們在研究股市風險時，通常是透過問卷詢問人們的看法，然後經過一番計算，最後得出結論：風險溢酬應該低於一%。怎麼跟前面提到的事實差這麼多？莫非是數據出了問題？

當初梅赫拉與普列斯卡發表股票溢酬之謎時，主流經濟學者的見解正是如此。一直到七年之後，也就是一九八五年，梅赫拉與普列斯卡的論文才被經濟學術期刊所接受。從此，無數學者發表論文企圖提供解答，但這些論文都沒有抓到重點。他們誤以為值得參考的是「平均報酬率」，但事實上對投資人來說，真正關鍵的是大漲或大跌。當某一年超乎尋常地重挫三分之一（好比二〇〇二年的股市崩盤），就算是最鐵齒的投資人，都可能被嚇跑，久久不敢回頭。還有，這些學者也誤以為，風險會呈現鐘形分布，但我提過很多次，價格波動實際上遠比高斯定律認為的還要劇烈。

由此看來，股票溢酬並不是什麼「謎」，實際征戰的投資人所知道的，遠比象牙塔裡的經濟學家還多，他們直覺地知道市場風險很高很高，為了彌補高風險，投資人自然期望要有高獲利才行。

正因為人們直覺認為市場風險非常高，所以世界上多數財富都被存在保險的銀行帳戶裡，而非投資在高風險的市場上。華爾街最愛鼓吹資產分配，他們認為決定現金、債券、股票和其他資產應該各占多少比例，遠比挑選個股或債券來得重要。根據馬可維茲—夏普的投資組合理論，營業員一般都建議現金占二五%、債券占三〇%、股票占四五%。不過，根據經濟合作暨發展組織（Organization for Economic Cooperation and Development）所做的研究，大多數人可不這麼認為。日本家庭五三%的資產是現金，股票只占八%，剩下的是其他資產種類。歐洲人現金占二八%、股票占一三%。美國人則是現金占一三%、股票占三三%。跟營業員不同的是，投資人可不在乎什麼「平均」報酬率。對他們來說，那些偶發的、不尋常的金融災難才可怕。當然，雖然所謂的「常識」和「民間智慧」常常是錯的，但也不應完全忽略。

投資人最大的夢魘，要算是金融災難了。在風險分析裡，金融災難是廣為研究的重點。金融災難的定義是：財產水準落到某個門檻以下，可能是股票投資縮水、銀行帳戶失血、保險公司虧損等等。我們可以計算金融災難的機率，左頁圖取自瑞士聯邦科技大學（Swiss Federal Institute of Technology）保羅．安伯瑞克（Paul Embrechts）的著作，兩個圖是用電腦模擬的數家保險公司盈餘。假設只有保險費進帳而不用支付任何賠償金，保險公司的模擬盈餘會呈穩定上升的直線。對照之下，假如有人申請賠償，保險公司的盈餘便會下降。要是降到零點，保險公司就會面臨金融災難。

保險公司會不會破產？
猜猜看哪一張吻合現實

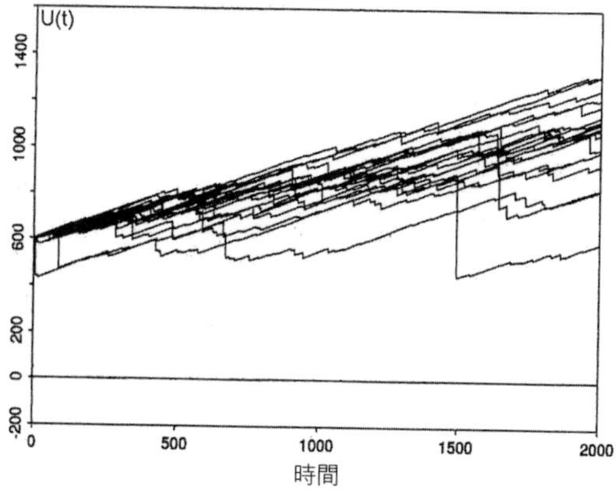

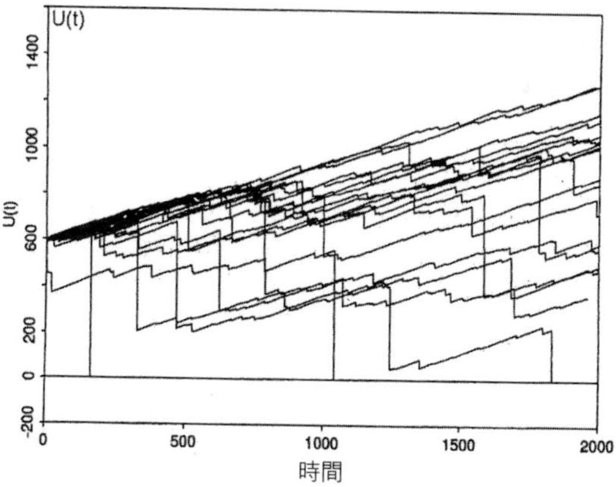

以上二圖模擬數家保險公司的盈餘與虧損，每條由左至右的線，代表各個假想的保險公司之盈虧狀況。

第一張圖假設，索賠符合工整而溫和的鐘形曲線，換句話說，表示保險業獲利非常豐厚。第二張圖假設，索賠金額可能非常小、也可能非常大，因此保險公司破產不是不可能。哪一張比較吻合現實？（圖片來源：Paul Embrechts, *Modelling Extremal Events for Insurance and Finance*, 1997）

這是基本的假設，由這兩張圖可以看出，一旦保險市場運作模式的假設改變，線圖會有什麼變化。第一張圖顯示，索賠的規模和發生頻率符合鐘形分布。第二張圖則比較接近實際，顯示索賠發生的機率符合尺度現象。按照第一張圖，幾乎每家保險公司營運都會蒸蒸日上；而第二張圖則顯示，現實上保險公司破產是可能發生的。保險，是高風險的行業。

股票、債券或其他金融市場也可以進行類似的模擬。根據標準金融模型（即價格變動符合鐘形分布），金融災難發生的機率大約是十的負二十次方。翻成白話文，就是一千萬兆分之一，這意味著你被流星打中的機率，還高過你投資賠錢破產的機率。但如同我研究棉花市場的結果，金融災難發生的機率其實非常高，逼近十分之一或三十分之一。想想眾多棉花農遭遇的窘境，你覺得哪一種說法比較可信？

曼氏異論三：「時機」很重要，大漲或大跌都集中於小段時間內

群聚現象，是相當常見的。拿全球金礦分布圖來說，我們可以看到黃金礦脈聚集在南非、辛巴威、西伯利亞等偏遠地區。這不全然是運氣，而是數百萬年的地殼構造變動使然。了解群聚現象對企業而言非常有幫助，尤其是保險業。最近有人研究美國德州、路易斯安那州及密西西比州的龍捲風災害，結果發現，九〇％的索賠，來自僅僅五％的投保地區。

金融市場的變動也有群聚現象，其原因不難了解。每天發生的新聞（例如企業財報發布、通貨膨脹消息及中央銀行公告等）都對價格有很大的影響，主流經濟學家往往將這些因素列為長期隨機事件。儘管這些新聞的規模及重要性不一，經濟學家卻主張它們符合鐘形分布，也就是說，其實沒有哪一件特別重要。這是什麼邏輯？恐怖分子攻擊紐約世貿中心，可以說是多年來對世界局勢穩定影響最深遠的大事件，對金融市場也造成獨一無二的巨大衝擊，我想這大家都同意。九一一事件迫使紐約證交所史無前例地關閉達五天之久，而且一開盤就大跌七．五％。這是鐵達尼號等級的重量級事件，就算加總許許多多小事件，都不能與之並論。大新聞導致市場劇烈反應，而這些反應會濃縮在一小段時間內發生。

這一點從數據可以獲得證明。一九八六到二〇〇三年間，美元對日幣長期下跌，但半數以上的跌幅集中在這四六九五天當中的十天。換句話說，美元投資人四六％的損失，發生在〇．二一％的交易日之內。其他金融市場也有類似的統計數據，一九八〇年代，標準普爾五百指數四〇％的正報酬率，發生在短短十天之內，也就是總天數的〇．五％左右。

那麼，投資人該怎麼做？營業員經常建議客戶「買進並長期持有」。他們說，應該把重點放在股價平均年增值上面，不要試圖「猜測進場或出場時機」，也就是尋找買賣的最佳時機。但這，只是一廂情願的說法。

重要的是「時間點」，從來不是「平均值」。很多成功的投資人，就是那些懂得抓緊時機的人。一九九二年，著名的投資家喬治．索羅斯（George Soros）在市場震盪的短短兩個星期內，因為成功賭英鎊貶值，而進帳二十億美元。當然，不是每個人都能成為索羅斯那種層級的投資家，但我們至少要認識到群聚現象的存在。假設重大新聞造成股價一週內大漲四〇％，是平常變動幅度的兩倍以上，短期內再漲四〇％的機率是多少？當然，不是沒有，但恐怕不大。聰明的投資人會如華爾街專家所建議的：見好就收。

曼氏異論四：記住，股價漲跌是用「跳」的，不是用「滑」的！

金融學術界最喜歡的消遣之一，就是修改理論。

有一天，我正在ＩＢＭ的實驗室工作，傳來了上級的緊急指示。原來總裁亞伯特．威廉斯（Albert L. Williams）在一場雞尾酒會上，聽說麻省理工學院某教授發現了新方法，可以有系統地戰勝股市。威廉斯將這件事告訴某個人，某個人轉告另一個人，另一個人再告知某人，於是某人交代我：去了解一下怎麼回事。

我照辦了。工業管理教授史丹利．亞歷山大（Stanley S. Alexander）一九六一年發表一篇看似致富捷徑的學術論文，亞歷山大稱之為「過濾法」（filter method）。簡單說，「過濾法」的原則是：每當市場上漲五％以上就買進、長期持有，當市場回跌五％，則放空然後靜觀其變。根據亞歷山大的說法，「有效市場」理論是錯誤的，價格變動的確有群聚現象，假如股價上漲五%，則繼續上漲的可能性要比回跌來得大，因此「過濾法」可以藉此獲利，而且利潤還不小。根據他的估計，假如投資人遵守這個法則，一九二九到五九年間平均每年可以獲利三六・八%（未扣除費用），相當於同一時期市場實際平均獲利三%的十二倍之多。亞歷山大甚至沾沾自喜地表示：「至於，萬一所有人都相信且親身實踐『過濾法』，會不會反過來對這個方法的有效度造成不良影響，就留待大家自行思考了。」

我仔細思考了。然後我親手打了一封信給這位教授（當時，我在ＩＢＭ的職位還沒有高到可以叫別人幫我打字），我問他，計算股市報酬率時，他用的究竟是哪些數據？他大概懶得理我，在我的信末草草寫下一句回答：「用哪些數據沒什麼差別。」

差別可大了。對投資人而言，獲利三六・八%和損失九〇%差多了！道理很簡單，亞歷山大計算他的假想投資組合，用的是「每日收盤價格」，而不是投資人實際上使用的「即時報價」。假設通用汽車今日收盤比明日收盤上漲六%，亞歷山大假定投資人會遵照「過濾法」的指示：上漲五%則買進。事實上，價格上漲並不是平滑且按部就班地一分一分上漲，價格漲跌可能一次跳好幾級，五%的門檻很可能一下子就跳過了，實際交易完成時，股價可能已經漲了五・五%，因此投資人也損失了那〇・五%的可能潛在利潤。股價下跌也一樣，投資人很可能在下跌五・五%時完成交易，而非剛剛好五%，因此獲利比亞歷山大所聲稱的少了〇・五%。在現實世界裡，不論買進或賣出，他所設想的利潤都不如預期。

結論是，就像其他金融界的真理一樣，這一個也禁不起考驗。我呈了一份備忘錄給當時的ＩＢＭ總裁威廉斯，不過沒有得到回應；我想他可能自己試過，然後就放棄了。

不過，三年後亞歷山大自己坦承錯誤，他在另一篇論文中指出，代入更切合實際的價格數據後，先前的投資組合獲利大都不見了，甚至轉盈為虧。亞歷山大寫道：「第一篇論文所提出的可觀利潤，必須以較小的數字取代，我必須承認，並沒有之前所想的那麼刺激有趣。」

亞歷山大的錯誤情有可原。「連續性」是很常見的人為假設，好比我們看到一個人在這邊跑，半個鐘頭之後在那邊跑，我們通常會假設這個人是從這邊跑到那邊，路徑成一直線。我們不太會想到他很可能中途曾停下來，然後搭了便車到達另一邊。

十七世紀最偉大的數學發明——微積分，就是為了研究連續性變化而產生的。發明者之一萊布尼茲對他所謂的「連續性原理」（principle of continuity）深信不疑。經濟學家往往也是如此，連續性也成為傳統金融學的根本假設，上從巴舍利耶，下至馬可維茲、夏普、布雷克—休斯，都假設價格變動是連續的。如果拉掉這個前提，他們的公式，根本行不通。

他們的前提是錯的，因此數學公式也不對。金融價格確實或多或少、或大或小地上下跳動。事實上，我認為「跳動的能力」（或稱「非連續性」）是經濟學與物理學概念上最大的分野。在完全的氣態中，分子互相碰撞並且交換熱量，數以十億計的微量交互作用，共同產生一個「平均」溫度，溫度的變化是循序漸進而平緩的。然而在金融市場，影響投資人的新聞可大可小。投資人的購買能力可能微不足道，也可能足以呼風喚雨。投資人的心意和決定可能一夜之間大轉變，從看好到看壞，再一百八十度變回來。這使得價格變動非常劇烈，不僅是變動，甚至是錯亂。

尤其在資訊爆炸的時代，電視、網際網路和交易所螢幕不斷播送金融價格，這個現象格外明顯。發生在印尼的恐怖攻擊，在短短數秒內就傳到地球的另一端，數以百萬計的投資人馬上獲得即時資訊。投資人可以立刻做出反應，而且不是如傳統學者所認為的逐步發展，而是一舉攻城掠地。結果可能教人欣喜若狂，也可能令人停止呼吸，看這把是賭輸或賭贏。

有時候，這也會讓業者們感到難堪。投資人最怕的，莫過於價格突然大跌，因此共同基金業者常常必須格外小心翼翼地「安撫」客戶情緒。二〇〇〇年，美國威斯康辛州密爾瓦基市共同基金業者「核心投資顧問公司」（Heartland Advisors Inc.）投資的部分面值一百美元的債券，市值從九十八美元跌到八十美元，頓時投資危機暗潮洶湧。不過，這件事並沒有出現在該公司每日的報表中，根據美國證券交易管理委員會，該基金所公布的資料顯示，淨值居然只呈現「為期許多週的緩慢下跌」——每天只跌五十美分。但紙包不住火，最後實情傳出，核心投資顧問的顧客憤而出走，其中一支基金的價格一天內狂跌七〇%。證券交易管理委員會後來控告該公司，該公司沒有承認錯誤也沒有否認，案子最後和解收場。

不過，非連續性也可以讓人獲利。一個多世紀以來，紐約證交所內有個「專業人士」組成的系統，這群人就是在交易所大廳工作的交易員，專門負責照顧幾家公司的股票、負責買賣配對，萬一出價和要價對不上，他們會用自己的錢進場完成交易。根據遊戲規則，這些交易員的功能在於「確保市場連續性」。後來，當整個華爾街籠罩在泡沫破滅後的金融醜聞，這些交易員的名譽也大大受損。證券交易管理委員會針對一九九七年股市崩盤進行調查，結果發現，這些營業員在最混亂的二十四分鐘內，扮演了超級大買家的角色，他們買入的量遠超過賣出，前者是後者的二・〇六倍。事實證明，他們的眼光精準，後來價格確實止跌回升。

曼氏異論五：時間是有彈性的

如果說時間就是金錢，那麼華爾街的「貨幣」顯然需要改革。

傳統金融分析對時間的看法，經常自相矛盾且錯亂。舉一例來說：他們認為每一個投資人的時間感都一樣，都是由時鐘決定的。他們使用資本資產定價模型計算風險時，其中一個假設即是「所有投資人的想法和做法都一樣，持有某證券的時間也一樣長」。然而，有經驗的市場老手看法截然相反，他們認為，每個投資人的時間都不同，每一個週期、每個持有股票或債券的期限，都有不同的風險，例如一天之內快速進出，和長達六個月的長期投資，兩者風險就完全不同，多數人都看出來，當日沖銷比較可能血本無歸。

沒必要把事情搞得那麼複雜。碎形分析的巧妙之處就在於：同樣的風險係數和公式，可以用在一天、一年、一個小時或一個月。不同的是強度，比例則都一樣。在碎形分析中，價格資料可長可短，就像細長、可伸縮的汽車天線——可以考慮整個長度，一段一段地分析，也可以收起來，只單獨看一小段。如前面所討論的，這就是金融價格數據的「比例」特性。就統計上而言，一天的風險，就跟一週、一月或一年相當。隨著時間越長，價格的變化幅度也越大。

不管你看的是什麼價格圖，結果都一樣。以棉花為例，我發現數十年間價格變化都是如此。怎麼會這樣？據我推測，首先經濟學和物理學不同，經濟學沒有內建的時間尺度（time scales）。每日價格圖看來就像每月價格圖，因為用機率狹隘的輸贏觀點來看，一天確實跟一個月沒什麼兩樣。的確，某些時間尺度具有特殊意義，比如企業財報通常是每季或每年。交易日也有它獨特的內在節奏，隨著全球市場每日開盤、收盤而規則地變化。但這都是週期性的特徵，金融專家和經濟學者建構模型或構思投資策略時，早就學會將它排除在統計數據之外——即所謂的季節調整（seasonal adjustment）。而這些差異，跟物理學中本質上就不同且恆久如此的時間尺度不一樣。在金融世界裡，像量子物理學的次原子定理和力學的宏觀定理之間的分野並不存在。

在碎形分析中，時間是有彈性的。多重碎形模型中的交易時間是扭曲的，時而擴張、時而收縮。價格變動越劇烈，交易時間就越擴張；價格曲線越平淡，交易時間就越慢。有些學者試圖將這個概念跟交易量連結：交易量大等於交易時間快。兩者之間的關聯還沒有被證實，但也沒這個必要。「扭曲時間」是為了數學上計算方便，以便分析市場；而它也碰巧跟我們的主觀經驗吻合，但時間不是直線行進的，會擴張、會收縮，就像用軟橡膠做成的尺一樣。日常生活中的時間就是如此——格外緊張、興奮、刺激時，感覺時間飛逝；無聊時，時間慢如牛步。

在金融市場裡，也一樣。

曼氏異論六：古往今來，市場長得都一樣

把一隻貓拋到空中，牠會安然無恙地落地。大家都知道，這是動物神經系統與生俱來的奇蹟。更神奇的還在後頭，假如貓咪墜落的軌跡中途剛好有障礙物，比如桌角，牠會在空中自動調整落下的軌跡以避免碰撞。貓是怎麼辦到的？

這是我所做過較為奇怪的研究題目之一，當時我在紐約的亞伯特·愛因斯坦醫學院擔任生理學的訪問教授。邀請我的瓦赫·阿瑪席安（Vahe Amassian）教授想要解開這個謎題，他把偵測儀器貼在貓的頭上，觀察貓在空中時腦部的神經反應（是的，看見貓頭上發出電極是有點嚇人）。

不過，我建議他，不妨先從基本問題著手：平時，貓的腦部活動是什麼樣子？睡覺時，又是什麼樣子？想知道活躍時的腦部狀況，我們必須先了解休息時的情形。於是，年輕的博士後研究生們不再把貓往空中丟了，轉而開始撫摸牠們。他們安撫貓，直到貓兒發出滿足的呼嚕聲，然後觀察腦

波紀錄的結果；他們讓貓睡覺，然後同樣觀察結果。令人驚訝的是，即使外在刺激很少、甚至完全沒有刺激的情況下，貓的腦部活動仍然非常活躍。牠們的神經元會自發地放電，套用經濟學家的話說：即使沒有「外生」因素介入，基於某些尚未發現的複雜規則，「內生」的活動仍然持續。

當然，我們不可能把股市從世界上連根拔起，隔離起來研究，不過基本的道理是共通的。我認為，市場內部也有自發性的生命力，這個內部力量來自人們集結在一起、組成銀行或證券公司，並且交換資產的行為模式。這個內部活動無法獨力決定價格，但肯定是定價機制的一部分，就像我們比較常注意到的新聞、破產、經濟報告、戰爭和企業財報一樣。內部力量是股價的內生變數，好比一個決定股價的「市場黑盒子」——輸入什麼樣的經濟因素，會產出多少的ＩＢＭ股價。無論市場雷同的程度有多高，這種內生的活動都是構成雷同性的一部分。

碎形市場分析中令人驚艷的結論之一，就是：市場與市場之間某些變數極為相似。我研究一個多世紀的棉花價格，結果發現同樣劇烈的價格變化。我推測，制定美國棉花價格的過程，只是改變了規模，並沒有改變本質。

我們數學家和物理學家很喜歡所謂的不變性（invariance），那是指不論所研究的數據、形狀或物體怎麼改變，某項特質永遠不會改變。碎形幾何是解釋物理世界不變性的一套數學方法，研究的是不會隨著觀測比例而改變的圖形、空間或時間。統計學家有個相近的概念，叫做固定性（stationarity）：在一系列的時間內，都具有相同的基本統計特徵。經濟學家或許會說，那是你們物理與統計界，經濟學領域可不是如此。經濟學家賈可伯・馬歇克（Jacob Marshak）在某次我也出席的會議中聲稱，經濟領域中他唯一能想到的不變性例子，是左腳鞋子和右腳鞋子數量的一致性，「就算是這一點，也未必是不變的。」他還加了這個但書。在這樣的思維下，近來許多價格變動模型，都加入因時間而異的參數（隨著日、小時、秒改變），以此解釋價格變動的實際現象。前面提到的GARCH模型就是其中一例。

但我是個樂觀主義者，我不信邪，因此我繼續在看似不可能有「不變性」的地方尋找其蹤跡。如果能找到不隨時間或空間變化的市場特性，我們就可以建構更好、更有用的模型，進而做出更恰當的金融決策。我的多重碎形模型，正好就有一組恆久不變的參數。

曼氏異論七：市場注定動盪，泡沫鐵定發生！

在碎形市場中打滾是什麼滋味？我喜歡用一則寓言來解釋：

很久很久以前，有個叫做「萬湖地」的國家。這地方第一個也是最大的湖，大得像海似的，寬度有一六〇〇英里。第二大的湖寬達九一九英里，第三大湖則是寬六一四英里，依此類推，最小的湖是一英里寬。替政府工作、很受敬重的數學家注意到，湖的直徑是按整齊的冪次法則遞減的。

緊鄰著「萬湖地」有個叫做「濃霧底」的國家，此國大多數地區無人居住，處處瀰漫白茫茫的雲霧，放眼望去連一英里外的景物都看不見。「萬湖地」決定要好好給「濃霧底」畫一張地圖，便派出測量員和製圖師。不久，他們來到一個湖邊。濃霧遮蔽了他們的視線，看不到彼岸。湖究竟有多寬？啟程之前應該準備一天份的糧食還是一個月的？跟大多數人一樣，測量員和製圖師都根據既有的知識行事，他們假設鄰國就像自己的國家，湖的規模、分布也一樣。因此，搭船前去探險的這一行人，還以為湖寬至少一英里、平均湖寬為五英里。

可是，他們划啊划的，還是沒有到岸。五英里也過去了，他們重新計算著未來的路程可能有多長。根據機率，答案仍然是：還有五英里。於是他們繼續往前划——依然不見湖岸。他們絕望了。該不會沒帶足夠的糧食就登船了吧？難不成，濃霧精靈把湖岸給移開啦？

這是個怪誕的故事，但如果你是專業股票交易員，你可能隱約覺得有股熟悉感。試想：湖的直徑由大到小按冪次法則遞減，一旦在湖面上駛了五英里，很可能還要繼續行駛五英里。假如十英里後還沒有到岸，恐怕還有十英里要走，依此類推。當然，最終總會到岸啦，但是在此之前，可能性繼續存在，而且事情沒什麼進展。

這是尺度現象推衍出來的結果。我提過好多次，金融市場價格變化的分布，符合某種比例。如同帕雷托所得公式中億萬富翁和百萬富翁成一定比例，金融價格的大幅變動和小幅變動也符合一定的規律，結果造成價格變動遠比我們所想像的劇烈。以條件機率的用語來說就是：在X事件已發生的情況下，Y事件接著發生的機率為何？以帕雷托的所得公式為例，一旦賺了十億元以上，所得增加到百億元的機率，就跟賺了百萬元以上的人所得增加到千萬元的機率相當。金融價格裡的比例則是，大幅價格變動發生之後再發生更大變化的機率，相當於中型變化發生之後再有大幅價格變動的機率。不管是所得公式或是價格變動，其比例都由指數α決定。

這個似非而是的理論不好了解，讓我們以紐約證券交易所為例，重新加以說明。探險團隊就像投資人，濃霧相當於我們的知識界限，至於萬湖，等於一萬支不同證券的價格。你有沒有看過一支股票價格不斷上漲，漲到獲利多得數不清？或者眼看著股票價格就要上揚，卻出其不意地反跌？你是否正經歷隨時可能破滅的股市泡沫，心想最好敬而遠之？還是，你看到基本的股市遊戲規則已經改變，不進場的是傻瓜？這就是尺度現象教人迷惑的地方。因此，決策不容易，預測很冒險，而市場泡沫幾乎無可避免。

曼氏異論八：市場天天都在騙人！

泡沫偶爾才來一次，但市場欺瞞人心，卻是每天上演的好戲。

以觀察市場趨勢的繪圖分析員為例，他們的技巧好壞差別很大。有的只是根據大略的第六感，比如價格圖看起來似曾相識，因此就推斷過去的歷史會重演。有的比較複雜。最為人所知的例子是艾略特波浪理論（Elliott Wave）。羅夫・艾略特（Ralph Nelson Elliott）是美國堪薩斯州出身的會計師，半生都貢獻在整頓中美洲的鐵路和政府財務，一次重病纏身期間發明了新的繪圖方法。艾略特「感覺」投資人的心理其實是一陣樂觀、一陣悲觀，兩者交替的現象不斷於不同的時間點和時段在股市中顯現。他在一九三〇年代正確預測到幾個市場趨勢，因此理論開始受到注意，後來一九八〇年代再度引起大眾的興趣。但是，用波浪理論預測是非常不穩當的行當。相較於客觀的數據分析，它比較像是一門主觀判斷的藝術，繪圖分析員的主觀判斷影響很大。其結果，就像多數技術面分析一樣，充其量只能說是好壞各半。

人們想要找出世界萬物的運作模式。這是我們進化的方式。人類的祖先是靈長類，牠們善於在森林中察覺獵人的蛛絲馬跡、在大草原上找到食物。因為這項技能非常重要，所以我們無時無刻不使用它，不論它有沒有用。換言之，我們有能力在沒有模式存在的地方硬看出模式。

在兩次大戰之間，蘇聯統計學家史拉斯基（Evgeny Slutzky）指出，就連布朗運動（擲硬幣的結果），看起來都整整齊齊像是安排好的。我們的眼睛會自動將結果分解成上下的循環，再把大週期分成較小的週期，依此類推。若增加數據，就會產生更多的週期。當然，哪有什麼週期？純粹只是一連串隨機的變化而已。

那麼，經濟和金融價格發生「假性模式」的機率有多大？前面提到，價格的長相關造成數據變化呈現某種趨勢，跟價格高低無關，但跟價格變動的規模和方向有關。價格變動有固定性，也就是會互相強化，一旦往某個方向移動，往往會繼續朝該方向發展。有時也可能呈現非固定性，也就是往某個方向移動之後，會逆轉朝另一個方向發展。具固定性的那種（H值接近〇．七五）特別耐人尋味，也是許多金融和經濟數據常見的類型。一九六〇年代後期，我跟瓦理士共同的研究當中就以純粹的隨機過程製造出這樣的數據。不過，所有數據都呈現三個長期而緩慢的上下週期，在這些長長的波浪當中，似有無數小週期

這是阿爾卑斯山，還是月球？
電腦選的啦！

阿爾卑斯山？月球表面？事實上，這只是伐斯（R.F. Voss）所寫的電腦程式的傑作。在我的著作《自然界的碎形幾何》出版時，這甚至是當時電腦繪圖界的登峰造極之作。這當中沒有地球物理學，有的只是適當的隨機過程和碎形。重點正好和碎形金融不謀而合：光是機率，就足以造出幾可亂真的模型。

穿插其間。我們把小型週期拿出來觀察，發現當中也有三段波浪，每段分別是整體的三分之一長。

全球經濟週期理論當中較受爭議的一個，就顯示類似的三段週期。一九二五年，俄羅斯經濟學家尼古拉．康德拉傑夫（Nikolai Dmitrievich Kondratieff）發現西方世界主要經濟體存在著成長與衰退的「長波」（long waves）。每一波平均長達五十四年，第一波始於一七八〇年代，而據康德拉傑夫預測，第三波將於一九四〇年代告終。自二次大戰以來，經濟學家紛紛議論第四波是否已經開始、康德拉傑夫又是否只是胡言亂語。但我的確觀察到，在一個半世紀的數據中可以輕易看出三個五十年的週期——雖然我的發現全是出於運氣。把這樣的週期強加上經濟含意恐怕是我們的想像力作祟，不見得可以解釋經濟成長與衰退的奧祕。

的確，長期相關性會騙人。我曾經用分數布朗運動快速造出幾可亂真的風景，如右頁圖所示，這張圖看起來跟喜馬拉雅山的凸版印刷圖一模一樣，但實際上這是電腦的傑作，是純粹以某種隨機模擬製作出來的。

不難想像，這麼逼真的圖形也可能發生在隨機金融數據。這並不是說，線圖就沒有意義，或者價格變化純粹是機率使然，但它確實提醒我們：觀察線圖時，應該避免先入為主地認為亞當．斯密那雙隱形的手就在幕後操縱。只有不知死活的投資人，才會以價格圖的趨勢，當做預測價格動向的唯一依據。

曼氏異論九：天曉得未來股價多少，但你可以預測波動的機率

雖然如此，但事情並非無望。市場充滿驚險、騙局，而且有泡沫傾向和幾可亂真的趨勢。我們也許無法預測價格，但倒是可以評估風險。

經典的隨機漫步模型提出三大主張，第一是平賭論（martingale condition）：明日最可能的價格，就是今天的價格。第二是獨立說：明日的價格是獨立事件，不受過去價格的影響。第三是常態分布：所有價格變化若整合起來看，由小到大，都符合工整而溫和的鐘形分布。在我看來，其中至少有兩個主張不切實際。首先，第一個主張雖然沒有數據支持，但至少沒有（太多）數據反對，而且直覺上，它能解釋為什麼我們經常錯估市場發展。另外兩點則完全悖離事實。所有數據幾乎一面倒地顯示，價格變動的幅度和過去大有關係，至於鐘形分布則完全是無稽之談。

就數學上而言，市場可以有相依性而不具關聯性，兩者之間的差異，在於價格變動的幅度與方向。假設變動的方向跟過去沒有關係，也就是昨天價格下跌不表示今天下跌的機率就比較高。在這種情況下，價格變動的絕對值仍可能具有相依性，例如昨天價格下跌一〇%，則今天再度變動一〇%的機率可能增加，但有可能是下跌一〇%、也可能上漲一〇%。如此，雖然相依性相當明顯，卻沒有關聯性。價格大幅震盪之後再度有大變化的機率很高，可能是正向、也可能是負向。同樣的，價格小幅變動後很可能繼續有小幅變動。同樣規模的價格波動有聚集的現象。

那能有什麼用？假如你從事風險管理、避險或者利用風險獲利的工作，用途可多了。

依據法令規定，銀行必須估計每日市場資產的價值，並儲備一定金額的資本以因應虧損。更好、更有效的虧損估計方式可以替銀行省錢，也可以為金融系統解決頭痛問題。不能承擔高損失風險的基金經理人或投資人，可以在金融風暴風雨欲來之前先精簡投資，或者避免下太大的賭注。相反的，選擇權交易商靠風險賺錢。他們滿腦子各種靠未來價格變動獲利的最佳策略和金融商品，例如跨式選擇權（straddles）、交換選擇權（swaptions）、障礙選擇權（barrier options）等。他們買賣風險，甚至以「vols」（volatility〔波動率〕的縮寫）為價格的單位。自一九九三年以來，芝加哥選擇權交易所開始買賣一項商品ＶＩＸ（波動率指數），ＶＩＸ賭的是標準普爾五百指數三十天內的變化幅度。投入其中的金額相當龐大，不難想見選擇權產業的分析師老早就發明眾多預測價格波動的方法，而且（不管他們承不承認）多數分析師都知道標準金融模型沒有用。

當然，預測不可能毫釐不差。預測價格波動就跟預測天氣一樣。我們可以估計颶風的強度和路徑，也可以計算颶風登陸的機率，但是所有住在美國東岸的人都知道，要事先確知颶風登陸地點或風雨會帶來什麼樣的災害，是不可能的。

儘管如此，金融界已經開始參考氣象預測，展開相關的研究。第一步，金融界必須就估計市場風暴強度與路徑的方法達成共識。例如著名的芮氏規模，就最常被拿來做比喻。芮氏規模代表地震所釋放的能量強度，以對數為單位，舉例來說，七級強震的能量是六級強震的十倍。金融市場中相當於地震能量的，是什麼？有人認為是價格波動程度。因此，兩位巴黎大學的學者最近發明了市場震盪指數（Index of Market Shocks，簡稱ＩＭＳ），根據他們的研究，一九九五年以來已經出現十次金融「地震」，一九九八年俄羅斯金融風暴的ＩＭＳ指數高達八．八九，最嚴重的則是紐約世貿中心遭到恐怖攻擊的九一一事件，ＩＭＳ指數為十三．四二。

第二步是預測，但這才只是開始而已。同樣在研究貨幣市場風暴強度的蘇黎世學者發現，自己發明的指數似乎可以預測未來，不過效期有限就是了。一九九八年十月五日至九日那個星期，美元對日幣波動高達一五％，就在危機達到最高點的數小時之前，這些學者發現指數一下子從三衝到十。他們表示：「這個指數提早警告我們事態即將惡化。」

根據標準的效率市場說法，我們無法戰勝市場。不過即便如此，我們仍能避開金融風暴的衝擊。

曼氏異論十：金融市場上的「價值」，其實沒什麼價值

對很多人來說，價值很重要。財務分析師研究企業財務報表，是為了計算價值——清盤價值（break-up value）、現金流量折現（discounted cash-flow）以及市場價值。經濟學家預測經濟成長時，也模擬價值。在古典貨幣模型中，經濟學家就通貨膨脹率、成長率、利率及其他變數，將美元與歐元地區的差別輸入，以便估計理想的「平均值」，他們認為，長期而言匯率終會趨於此平均值。

這一切做法都基於一個前提，就是：價值是個理性且解得開的資訊函數。假如對某項資產（不論是股票、債券或一件毛料褲裙）有充分的資訊，任何有能力的人都可以推算出一個價值，他們都會在東西上貼著同樣的標價。「價格」可能在「價值」的附近徘徊，而且不易估計，但價值是固定的。價值是平均值，是充滿矛盾和混亂的資訊中唯一確定的一點，人們喜歡確定感所帶來的心安。人性本來就厭惡不確定、不平均和不可預測性，因此喜歡有個平均值可依循，那就像一個可追求的目標——即便這個目標飄移不定也無妨。

問題是，這樣的概念到底有沒有用？企業的價值是什麼？也許你會說，企業的價值就是市場整體給予的標價。這話怎麼說？最常用的市場價值指標，是本益比（簡稱P／E值）。以網路泡沫股最有名的例子思科系統來說，最高峰時其本益比達到一百三十七。換句話說，任何相信思科本身確有這個內含價值的投資人，基本上都認為其盈餘會繼續以如此飛快的速度成長至少十年，屆時思科的市場價值將超過美國經濟的總年產出。但後來我們都看到了，網路泡沫破滅之後一夕之間風雲變色，思科的本益比在二〇〇三年市場最低點的時候跌到二十六，奇怪的是，當時思科的盈餘成長比泡沫時期還高出三五％。

這是什麼道理？「喔，」你可能會說：「變的不是企業經營的基本面，而是市場對科技股的胃口——而除了資產負債表和現金流量，這也是企業內含價值的決定因素之一。」當真？如果真是這樣，那麼思科的「真正」價值應當每月、每週、每日、甚至每分每秒都會改變。如果價值不斷改變，那麼投資人或分析師何必辛苦估算要買還是賣？如果每次計算總是有新的參數加入，估價模型又有什麼用？

「有道理，」你說，「那麼價值也許是某種成本函數，例如鑄造鋼鐵的成本、汰換工廠的成本、購買企業個別單位的成本。」問題是，你要怎麼算出成本？微軟Office軟體的成本怎麼算？「簡單，」你說：「把發展軟體部門的最新研發預算、經常費用、財務支出及營運成本統統加起來就行啦。」但前面好幾代的Office軟體成本又該提列多少成本？畢竟，若沒有前面的版本，就不會有最新的Office軟體啊。還有，用Office軟體不可或缺的Windows作業系統呢，它的成本該算進多少？在數以百萬計客戶端裝設和維修Office軟體的成本，又該怎麼處理？要知道，沒有了這項重要的工作，Office軟體不可能達到所謂「網路經濟」，成長得這麼快。

這些問題對製造業來說，已經夠難回答了，在現在這個智慧財產可以賣大錢的資訊時代更是棘手。即使大家都同意成本的算法，怎麼樣用一個有效的公式將成本轉化為價格，還是一大問題。商品售價低於成本是常見的事，一件洋裝從當季掛在美麗的櫥窗裡到季後被移至地下室的清倉大拍賣架子上，短短的時間內，其價格就可以下跌九〇%。

「有道理，」你說，「但智慧財產和金融商品是不常見的無形財產例子啊。」那有形的呢？期貨價格變動劇烈的程度，比起股價有過之而無不及。棉花價格翻來覆去的，連衡量價格變動的標準──平均值和變異數，都失去了意義。至於一九七九到一九八〇年間冬季短短六週內價格翻了三倍的銀，其「真正」價值又該怎麼算？房地產再具體不過了吧，但是買賣房子的人都知道，「平均」價格一點意義也沒有，調查所得的估價根據的只是社區裡少數成交的案例，很可能一夕間轉變。

何況，即便這些數字本身，也透出奇怪的型態。例如一九九〇年代，倫敦房價上漲一倍以上。當時房地產實在已經熱到「內含價值」這個概念完全失去意義了，某個建商把原來的公共廁所改成獨棟「小屋」，以十二萬五千英鎊的價格售出，這個價格是倫敦地區平均薪資的六倍以上。

我要強調的是，不是說完全沒有「內含價值」這回事。內含價值仍是很受歡迎的概念，我自己也用在某些經濟模型上，但過去數十年來動盪的金融市場至少告訴我們一件事：價值是個稍縱即逝的概念，人們對它的崇高評價其實是名過其實。

你要問，那我們如何在這個相對主義的世界、一個沒有絕對的世界生存？事實上大家一直過得不錯啊，金融市場的主要動力，不是來自價值或價格，而是價差，不是平均，而是套利。人們以地點或時間的差別套利。以地點為例：我有個朋友就讀研究所時，為了生計，在居住的地方——冰天雪地的明尼蘇達州，以低價買進敞篷車，自己維修後開到遍地陽光的加州以高價出售。以時間為例：今天黃牛買下多張演唱會的入場門票，打算等下個月門票銷售一空時再高價出售。套利的人並不認為商品有內含價值，他們只是觀察並預測價差，藉以獲利而已。當然，我絕對不是金融史上第一個提出套利重要性的人，為彌補正統金融理論之不足而出現的「套利定價理論」是推波助瀾最多的。只是，如果你想徹底了解這個碎形市場，就必須體認到「平均並不是最好的答案」這件事才行。

第13章

車子快解體了，你還在高速公路上衝？

嚴肅面對金融市場風險

從蘇黎世市中心搭四號電車往東邊的湖岸走，最後會來到舊磨坊博物館（Mill Museum），一棟四層樓的百年建築，裡頭有穀類製品、食品工業以及豐收與饑荒、繁榮與蕭條的相關展覽。

它的隔壁，就是一個研究繁榮與蕭條的實驗室，創始人理察．歐森（Richard Olsen）稱之為「金融測試反應爐」（test reactor）。他說：「我們在做的，相當於財務金融的量子理論。」

乍看之下，歐森的公司Oanda.com跟一般小型金融企業沒什麼兩樣。公司只有二十五個人，負責看螢幕上的即時報價，跟客戶通電子郵件或管理電腦。他們的外匯交易網站功能齊全，不過也沒什麼特別之處。網站上有匯率換算功能、即時報價、新聞、市場理論學術報告、交易遊戲、可供下載的市場分析軟體，以及一項與眾不同的服務——讓客戶在匯率市場下單。

如果你有帳號，就可以跟外匯交易員一樣，在螢幕上看到完整的市場交易資訊，更可以在電腦上畫出美元對日幣或歐元對英鎊的走勢圖、預測未來價格動向、計畫交易策略，然後透過網路交易——只要一美元，就可以交易。

Oanda.com 自二〇〇一年開始提供這項服務，到〇四年初已經有一萬名客戶以實際金錢交易，其中大都是小試手氣的業餘投資人，外加少數大戶。包括日幣、歐元、美元、泰銖和披索在內，每天的交易總值達十億美元。

當年，他們已經用電腦分析投資客戶的行為

簡單說，這是實際貨幣市場的一個小型模型。幾乎所有經濟或金融研究都有一個共同的難題，那就是資訊有限。假如想要研究某個市場，一般性的數據（例如指數、報價和交易量）不難取得。如果在證券公司工作，還能拿到更詳細的資訊，例如客戶投資哪些產品、投資多少、又為什麼這麼投資。但其他業者的客戶在做什麼，就不得而知了。你無法綜觀全貌，像衛星鳥瞰圖那樣。

但 Oanda.com 提供給歐森及其少數數學和金融博士、專家們的，正是這一點。他們在電腦上進行分析，研究客戶的行為，像是：什麼時候買賣、為什麼買賣、持有期多長——總之客戶的一舉一動、投入的程度和原因，都是研究的範圍。

「我覺得非常挫折，」歐森表示：「人類將太空船送進了太空，將探測器送上了火星，但是至今仍沒搞懂金融市場。說實在的，我們完全不知道經濟的運作方式。我想要打開這個死結。我想要將金融市場變得像工程一樣有效率。」

我能體會他的挫折感。對於人們為何致富又何以破產、為什麼有人生活富裕安逸而有人貧病交迫，我們的了解實在太少，少得令人不敢置信。金融市場是決定人類財富的終極機器，然而我們對車子引擎運作的了解，還遠超過全球金融體系。我們在危機中掙扎前進，在牽一髮而動全身的世界裡，一個市場的災害很快就散播到其他所有市場中，而我們對災害發生的原因卻所知極為有限，更不知該如何防範、補救。我們無知到寧可向巫師求救，而不跟科學叩問。我們將全球最大經濟體之一的掌控權交到少數被稱為「中央銀行家」的幾位老人手裡，我們不了解這些人的所作所為，卻盲目地相信他們會奇蹟似地召回經濟的靈魂，為大眾帶來金融上的福祉，祛除金融災害與禍亂。如果這本書裡頭只有一句話能留下來，我希望是：金融界必須摒除惡習，採用科學的方法。

我不敢說自己知道所有答案。但由於長期研究和思考所得的靈感，我有一些領悟。多年來，大家對我的學說忽冷忽熱，一九六〇年代短暫的一見鍾情之後，到了一九七〇和八〇年代，我那半成品的金融理論就不再受寵。直到一九九〇年代，碎形幾何受到重視，我的理論也很有進展，才有一群為數不多但持續增加的經濟學家、數學家和金融專家加入我的研究行列。大略估計的話，全球認真學習碎形金融和經濟分析的學生大約有一百人，這些人多數待在學術界，他們在少數幾個容許「曼氏異論」的學術期刊上發表研究成果；有的人則待在金融界研究賺錢的方法。但事實是，我們所知仍非常有限，目前尚未有人因此成功賺大錢。

但我仍然鼓勵所有能增進我們對金融體系了解的嚴謹研究工作，在本書結尾的這一章，我將提出目前實驗的幾個趨勢，但不加任何背書或評語，結論就留待讀者去下。之後，我會加上自己對相關研究抱持的幾個重要問題，我認為這些問題尚待釐清。

金融交易就像個小型爆炸場，全球經濟隨時會心臟病發！

「就像一個原子反應爐，」歐森對他的計畫興致勃勃，他說：「我們可以從裡面看到金融市場運作的模式。」

五十一歲的歐森非常誠懇、身材高瘦，看起來不像交易商，反而比較像學者。外匯交易圈裡大型銀行的研究部門都知道他，認為他是學者型的人：聰明、專注，而且有點古怪。歐森從牛津大學取得政治和經濟碩士學位，而且是蘇黎世的法學博士，在當地金融圈工作過。很快的，他成為金融研究當中一支新領域——高頻率數據（high-frequency data）的提倡者。一個世紀之前，連概略的年度數據都還很難取得。後來交易所和報紙上的數據資料大幅增加，從每月、每週到每日都有。但實際的價格數據是即時的，每有交易或報價就改變，而且只有少數幾個地方才有，紐約證交所是其中之一。因此從一九八〇年代起，最早的通訊社路透社開始提供即時報價給付費的客戶。

就在這個時候，歐森和蘇黎世的其他同事嗅出了商機。他們累積數據、去蕪存菁，然後開始研究這個全球最大的即時外匯報價資料庫。對學術界而言，這無疑是一大福音，無數財經學術論文都得靠它才能發表。可惜，歐森寄予很大希望的大型銀行卻對他的資料庫興趣缺缺，最後歐森的公司解散了。

後來，歐森有了新的市場研究構想。一九九六年，他跟同校老友、資訊工程學教授邁克・史達穆（Michael Stumm）聯手創立了Oanda.com。這次的發展完全不同，二〇〇三年，根據Oanda.com給美國商品期貨交易委員會（Commodity Futures Trading Commission）的報告，其資本淨值成長一倍以上，達到四百一十萬美元，利潤相當可觀，其關係企業「歐森投資公司」替外匯交易市場的客戶管理一小部分資金，二〇〇三年底為止，金額是三千萬歐元。

他們的外匯基金也表現不俗，根據審查過的財報，二〇〇三年表現最好的基金報酬率達二一・〇五％，最差的也有三・一五％。每支基金表現互異主要跟風險和槓桿不同有關，到目前為止，風險越高的基金表現越好，這也是外匯交易市場很常見的現象。不過，所有基金的買賣策略都一樣，也都符合歐森的類碎形電腦模型。他說：「整個世界都是碎形，如果你用歐幾里得的觀點來看碎形市場，等於從頭錯到尾。」

對他來說，金融交易就像小型爆炸場。傳統理論認為價格變動是連續性的，所有投資人都無足輕重，投資人進行交易就好比氣室裡的分子互相碰撞，造成無數次微小的能量交換。「胡說八道，」歐森說。根據即時數據，他明顯看到價格會跳躍，而且不同投資人的重要性及其對市場的影響力，也有很大的差異。

歐森認為，在運作良好的市場，小投資人的行為跟大投資人差不多，所獲得的利潤也成比例，但因為金融業不公平的佣金結構和其他習性，遊戲結局才不同。同樣的，短期玩家的行徑也和長期投資人大同小異，所獲得的利潤亦符合某種比例。歐森表示，這一點可以從監看網路服務 FXTrade 的電腦上看出來。他所提供的網路交易服務不收取佣金，利率是按秒以複利計算，投資人不論投資金額多寡，都站在平等的立足點上。

為了讓這個系統更切合實際狀況，歐森申請註冊為撮合商（market-maker）＊，跟掌控實際外匯市場的花旗等大銀行平起平坐。歐森的電腦讓他跟大型銀行一樣擁有最快的報價，他也買賣實際的外匯合約以降低自身風險。如同其他撮合商，歐森藉以獲利的是「價差」，也就是買進和賣出之間的匯率差價，但使用歐森服務的客戶完全看不到這些幕後的細節，他們所看到的只是一個外匯市場，在當中他們隨時可以自由交易，投資策略和標的也悉聽尊便。

德州一位當日沖銷客麥爾斯（L. B. Myers）表示：「這個網站真是太棒了！」為了趕上倫敦的外匯市場開盤，麥爾斯每天在德州時間清晨一點四十五分起床，然後趁紐約開市前小睡片刻補眠，一天就在買賣、補眠、買賣、補眠當中度過。麥爾斯說，自從二〇〇二年發現歐森的網站以來，他已經賺進「七位數」的利潤。當時他剛在股市賠了錢，正在尋找新的投資標的。跟麥爾斯一樣瘋狂投入的投資人在Oanda.com的聊天室裡隨處可見，在印度海得拉巴（Hyderabad）的投資人，跟英國倫敦和美國俄亥俄州德頓（Dayton）的人交換心得。一個中國投資人問：「有沒有買賣美元、日幣的？我需要跟日幣動向有關的意見。」另一個來自南非的人賭歐元會漲，結果錯了。「如果不是老天要給我上『謙虛』這一課，就是趨勢突然轉變。」他接著說：「嗯……我的確學到了。」

大多數人對歐森所說的碎形要嘛不了解，要嘛沒興趣。為了跟有興趣了解的人解釋，歐森發明他所謂的「異質市場」理論。他表示，主流經濟學徹底錯了，人不是什麼理性的動物，而且不是每個人的想法都一樣。有的人是快槍手投機客，一天進出市場數百次；有的人是為企業看守荷包的財務主管，不論為籌措企業併購資金或躲避出口風險而買賣大型契約，都經過深思熟慮。還有中央銀行家，他們的交易次數很少，而且只在關鍵時刻出手。另外，很多投資人買進之後，會長期持有數月或數年。

這時，我們就可以用多重碎形分析來解釋。歐森說，多重碎形這個數學工具可以將市場分解成不同元素，透過多重碎形，可以看出這些元素之間的互動和關聯。多重碎形也指出一些實際可用的

---

*或譯為造市者，任務是在市場上提供報價並參與買賣，以促進市場流通。

交易策略。歐森的電腦模型會注意短期投資人和長期投資人動作正好相反的時刻——他堅信，兩者對市場截然不同的看法終會修正。

歐森表示，他最終的目標是讓金融系統運轉得更順暢、更安全。假如實際市場就像 FXTrade，不但成本會下降，流通性也會提高。他說：「全球經濟就像我們的身體，心臟每分鐘送出六公升的血液，因此體重八十公斤的人大約要十五分鐘才能送出跟體重等量的血液。依此類推，全球外匯市場每十分鐘應該完成四十兆美元的交易。目前，我們二十四小時只有一兆美元。我的看法是，全球經濟有心臟病發的危險。」

股價漲多少不是重點，避險才是！

巴黎寬廣的奧斯曼大道（Boulevard Haussmann）上，有個重量級的投資據點。首都基金管理公司（Capital Fund Management）的尚菲力普．布修（Jean-Philippe Bouchaud）跟幾個同事管理兩個避險基金，二〇〇三年底為止，總投資金額達七．二五億美元。

這兩支避險基金賺錢的方法，是用統計進行套利：藉著數學模型與電腦強大的計算功能，找出他們認為不正確的價格或不穩定的型態。對他們而言，雖然單一筆投資的規模不大，但總體下來可是數額龐大的金錢遊戲。二〇〇二年，整體股市下跌近三分之一，他們最大的股市基金 Ventus 卻成長二八・一％。當然這多少與運氣也有關係，例如到了二〇〇三年就沒那麼幸運了，成長幅度僅三・三二％。同年另外一支期貨基金Discus獲利一四・一％。「統計套利的結果總是有好有壞。」布修無奈地表示。

他們的策略部分是多重碎形，部分是其他雜七雜八的理論。這些基金經理人自己也發明一些演算法（大都是機密），以發掘市場上可能獲利的潛在機會。他們的模型可以計算布修所謂個股和整體市場的「重心」。價格上漲或下跌太多時，他們認為是買賣的信號。這跟多重碎形完全無關，事實上雖然其數學運算相當複雜，基本概念其實很老舊——股價終究會回歸平均值。

不過布修表示，他也使用一些多重碎形分析所衍生的技巧。這些技巧有助於計畫買賣的時機、建立投資組合，更重要的是避免一次投注太多資金所帶來的風險。一九九八年，布修跟幾個同事就這一點發表相關的論文，他們稱之為「尾巴雕塑」（tail chiseling）：在傳統的投資組合理論裡，根據所有布朗運動對價格的舊有假設，建立投資組合必須仰賴辛苦計算所有資產之間的差異，而理想的多元化投資組合中的持股必須能互補，有的跌、有的漲。布修的方法不同，他假設價格具有長期相關性、有厚尾，而且跟冪次法則成比例。因此，他的注意力只放在市場崩盤，也就是突如其來的價格巨幅下跌。畢竟，讓投資人傾家蕩產的不是小幅下跌，而是摧毀力強大的股市崩盤。因此，布修的方法是把投資組合內個別資產同時崩盤的機率降到最低。他們利用公式畫出「一般化效率前緣」（generalized efficiency frontier，正好和馬可維茲原來的投資組合技巧成對比），有助於選擇崩盤機率一定的情況下報酬率最高的投資組合。該論文提到：「在報酬率一定的情況下，巨額損失發生的機率被降到最低。」

因此，重要的不只是選擇個股，還要「避免風險」。根據布修的說法，多重碎形分析對後者特別有幫助。

金融學領域的碎形走得相當顛簸。一九九〇年代初期，華爾街剛從一九八七年的股市崩盤恢復，正在尋找新概念，碎形成為風靡一時的流行。有好幾個新基金會以向物理和數學借來的混沌理論為實驗對象。我們之前曾提過，混沌系統往往具有碎形的特質，但這兩個領域理論上是不同的。

聖塔菲研究中心（Santa Fe Institute）幾位學者合組了一家名為「預言」（Prediction Co.）的公司，一時之間頗受矚目。波士頓泛阿古拉資產管理公司基金經理人彼得斯（Edgar E. Peters）寫了兩本有關碎形市場分析的書，不過現在他說，他並沒有把碎形實際應用在基金管理上。不過在那之後，碎形研究有長足的進展，現在甚至重新成為金融界許多人追求的「時尚」。

當前金融理論的四個嚴肅問題

在我看來，要藉著碎形大舉獲利還言之過早，我們不知道的事還太多。下面簡短描述幾個還有待解答的實際問題，這些問題讓我們看到碎形分析未來的潛力，我也希望更多人會因而產生興趣，而進行這方面的研究。

問題一：投資分析

華爾街喜歡數字——道瓊指數、本益比、淨值市價比（book-to-market）和EBITDA（稅前、利息、折舊及攤銷費用前的盈利）……，族繁不及備載。這些數字有助於觀測趨勢、比較投資目標、評估表現、訂定紅利、計算投資報酬率等。

然而，若談到評估風險，金融界的工具卻是驚人地寥寥可數。兩個最常見的工具要算α值（代表變易性）與β值（代表個股價格變動與整體市場變動的關聯性）。這兩個數值被運用得相當廣泛，後者可見於投資組合建立與企業財務管理，前者基本上出現在所有風險評估算式中。當然，兩者只在價格變動符合鐘形分布的情況下才有意義。既然價格變動不符合鐘形分布，將α值與β值用在股價上，就好比用榔頭切木板，毫無用處。

不過，就算數學算式沒有問題，骨子裡的前提仍有待商榷：想想看，同樣且唯一的機率分布怎麼可能用來解釋所有的金融資產？銀價變動的模式，顯然和國庫券不同？亞馬遜網路書店的股價，怎可能跟紙漿期貨一樣？

分類學很重要。現今的財務金融學跟三個世紀前的自然科學一樣，還非常原始。金融學的概念和工具相當有限，因此常常把不同的「物種」混為一談。如果我們能發明更有效的新方法分辨投資種類，將是突破性的進展。對投資大眾而言，選擇個股會更容易；對投資經理人來說，設計投資組合會更細緻。至於對金融主管來說，他們評估新廠房或企業併購績效的成果，也會更準確。

許多學者曾陸陸續續試圖從我的研究當中尋找類似的工具。第一個是α值，也就是衡量價格變動幅度或價格變動曲線尾巴厚度的指數。我發現棉花的α值為一．七，表示價格變動相當劇烈。小麥的α值接近二，相當於鐘形曲線，表示價格變動很溫和。我的學生法瑪接著發現不同的個股有不同的α值，舉例來說，大型工業公司如美國鋁業（Alcoa）、標準石油和通用食品的α值接近高斯定理的二，而西屋、聯合航空及美國菸草集團則接近柯西定律的一。不過，從法瑪的研究中我們也學到，計算α值的方法非常重要，因為同樣的股票若用不同的方法計算，會得出不同的數值。

到目前為止，同樣令人感到挫折的，是試圖將H值（衡量價格變動與歷史相依性的指數）變成評估風險標準的過程。舉例來說，有人研究十八種美元匯率市場（例如美元對日幣與英鎊等），結果發現H值從〇．五三到〇．六三不等。雖然這些數值都大於隨機漫步的〇．五，但仍沒有明顯的證據能解釋為什麼每個市場有不同的H值。

前面提到的泛阿古拉資產管理公司基金經理人彼得斯曾在一九九四年撰文指出，每種資產具有看起來相當完整而有邏輯的H值分布。高科技股有高相依性和高H值，穩定的電力能源股之H值接近隨機漫步。也就是說，高科技股價格變動較大，一如傳統金融分析的見解。彼得斯接著表示，對投資人而言，高科技股因此成為較理想的投資目標，因為它們的價格走勢較容易掌握。但是，計算的方法仍是一大關鍵。放眼截至目前為止的所有研究結果，你會發現H值的範圍相當大，而且沒有明顯的模式可循。舉例來說，美元對德國馬克的H值為何？計算結果，H值的分布範圍仍然很大。以股市而言，不同學者計算標準普爾五百指數的H值，結果從〇．五三到〇．七四不等。例子不勝枚舉。沒有共識。

不過，碎形分析有完全不同的用法。我在耶魯的學生曾嘗試針對股票製作所謂的「碎形指紋」（fractal fingerprint）。碎形指紋是用個股價格變動的型態生成的重複碎形過程，有點像是用病患的心電圖結果來給老式自動演奏鋼琴的紙筒打洞。聽起來很奇怪，但不難想像這樣的做法可以有系統地凸顯出每串數據不同的特徵。舉例來說，某些不規則心跳的原始心電圖數據所打出來的鋼琴紙筒，可能很明顯地偏重輕高音或者缺乏中C附近的音，不管哪一種都很容易聽出來。

同樣的道理，某些價格變動的型態會產生明顯的碎形指紋特徵。從下頁的圖我們可以看出不同個股的碎形指紋有很大的差別。花旗集團的碎形指紋很明顯形成一條由左上至右下的對角線，表示其價格變動型態是許多小型、連續的上下震動，也就是一般人心目中穩定銀行股應有的型態。對照之下，聖思網路公司（Sonus Networks）的圖對角線完全相反，這表示該股價格是大幅上漲與大幅下跌交替，是高科技股常見的型態。其他學者還用類似的方法分析中國股市與台灣股市之間的關係，以及個股與整體股市之間的關聯。

顯然，目前碎形投資分析的「問題」要多過「解答」，這倒不意外。現代金融分析的傳統工具是拜超過半個世紀的努力之賜，由數以千計的經濟學家和財務分析師戮力完成的。但相形之下，碎形分析只有少數人認真研究過，而且還斷斷續續的。現在，正是積極展開研究的好時機。

問題二：投資組合

魚與熊掌可以兼得，現代投資組合理論希望我們相信。

現代投資組合理論是可以降低風險而不損失太多利潤的複雜數學工具，就像前面提過的夏普的資本資產定價模型，現代投資組合理論的前提是「任何證券投資的預期利潤為兩個項目的加總」——第一個項目是個股隨整體市場上漲而獲得的利潤，第二個則是個股本

花旗集團的「碎形指紋」

碎形股票分析的新方法

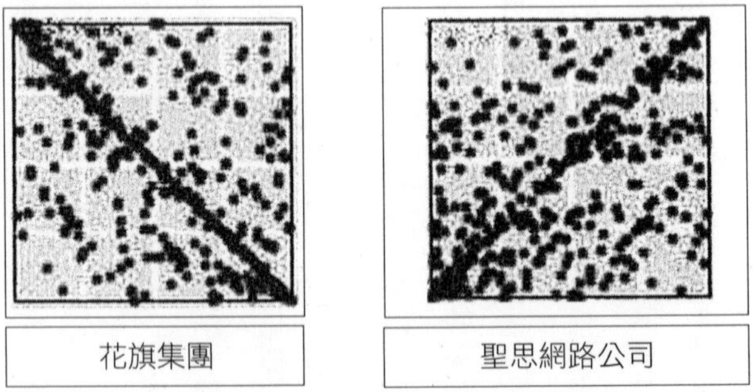

碎形股票分析的新方法之一，是用個股價格變動的型態生成簡單而重複的碎形過程，以此製作個股價格變動的獨特圖形。左邊是穩定的花旗集團股票之碎形指紋圖形，右邊是高風險的聖思網路公司之碎形指紋圖形。兩個圖印證了我們先前對這兩支股票的直覺印象，因而能幫助我們對股票有更進一步的了解。不過，做為金融分析的工具，碎形指紋還有待發展。

身的漲幅。β值衡量的是個股隨市場指數漲跌的幅度，財務分析師嘔心瀝血地計算、研究這個數值。

一般而言，個股β值等於一，表示與市場的動作同步；β值高於一，則表示該股對市場波動非常敏感、風險較大，因此投資人對該股必須很有信心，認為它有高度成長潛力，否則不會輕易買入；β值低於一，代表對市場波動比較不敏感，風險也較小，因此雖然上漲潛力或許不大，對投資人來說仍頗具吸引力。基於以上前提，投資人可以選擇風險不同、報酬率各異的個股，以數學算式找出最佳的投資組合。理論是這樣講。不過，實際操作又是另一回事：許多基金經理人有他們自己獨到的選股方法，現代投資組合理論不過是備用方案，只是用來確認投資組合的風險在一定範圍內罷了。

不管是備用方案或主要工具，現代投資組合理論都植基於傳統的市場假設，也就是「價格變動溫和而各自獨立」、「價格的變化平緩而循序漸進」。假如這些前提是錯的，現代投資組合理論就會崩解——投資組合不但不是賺錢的機器，反而像是行將解體卻正高速奔馳的老舊汽車。

最早提出這點的是法瑪。傳統金融理論認為，假如選擇得當，大約三十支股票就可以組成一個最佳投資組合。但法瑪在一九六五年研究發現，假設價格變動劇烈，則投資人要達到同樣的效果將需要更多個股，數量可能多達三、四倍。這是因為，倘若市場價格波動劇烈，投資人所需要的「安全措施」就比傳統理論所認為的還要多。二〇〇〇年，幾位法國學者更進一步深究法瑪的計算結果，他們研究巴黎證券交易所的九支股票，結果發現，傳統金融理論一致低估了這些股票的β值。

舉例來說，根據傳統方法的計算，經營旅館的法國集團ACCOR的β值只有〇・九一，表示這是投資組合中相當理想的保險選擇。但是當他們以較接近實際的價格變動模型重新計算，卻發現ACCOR的β值增加了八%，成為〇・九八，也就是說，其實跟整體市場的風險不相上下。法國學者發現，平均而言傳統方法所估計的β值低了六%。這表示，若投資人用傳統方法來選股，風險非但沒有降低，反而是提高。

我們能不能建立一個正確的新投資組合理論？還不確定。不管是傳統方法算出來的β值，還是新方法算出來的「真」β值，整個理論都是建立在「市場平均值很重要」這個信念上，也就是可以用道瓊指數或法股CAC-40指數做為衡量個股風險的指標。然而，在個股變動極度劇烈且不可預期的情況下，「平均」又有多大的用處呢？星系中所有行星的「平均」位置在哪裡？

我們需要的是全新的方法。目前建立投資組合的傳統方式所著重的，是統計技巧而非智慧，投資人首先假設市場已經給了每支股票「正確的價格」，而他們只需要按照自己的投資目標選擇適當的股票組成投資組合即可。這就好像畫家只用工廠事先調好的顏料，而不是自己在調色盤上調色。如果某些顏色沒有已經調好的成品，就要靠畫家的眼和手調出所需要的色調、深淺和平衡。同樣的道理，假如股票價格並非事先就決定好，假如決定股價的因素和過程比我們想像的複雜，那麼投資經理人挑選投資機會的眼光就更重要了。誠然，在「非高斯世界」裡，投資經理人的佣金恐怕沒那麼好賺。

那麼，該怎麼做好呢？首先，投資組合經理人可以更常利用壓力測試（stress-testing），也就是用電腦模擬各種狀況，看看結果你能否接受，如果不行，可能就得改變整個投資策略。這種電腦模擬的技術，就是前面提過的「蒙地卡羅模擬法」。你告訴電腦你覺得價格會怎麼變動——明確地告訴它用哪一種亂數產生器，然後將初步的數據輸入電腦，包括個股及其價格、購買策略等，接著按下「啟動」鍵。

按照你所指定的隨機規則，電腦開始輸出每支股票的模擬價格，基本上就是模擬投資組合可能會遭遇的情況。電腦不斷重複同樣的過程，重複數千次，就像為了證明正反面出現的機率各半而重複不斷擲硬幣一般。最後電腦統計所有的模擬結果，告訴我們哪一種最常出現，也就是現實生活中哪種狀況最可能發生。同時我們可以得知哪些情況發生的機率不大，但萬一發生，後果將不堪設想。最後，你得自行判斷電腦模擬的結果能否接受，如果不行，表示你覺得投資組合的風險太高，這時就從頭來過。

感覺好複雜？的確，數十年前蒙地卡羅模擬法初次用於物理學領域時，要不是特別著迷數學的人還真受不了。幸好現在電腦處理資料的速度有長足進展，而且售價便宜，模擬軟體也比較普及了，很容易買到。舉例來說，投資人可以在一分鐘內以個人電腦模擬選擇權契約的表現。因此，過去十年來，電腦模擬已經深入金融界各個角落。我極力主張，電腦模擬應該成為建立投資組合的工具之一。

問題三：選擇權定價

選擇權值多少錢？要看你怎麼計算。

二〇〇三年，一項為美國財務經營研究基金（U.S. Financial Executives Research Foundation）而做的研究，比較了六個常見的股票選擇權定價方法。結果顯示，其中一種方法算出，對公司主管而言，員工股票選擇權的價值為每股八．七六美元。但根據另一個方法——有三十年歷史的布雷克—休斯選擇權公式，同樣的股票選擇權，卻價值每股二五．二七。哪一個才正確？恐怕兩者皆非。其他的研究還出現更離譜的錯誤，針對二〇〇一年選擇權交易額高達十五兆美元的外匯交易市場，一項研究發現，某些美元對日幣選擇權的價值被低估了八四％，某些瑞士法郎對美元選擇權則被低估四〇％。

正確估計選擇權價值，是個風險很高的遊戲，但遊戲規則卻一場糊塗。前面提到，其中最廣為人知的公式是布雷克與休斯於一九七三年發表的選擇權定價模型，人們發現這公式是錯的已經有很長一段時間了，該公式建立在不切實際的前提上，他們假設價格變動符合鐘形分布、價格波動不會隨著選擇權的生命週期改變、價格變動不會大幅竄動，還對賦稅與佣金視而不見，諸如此類。當然，他們簡化許多前提是為了讓數學運算簡單些，結果算式簡單到它廣為通行，公式發明後有十五年的時間，幾乎整個選擇權市場都盲目地接受它，它被當成能夠點石成金的金融煉金術，企業用它來訂定員工股票選擇權的價格，銀行用它來發明更花稍的新金融商品，甚至「投資組合保險」也應運而生，股票投資組合下跌時，還有這組精心挑選的選擇權組合可以保障投資人的利潤，彷彿只要有了這玩意，事情就搞定了，投資人可以完全避開了風險。

當然，事實賞了它一個大耳光——一九八七年十月十九日黑色星期五，股價突然大跌，眾多「保險選擇權」潰不成軍，股票更是節節敗退。

布雷克—休斯選擇權評價模型的根本問題，在於假設價格變動的一致性——也就是說，它認為世界是恆常不變的。通常，計算選擇權價格時，輸入幾個數值（包括你認為股價或匯率過去波動的模式）可以得到最後的結果，但假如反過來，將實際價格代入公式，解出對應的價格波動模式，所得到的卻是好幾個可能的數值，也就是說，一個價格有幾種不同的波動模式，這說不通啊。

我們拿圖形來解釋，下頁圖顯示同一種選擇權的不同價格變化型態——不同到期日、不同履約價格。假如布雷克—休斯選擇權評價模型是正確的，這張圖看起來會非常單調——只有一條直線，但我們看到的卻是好幾條線。這一系列錯誤所形成的線條頗有洛可可結構之風，夠學者研究好幾年了。在選擇權市場上，一個錯誤可以讓人損失數百萬元，而那正是他們所獲取的教訓。為了研究這些錯誤，於是有了數以百計的學術論文、好幾本教科書以及無數的財金研討會。

在數學金融界，許多人躍躍欲試想要改良或取代布雷克—休斯選擇權評價公式。最常見的做法是「修補」舊公式，用來修正所謂的「波動率微笑」（volatility smile，布雷克—休斯波動率錯誤往往會在圖上呈現狀似微笑的U形）的軟體，現在成了必備工具。不少人採用前面提過的GARCH，

本該非常單調，沒想到……

選擇權的變化型態

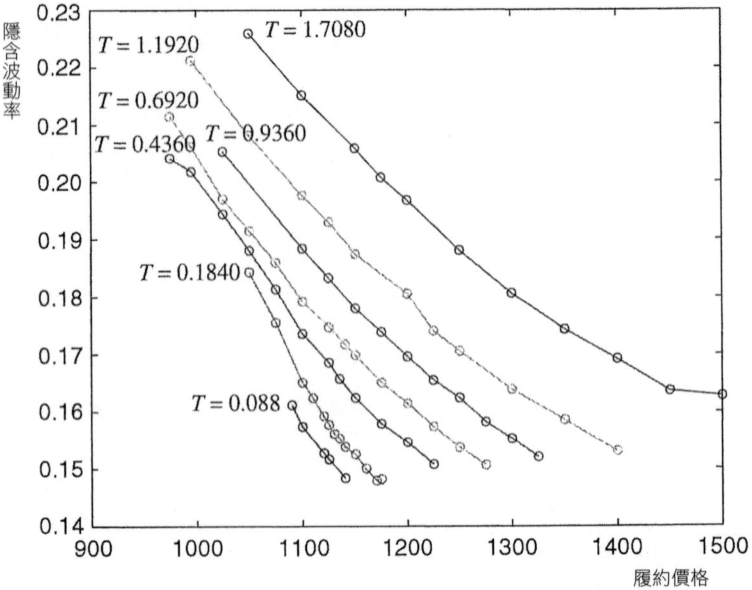

上圖所示，是將一種選擇權的實際市場價格代入布雷克－休斯公式所得到的多種價格變動型態。

圖中所有曲線都來自同一種選擇權，卻顯示不同的「到期時間」（T）。水平的X軸代表合約的履約價格，垂直的Y軸代表布雷克－休斯公式算出的價格變動型態，以標準差表示。假如該公式正確無誤，圖中應該只有一條直線才對。（圖片來源：Wim Schoutens, *Lévy Processes in Finance: Pricing Financial Derivatives*, 2003）

雖然GARCH得到的結果比布雷克─休斯公式要好，但仍然不正確。也有人將類似我的方法與其他方法混用，例如摩根士丹利曾經在每個交易日終了，用所謂的「變異數伽瑪處理」（variance gamma process）來為選擇權定價。這個由馬里蘭大學教授迪利普．馬但（Dilip B. Madan）和兩位同事發明的公式有兩階段步驟，首先是扭曲時間的算式，令時間隨機向前躍進，然後再緩慢下來；接著，用一種布朗運動來生成價格。還有許多其他方法，不過哪一種最好，到目前為止業界尚未達成共識。在沒有明確答案的情況下，各人各有所好。即使在同一家銀行，可能某部門使用尚在實驗階段的新方法來訂定新奇選擇權的價格（新奇選擇權是銀行為有特殊風險需求的客戶設計的一種複雜、高獲利的商品），而負責確保銀行不致虧損太多的法務暨法令遵循主管（compliance officers）使用的，卻可能是修正過的布雷克─休斯選擇權定價模型。至於交易商則依本身經驗或喜好不同，可能什麼方法都用或是什麼都不用。

我認為，經營選擇權事業不該是這樣的。即便華爾街願意安於現狀，但廣大的外界可不願意。二○○四年，主管美國會計事務的財務會計準則委員會（Financial Accounting Standards Board）修訂企業對員工股票選擇權的會計原則。網際網路泡沫破滅後，貪婪的執行長搶在股東之前賣掉股票、中飽私囊，種種惡行引起各界反彈。結果，在華府的要求下，財務會計準則委員會要求多數企業開始將選擇權列為支出項目；換句話說，選擇權成為會影響企業獲利的雇用員工成本之一。這項要求引起許多企業總裁不悅，特別是高科技股。當然，他們擔心的是：一旦員工選擇權成為公司成本，企業股票對投資人的吸引力將大幅降低。

不過，這些企業其實也知道，根本沒有什麼好的定價公式可用。英特爾執行長克雷格．貝瑞特（Craig Barrett）就曾抱怨：「儘管布雷克—休斯選擇權定價模型的結果不正確、也不可靠，卻是現有的唯一計算工具。」他接著表示：

> 假如支持將股票選擇權列為支出項目的主管單位必須為他們的所作所為拍胸脯保證，我不知道他們是不是還會對錯誤的結果看得這麼開？我還沒聽說過有哪個情況下執行長可以只保證公司報表「有點正確」——這是財務會計準則委員會的赫茲先生（Herz）對布雷克—休斯選擇權定價模型的形容……
>
> 我支持……企業改革，但是恕我直言，「有點正確」的結果是不夠的。
>
> 《華爾街日報》二〇〇三年四月二十四日

問題四：風險管理

不管從哪個角度來看，一九九〇年代都可以算是全球經濟快速成長、極為繁榮的時期，但這段時間全球金融體系仍經歷了六次危機。在此期間任職美國財政部長的勞倫士．桑默斯（Lawrence H. Summers），曾經細數了這六次危機：一九九五年的墨西哥，一九九七至九八年的泰國、印尼和南韓，一九九八年的俄羅斯，一九九八至九九年的巴西。其中，印尼的金融危機特別嚴重，造成季度實質國內生產毛額大跌了一八．九%，印尼匯率則跌至谷底，跌幅高達五二六%。這些世紀末金融危機傳遍全球各個角落，外匯市場動盪不定，衝擊銀行資產負債表，而且常導致一連串的企業破產。

所有國家和全球經濟能一再從金融風暴中復甦，不是由於妥善的財務管理，而是運氣好。

因此「風險管理」現在成了金融家和政治人物頗感興趣的熱門話題。為了避免破產，全球大多數銀行按法律規定必須預留一部分現金（也就是準備金），以因應不時之需，不過最主要的目的，還是向大眾保證銀行有萬全的準備，是可以仰賴的生意伙伴。這樣說來，銀行準備金似乎非常足夠囉？那可不。位於瑞士巴塞爾的國際清算銀行（Bank for International Settlements）協同訂立準備金額的全球標準，打從二〇〇一年開始，各國的銀行及財務部長一直對新規定頗有意見。大家都同意舊方法已經不適用了。但是該用什麼取代呢？

標準方法之一的根據，你猜是什麼？布朗運動。全球許多銀行採用的標準風險評估軟體跟傳統金融理論一樣，都建立在錯誤的假設之上，不但低估股市風險、錯估選擇權價格，還建立有問題的投資組合。他們用的方法叫做風險值（Value at Risk，簡稱VAR），做法是這樣的：首先，決定需要的「安全度」，舉例來說，我們決定信賴水準（confidence level）為九五%，也就是在所希望的投資結構之下，九五%的機率銀行虧損會低於危險門檻，只有五%的機率高過危險門檻。以花旗集團分析師所舉的例子來說，假設我們想要衡量歐元對美元外匯投資組合的風險。在個人電腦上按幾個鍵計算歐元對美元的匯率波動，假設價格波動符合鐘形分布，而變動率為一〇%。再敲幾個鍵結果就出來了：該投資組合下跌一二%以上的機率只有五%。這點風險微不足道。

相信讀者應該已經看出明顯的破綻：事實上，潛在的損失可能遠超過一二%。問題不只是鐘形分布低估了價格變動率，照說「鐘形分布低估了損失」這點已經夠糟了，不過還有更糟的：假設市場崩盤，而你正好成為那不幸的五%之一分子，損失會是多少？「一二%嘛。」你說。錯！連風險值模型都承認實際損失可能更大，遠遠超過「照理說」的一二%。根據鐘形分布理論，超過一二%的機會不大，不過如果價格變動符合對數比例，超出的部分可能高得嚇人。前面說過，一旦到了對數比例曲線的邊緣，局勢就很艱難。

這一來，銀行的處境會變得多糟根本難以估算。銀行本身破產倒還好，所引發的一連串呆賬和骨牌效應才可怕，最終的損失可能是銀行本身資產的好幾倍。息息相關的金融市場會互相影響，這正是我們從幾次國際金融危機中學到的教訓，唯有主管當局的鐵腕措施，能夠在病危的企業周圍築起防火牆，阻止危機蔓延。

令人慶幸的是，銀行界與主管當局已經了解到此一錯誤。各國的中央銀行紛紛要求使用更加嚴謹的風險評估模型。其中一個逐漸受歡迎的是極值理論（Extreme Value Theory），這個跟保險業借來的理論方向相當正確，它假設價格變動劇烈、具有符合比例的厚尾。不過，極值理論通常不會考慮我前面提到多次的其他風險因素，例如長相關以及負面消息往往接踵而至。銀行可以逃過一次危機，卻難保能逃過二次、三次。因此，我呼籲此刻正在草擬〈新巴塞爾資本協定〉（New Basel Capital Accord，主要目標是提升銀行風險管理品質及精進資本配置技術）的主管單位早日規範全球銀行準備金，並且鼓勵研究及採用更切合實際的風險評估模型。假如不這麼做，桑默斯的六大金融危機名單恐怕會繼續增加。

令人欣慰的是，我不再是唯一這麼主張的人。在自己辛苦成立的長期資本管理有限合夥公司於一九九八年俄羅斯金融風暴倒閉後，休斯寫道：

> 現在正是敦促國際清算銀行和其他有關單位支持研究壓力測試與集中方法的時候了。防範危機，遠比分析風險值重要得多。
>
> 《美國經濟期刊》二〇〇〇年五月號

市場一定有風暴，進場前要做好準備

我是個很有毅力的人，一旦做了決定，會不屈不撓地堅持下去。我排除萬難地發展尺度現象、冪次法則、碎形和多重碎形等概念。我獨排眾議地陸續發表價格劇烈變動、厚尾、長相關、群聚現象以及非連續性等學術論文。現在，我再度發揮堅強的韌性，企圖將這些想法更廣為推展，希望最終能為全球的福祉做出一點貢獻。

當然，關於市場機制我有自己的一套假設，而且我相信這些假設的基礎相當扎實。其他人卻持相反的看法。只要大略看過經濟出版品就不難發現，其中充滿了相互衝突的意見，更令人難過的是，許多「事實」根本互相矛盾。

舉例來說——問題一：下面哪一段時期的價格具有相依性？(a)一天(b)一季(c)三年(d)無限長(e)以上皆非。哪一個答案正確？如果你相信所有財經書刊所言，那麼五個答案都對。支持上述所有選擇的論點，都曾發表在無數知名學者審閱過的論文中，這些看似不容置疑的嚴謹著作中，還有許多電腦模擬數據、機率圖表以及分析圖加以佐證。哈佛大學經濟學家瓦瑟里・里昂提夫（Wassily Leontief，一九七三年諾貝爾經濟學獎得主）曾經說過：「在實證研究的領域，還沒有哪一個使用這麼多複雜統計方法而仍然得到無關緊要的結果。」

該是改變的時候了。

第一步，我曾跟美國聯準會的前任主席艾倫・葛林斯班（Alan Greenspan）、紐約州檢察官艾略特・史畢茲（Eliot Spitzer）及美國證券交易管理委員會主委威廉・唐諾森（William Donaldson）提出呼籲。股市泡沫破滅後，詐欺案件審查於二〇〇三年四月達成結論，華爾街最大的金融機構同意拿出四億三千兩百五十萬美元做為「獨立」研究的基金，對於過去的投資研究不僅錯誤且有欺騙大眾之嫌，史畢茲舉證歷歷。在那以後，許多媒體和評等公司排隊等著瓜分這筆錢，拿來成立獨立研究中心。但是，究竟該研究什麼，卻很少人討論。

我建議只用一小部分，比如五％，來資助前面提到的風險值分析之類的基礎金融市場研究。絕大多數資金應該用在一般性的研究，也就是化解該買哪些股票、該買或賣等等眾說紛紜、互相矛盾的各家理論。不過，首先至少應花少部分資金來了解股票的行為。

華爾街的和解資金也應該用來成立國際委員會，進行有系統、嚴謹而可重複的市場機制研究。當然，兩千萬美元是不夠的，即使電腦和博士研究生的成本低廉，專利數據卻很昂貴。不過，如果有這筆開先鋒的資金和有效的領導力，國際委員會可以很快吸引其他人投注更多資金與人力，影響力不可謂不大。

就像那些經營有方的企業，通常會將一部分研發資金，用在攸關主要業務的基本科學研究上。「了解市場」這件事之於全球經濟的重要性，難道還不如了解固態物理學之於ＩＢＭ的分量嗎？我們都能解開基因之謎了，有什麼理由不能解開人們傾家蕩產的原因？網際網路上數以百萬計的使用者可以貢獻一點時間讓家裡的電腦搜尋外太空來的訊號，為什麼不能努力尋找金融市場的軌跡？

一九五三年二月一日夜晚，荷蘭海岸遭強烈暴風雨襲擊。風雨摧毀了著名的防波堤，那是荷蘭人引以為傲的古老安全堡壘，死亡人數高達一千八百人以上。荷蘭水文學家發現，由於洪水暴漲，阿姆斯特丹的標準水位比平均超出三．八五公尺。

簡直不可思議，大家都認為防波堤非常安全，足以防範這樣嚴重的天災。一般認為洪水氾濫至此的機率低於一萬分之一，沒想到進一步研究發現，僅僅數百年前的一五七〇年，洪水就曾氾濫超過四公尺。務實的荷蘭人自然沒有浪費時間爭論算式正確與否，他們馬上清理災區，重建更高、更堅固的防波堤。

這樣的務實精神，正是金融理論需要的。希臘醫學之父希波克拉底（Hippocrates）行醫的誓約為：「不造成傷害。」＊我相當肯定金融學領域的傳統模型及各種修訂版本都違反了這項誓言，這些理論不僅有誤，而且其謬誤會造成危險。就像有的造船人認為強風不太可能發生，而颶風更是天方夜譚，沒將穩定性和堅固度列入考量，只管建造又快又大又舒適的船隻。讓這樣的船隻在颱風季節越洋航行無異於惡意傷人。

跟氣候一樣，金融市場也時有暴風來襲。我們必須學會小心提防，並做好萬全準備。

＊意思是如果你對病人無能為力那就算了，至少別去害他。

國家圖書館出版品預行編目（CIP）資料

股價、棉花與尼羅河密碼：藏在金融圖表裡的風險 / 本華．曼德博 (Benoit Mandelbrot)、理查．哈德森 (Richard L. Hudson) 著；何信慧譯．-- 二版．-- 臺北市：早安財經文化，2016.10
面； 公分．--（早安財經講堂；71）
譯自：The (mis)behavior of markets : a fractal view of risk, ruin, and reward
ISBN 978-986-6613-83-8(平裝)

1. 資本市場 2. 證券投資 3. 風險管理

561.7 105016477

早安財經講堂 71

股價、棉花與尼羅河密碼

藏在金融圖表裡的風險

The (Mis)Behavior of Markets

A Fractal View of Risk, Ruin and Reward

作　　者：本華．曼德博 Benoit Mandelbrot、理查．哈德森 Richard L. Hudson
譯　　者：何信慧
特約編輯：莊雪珠
封面設計：Bert.design
責任編輯：沈博思、劉詢
行銷企畫：楊佩珍、游荏涵

發 行 人：沈雲驄
發行人特助：戴志靜、黃靜怡
出版發行：早安財經文化有限公司
台北市郵政 30-178 號信箱
電話：(02) 2368-6840　傳真：(02) 2368-7115
早安財經網站：http://www.morningnet.com.tw
早安財經部落格：http://blog.udn.com/gmpress
早安財經粉絲專頁：http://www.facebook.com/gmpress

郵撥帳號：19708033　戶名：早安財經文化有限公司
讀者服務專線：(02)2368-6840　服務時間：週一至週五 10:00~18:00
24 小時傳真服務：(02)2368-7115
讀者服務信箱：service@morningnet.com.tw

總 經 銷：大和書報圖書股份有限公司
電話：(02)8990-2588
製版印刷：中原造像股份有限公司
二版 1 刷：2016 年 10 月
二版 4 刷：2019 年 12 月

定　　價：550 元
I S B N：978-986-6613-83-8（平裝）